本书出版得到上海高峰高原学科建设计划资助

| 光明社科文库 |

比较视阈下儒家思想的
现代困境及其转型问题研究

张永超　　刘君莉◎著

光明日报出版社

图书在版编目（CIP）数据

比较视阈下儒家思想的现代困境及其转型问题研究 /
张永超，刘君莉著 . -- 北京：光明日报出版社，2019.6
（2022.4 重印）

（光明社科文库）

ISBN 978 - 7 - 5194 - 4981 - 0

Ⅰ.①比… Ⅱ.①张… ②刘… Ⅲ.①儒家—哲学思
想—研究 Ⅳ.①B222.05

中国版本图书馆 CIP 数据核字（2019）第 114087 号

比较视阈下儒家思想的现代困境及其转型问题研究

**BIJIAO SHIYU XIA RUJIA SIXIANG DE XIANDAI KUNJING JIQI
ZHUANXING WENTI YANJIU**

著　　者：张永超　刘君莉	
责任编辑：许　怡	责任校对：赵鸣鸣
封面设计：中联学林	责任印制：曹　净

出版发行：光明日报出版社

地　　址：北京市西城区永安路 106 号，100050

电　　话：010-63139890（咨询）　63131930（邮购）

传　　真：010 - 63131930

网　　址：http：//book. gmw. cn

E - mail：gmrbcbs@ gmw. cn

法律顾问：北京市兰台律师事务所龚柳方律师

印　　刷：三河市华东印刷有限公司

装　　订：三河市华东印刷有限公司

本书如有破损、缺页、装订错误，请与本社联系调换，电话：010 - 63131930

开　　本：170mm×240mm		
字　　数：208 千字	印　　张：15.5	
版　　次：2019 年 6 月第 1 版	印　　次：2022 年 4 月第 2 次印刷	
书　　号：ISBN 978 - 7 - 5194 - 4981 - 0		
定　　价：85.00 元		

自 序

转型危机与嬗变隐忧
——三千年未有之大变局与五千年独断论迷梦

　　遭遇西方背景下的"中国向何处去？"这一问题意识作为理解近现代中国思想进程的隐线延续至今。然而，随着时代演进，当代学者对近现代思潮予以省察评估时则往往遗忘了初心。学院派的精细分工固然大大推进了问题研究，不过，若忽视这一前提，学院派的精细研究可能流于文不对题的材料疏证或不着边际的张冠李戴。比如对于中体西用、孔教自立、打倒孔家店、心性儒学、形而上学重建乃至后来的"西体中用"，倘若不回到原初的问题意识，对这些思想事件做纯粹的学院派研究将是舍本逐末的，因为它们的问题意识源自实践之事而非理论之事。这些问题集中表现在"儒家的现代困境及其转型"这一主题，一方面与儒家思想对于传统社会"且深且剧"的影响有关，另一方面也与现代性的危机有关。前现代、现代、后现代之时空同居，让儒家转型问题变得危机重重乃至无所适从。正因为波谲云诡，专题研究显得尤为必要。

一、回到"第一义"："保存我们"

　　首先，当回到"保存我们"这"第一义"的前提上来。

　　鲁迅当年说："'要我们保存国粹，也须国粹能保存我们。'保存我们，的确是第一义。只要问他有无保存我们的力量，不管他是否国

粹。"（鲁迅：《热风·随感录三十五》）

其一，"保存我们，是第一义"，若认可这一前提，那么意味着"儒家思想"无论在传统中影响多么大、多么重要，都处于"第二位"，儒家思想是为了"保存我们"，而非相反。

其二，儒家的现代危机恰恰标明其"保存我们"这一功能"不能应付新的文化局势。中国近代政治军事上的国耻，也许可以说是起于鸦片战争，中国学术文化上的国耻，却早在鸦片战争之前……儒家思想在中国文化生活上失掉了自主权，丧失了新生命，才是中华民族的最大危机"。"老实说，中国百年来之受异族侵凌，国势不振，根本原因还是由于学术文化不如人。"①

其三，儒家危机之转型依然当围绕"保存我们"这"第一义"展开。这意味着，在危机转型化解中"儒家思想"依然处于第二位；同时也意味着对于"保存我们"这"第一义"的思想资源不能局限于儒家思想，儒家思想只是备选项之一，而且是在近现代被证明为"有失调整"的备选项之一。不仅道家思想、佛教思想，而且古希腊思想、各种宗教思想、不同文明体系的理性传统都是我们可以共享的思想资源。倘若我们真心想坚守"保存我们"这"第一义"的话，如鲁迅所说"只要问他有无保存我们的力量，不管他是否国粹"。而儒家自保且不暇，我们却非要他重新扛起复兴大旗，自他担当重任何以可能呢？正常的思路应该是这样：对儒家思想先自我审视、疗伤、重建自我，然后或许有担当重任之可能。百年来反复经历"打倒""批孔""河殇"之后不给它疗伤时间就让它负轭前行，这是不人道的，当然也是不明智的。对于其他人类智慧资源我们弃之不用，自我封闭，是不可思议的；若将身家性命押在一个"自身难保"的儒家复兴上面，则是荒谬的。

---

① 贺麟. 文化与人生［M］. 北京：商务印书馆，1988：5，20.

二、儒家不能"保存我们"之深层原因：独断论迷梦

其次，儒家思想之有失调整颓废不能自保，深层原因在于其思维方式上"独断论迷梦"。

李鸿章奏折里那句"三千余年一大变局也"，我们常常引用，如果当时他是出于海防而有那种敏锐的危机感的话，反观一百多年来之经历，我们对此"三千年之大变局"蕴含的危机意识则反思深度不够。"三千年未有之大变局"当置于"五千年延续之独断论"语境下讨论。如同贺麟先生所说："不批评地研究思有问题，而直谈本体，所得必为武断的玄学（dogmatic metaphysics）；不批评地研究知行问题，而直谈道德，所得必为武断的伦理学（dogmatic ethics）。"① 若不从"独断论"的迷梦中惊醒，其他修修补补往往无济于事，伴随着枝节性修修补补的是历史的反反复复。

危机转型蕴含着"出路探寻"的希望和可能，同时也蕴含着"嬗变隐忧"的复古和回流；可进可退，转型无法保证进步，问题最终还是取决于"中国何处去"。东西方的迷梦皆陆续破碎。"中国道路"不仅是一种"自我保存"的义务，也意味着面对现代性危机的出路探寻责任。

事情的复杂性在于我们亟待进入或完善现代化进程，但是现代化危机已赫然眼前。我们一方面需要尽快赶上差距，与此同时，另一方面还需要保持警惕拉开距离。这是个极富挑战性的"道路探寻"，此种前现代、现代化、后现代时空同居的情境注定了"中国道路"的崎岖、坎坷与反复：我们需要寻求"现代化"的中道。稍有偏失，很容易流入前现代的泥潭而再次充当"现代化进程"的障碍，而且以补救"现代性危机"的名义；或者心无旁骛的"现代化"，让"现代性弊病"泛滥

---

① 贺麟. 五十年来的中国哲学·知行合一新论. 北京：商务印书馆，2002：130 - 131.

成灾而落入后现代迷失，再次与前现代合流，以拯救"意义迷失"的名义。

正是这样的复杂语境，儒家的独断论迷梦必须惊醒，只有清醒、自觉的理性思维方式培育方可能澄清迷雾、走出泥潭，自信地走自己的路，种种本土问题才有根本性化解的可能。儒家的现代转型涉及深层次的"心灵革命"：我指的是，理性思维方式的自觉重建。

三、儒家转型由"保存我们"而"保存人类"：可普性意义

最后，儒家转型是否成功的标志在于其对人类困境的化解能力和现代生活的引导能力。

我们始终当围绕"保存我们"这"第一义"出发，由"保存我们"而"保存人类"，儒家思想或任何一家思想都是第二位的，都服务于"人类生存自身"。这意味着任何一家思想都不是不可替代的，我们当尊重思想自身的新陈代谢与自我更新。儒家思想在中国思想演进中是不断丰富不断演进的，在中西遭遇之大变局下更应自觉海纳百川、融汇众流、吐故纳新。其生命力不当再通过炒作宣传、权力扶持而做傀儡式的表演，而应通过自身对人类困境的化解能力、引导规范生活的服务能力来为其生命力辩护。真是不行，带着尊严离开，也没什么不好意思。

各个文明体系都是我们共享的思想资源，不同时代各种文明体系之生老病死是正常的思想演进历程，我们不能剥夺某家思想"寿终正寝"的权利，同时也没有拒斥共享不同文明系统人类思想智慧的义务。记得好像是赵汀阳说过一个笑话："东方菜，西方菜，都是我的菜。"这也是鲁迅所说："只要问他有无保存我们的力量，不管他是否国粹。"其实"国粹"是动态的、开放的，我们当虔诚学习人类不同的文明成果，消化吸收，重建自我，都是"国粹"。其实对于传统学问，当代中国人已经相当陌生；思想的特性在于不经理性学习、理解吸收不会本能遗传给下一代，始终是难以拥入怀中的"他者"。

所有不同的文明思想体系、人类智慧都是我们之外的"他者"，自觉地选择、学习、理解、吸收，然后才是"我们"自己的。而儒家的许多思想资源，无论是文字、读音、含义，其实都已经离我们很远很远了。儒门淡薄不自今日始，若为了"拯救儒家"而大兴土木建立"儒家保护区"，在我看来是"舍本逐末"。因为如上面反复所说，"我们"优先于"儒家"，拯救儒家忽视"我们"，这是致保存大义"中国道路"于不顾，只是部分学者不切实际的异想天开而已。因为抛开"我们"，儒家之复兴与否，皆无处安放，自然可能印证了列文森的预言"博物馆陈列""儒家保护区"与其相映成趣，有"异曲同工之妙"，只是更浪费资财而已。

正是在服务"保存我们"进而"保存人类"的语境下，儒家有其自身的生命力，这是其转型的必要条件和希望所在。若依靠保护，儒家才能存在，那么反证了儒家"寿终正寝"的理由。在我看来靠几个学者，是保护不了儒家的；正如同李泽厚所说若儒家真的死了，靠几个学者是救不活的。通过对儒家思想资源的某种转换性创造，其自身自有辩护性，这是其转型的充分理由，也是其存在的合法性理由。

倘若这一点可以得到论证，那么儒家的转型以及出路探寻，不仅是中国的，更是世界的，具有普世性意义。因为，儒家转型涉及古文明的现代新生问题。而在人类文明体系中，儒家只是古文明之一，其他民族都有地域性的文明自洽性，只是遭遇西方强势文明之后，纷纷无自保之力。我不认可福山"历史终结"的说法，但是，我们应看到，西方不是"历史的终结者"但却是"历史的收割机"。它无法为我们许诺美好的未来，却主动帮我们收割了过去。西方外的诸多弱小民族，历史绵延的文明古老性无法为其合法性辩护，遭遇西方之后，纷纷败下阵来。面对西方，无论是在"体"在"用"，在"本"在"末"，在"神"在"人"，其他古文明既说不过也打不过，连祈祷都变得乏力，西方文明是一整套的自洽性文明，而且具有可普性；其他文明越是古老，越是地方特色明显，在现代化趋势下，越是显得捉襟见肘、脆弱不堪。

《论语》和《圣经》等文明经典，作为思想遗产，是人类共有的。

经典的可普性越广，其生命力越强。若"以道观之"，可以这样说，《圣经》是人类的，属于大家；正如同《论语》是人类的，属于大家，"践行孔子教义的才是儒家门徒"，道理是一样的。《论语》文本产生在古老中国的大地上，但其作为文明智慧遗产，则属于整个人类世界；《圣经》亦当如是观，否则我们便会如同当年鲁迅评价章太炎说"用自己所手造的和别人所帮造的墙和时代隔绝了"，我们不能再"重蹈覆辙"。对于近现代以来"洋务派""维新派""革命派"的反思，当留意他们的路向恰恰是走的"时代隔绝"之路，只是用现代词汇装点而已，他们的路径恰恰与近现代人类文明进程是相悖的，比如严守"中西界限"将人类共享精神遗产自觉贴上标签拱手让人而自我封闭，然后还想自强自立，那是一条不归路。所以，在此语境下，儒家思想能继续发扬自身开放、包容、天下胸怀而吐故纳新，不仅能对"保存我们"再次发挥实质性功能，而且对其他类似遭遇的文明体系也是一种可普性借鉴。这也意味着倘若我们真的期待"人类命运共同体"，那么要有洞悉人类命运复杂性进而把握命运走向的智慧，以及深度参与和引导人类生活规则修正的能力，并且具有服务分担人类困境的舍己情怀。对于这些，我至少感觉，儒家转型之路需要经历长途跋涉，它还没准备好。然而，千里之行，始于足下，光喊口号是不行的，空谈理想难免误事，马克思"改造世界"的提醒依然有效。

进而，若坚韧不拔、矢志不渝、不忘初心，通过对儒家思想资源的"创造性诠释"，对于现代性弊病，比如"理性宰制""人的异化"，以及后现代迷失，比如"烦畏死""虚无主义"等，可以发挥某种纠偏作用。若这一点可以得到合理辩护，儒家不仅可以深度参与中国生活实践，而且将有功于人类的现代困境化解。正是在此种语境下，我说"儒家转型问题"具有世界性意义。儒家的信条是"己欲立而立人"，其强调"立己达人",现代学者试图通过其他途径维持门面,大可不必。儒家是有尊严的,它自身的理论魅力和现实服务力,便是其尊严所在;否则,我们宁可在静默中目送它带着尊严离开,而不愿看着它依靠保护而没尊严地苟延残喘。

四、本书对儒家转型问题研究的章节布局

本书的研究便是在上述语境下,通过专题研究,尝试有所推进。"导论"部分试图回到"儒家危机"的原初问题语境予以分析,随后四章则围绕"人性问题""孝悌问题""认知问题""生死问题"分别展开,最终汇总于第五章"张力化解"问题。目前本书对于化解路径的初步看法是"理性思维方式"的重建。因为,古今中西之争既非时间问题亦非地域问题,核心在于"思维方式差异",这也是"古今之辩"的深刻蕴意,不仅仅是"变",关键在"辩"。因为,"古今之辩"旨在论证儒家思想在经历现代困境洗礼之后对于建构未来的可能性作用,所以,也不仅仅是"辩",关键在于通过论证而"以思想把握时代"。说白了,儒家当从"五千年的独断论迷梦"中惊醒过来,这才是"儒家转型之最后觉悟";其他的枝节修补都无济于事,当从根本处着手,由此重建后的儒家,不仅面目焕然一新,而且原有经典智慧将重新散发活力。

儒家思想将因为实质性参与现代人类生活困境化解而具有自主性和生命力。深度参与生活服务,让它生机盎然。想让它活下去,必须自有生气。它若自有生气,救它是画蛇添足,大可不必;它若已死去,靠几位学者是救不活的,也不必救。

是为序。期待方家指正。

张永超

2019 年 1 月 1 日星期二 15:55 于沪上师大 606 初稿

2019 年 1 月 1 日星期二 17:01 于沪上师大 606 修订

前　言

一、为何要做"儒家思想的现代困境及其转型问题研究"

（一）儒家思想对传统公私制度之影响

陈寅恪先生在给冯友兰先生《中国哲学史》下册所写的审查报告中提道："故二千年来华夏民族所受儒家学说之影响最深最巨者，实在制度法律公私生活之方面。"[①] 对于儒家的制度化和制度的儒家化，就历史上而言，无论就其礼教确立、皇权建制还是教育科举、家族制度，无一不显现着以儒家思想为根本主导的建构基质。但是自晚清以来，无论就社会习俗、新政内容还是知识群体、价值认同，随着儒家制度化的解体，制度化的儒家也逐渐成了备受批判甚或凌辱的对象。[②] 那么，作为上千年历史的思想主干，作为中国传统的精神脊梁，它是否只是"博物馆里的陈列品"？还是说只是一个一直在寻找附体的"游魂"？

（二）儒家在现代以来遭遇的重创

我们知道新文化运动时期，儒家思想被目之为"吃人的礼教"，学

[①] 陈寅恪. 审查报告三 [M] //冯友兰. 中国哲学史：下册. 上海：华东师范大学出版社，2011：336.

[②] 干春松. 制度化儒家及其解体 [M]. 北京：中国人民大学出版社，2003.

界要"打倒孔家店"。当时学者大多看到了中国之所以落后，不在于器物的船坚炮利不如人，也不在于制度上专制、君主不如人，而正在于文化上的落后，价值观上的落后，没有求真的态度，没有独立的人格，正如贺麟所说："中国近百年来的危机，根本上是一个文化的危机。文化上有失调整，就不能应付新的文化局势。中国近代政治军事上的国耻，也许可以说是起于鸦片战争，中国学术文化上的国耻，却早在鸦片战争之前。儒家思想之正式被中国青年们猛烈地批判，虽说是起于新文化运动，但儒家思想的消沉、僵化、无生气，失掉孔孟的真精神和应付新文化需要的无能，却早腐蚀在五四运动以前。儒家思想在中国文化生活上失掉了自主权，丧失了新生命，才是中华民族的最大危机。"① "老实说，中国百年来之受异族侵凌，国势不振，根本原因还是由于学术文化不如人。"②

（三）儒家思想转型问题之提出及学界研究现状与问题

既然归根结底是"文化不如人"，尤其是"儒家思想在中国文化生活上失掉了自主权"，那么进一步的问题便是儒家如何调整自我，如何由"失掉自主权"而予以"新开展"。

中国近现代哲学史上儒家思想转型问题异彩纷呈而后续研究很少。在近现代思想史上，儒家思想的现代困境及其转型问题异彩纷呈，例如，由较早期张之洞的"中体西用"论到陈独秀提出"孔子之道与现代生活"如同"水火之不相容、南北之不相并"；由贺麟的"儒家思想的新开展"到新儒家的"返本开新"之论。作为人类文明一系，儒家思想遭遇前所未有的困境与挑战，对此做专题式研究与梳理则较为缺乏。中华人民共和国成立后国内学界对中国现代哲学领域内的儒家思想转型问题研究较为薄弱。在1980年后，国内学界逐渐走向正轨研究，

---

① 贺麟. 文化与人生［M］. 北京：商务印书馆，1988：5.
② 贺麟. 文化与人生［M］. 北京：商务印书馆，1988：20.

但是主流思潮却是新一轮的"西学热"和"河殇"意识。20世纪90年代后的"国学热"逐渐流于商业炒作，理性的探究与反省依然不够，但在有限的研究领域我们依然可看到干春松《制度化儒家及其解体》(2003)、崔大华《儒学的现代命运》(2012)、姚中秋《重新发现儒家》(2012)、李维武《中国哲学的传统更新》(2012)、胡军《中国哲学的现代转型》(2013)等论著，尤其以崔大华先生之作品为代表，试图给出儒家思想的"现代诠释"，胡军先生的作品更是从深层次揭示中国哲学的转型路径，发人深省。

国外对中国现代哲学领域内的儒家思想转型研究，呈现如下特征。①对儒家现代命运的专题研究。比如，列文森的《儒教中国及其现代命运》等。②在介绍或研究新儒家的著作中有所涉猎。比如，John Makeham 所编 *New Confucianism*：*A Critical Examination* 一书所论那样。③港台及海外华人学者对传统的发掘与诠释中略有涉及。比如，牟宗三、陈荣捷、余英时、杜维明、林毓生等。④在中国现代哲学概论中予以探讨。比如，法国学者 O. Briere S. J. *in Fifty Years of Chinese Philosophy* 一书中所述。本课题国内外研究现状中存在的问题：①对于儒家思想转型问题在中国的产生与演进缺乏梳理和学理分析；②关于儒家思想的转型研究多是个案专题式的，问题意识及系统性研究欠缺；③对于儒家思想的转型可能及其当代价值发掘不够。

二、本书的研究思路、方法与问题架构

(一) 本书所侧重的问题意识

在继承学界对本问题现有研究的基础上，本书的问题意识在于：我们当回到困境原点——遭遇西方引发的反思这一原初语境上来：第一，到底要学习西方的什么？第二，科学民主的"一本源泉"是什么？第三，如何学习才不是"外在添加"？第四，回到人性自身的探讨。而且

需要看到"西化派"为何往往流于"本位文化派"的潜流，如同前引鲁迅所说"维新以后，中国富强了，用这学来的新，打出外来的新，关上大门，再来守旧"①。这是如何发生的？与此同时，我们也要避免"以西释中"之模式，学界常认为胡适作为中国哲学史"开山"与冯友兰先生的"典范"都是基于西学模式框架而展开的，此路径弊端在于往往依据西方的"形式系统"而类比附会得出类似"中国哲学家之哲学之形式上的系统，虽不如西洋哲学家；但实质上的系统，则同有也。"② 或者产生类似"反向格义"的方法论困境。

（二）本书的主要研究方法：比较哲学方法

基于上述分析，本书尝试避免"宏大叙事"而从传统思想的核心问题入手予以探究，并尝试回应针对这些问题，传统思想资源在现代生活中的参与效力何在。在研究方法上本书力图避免上述"反向格义"的方法论困境，主要借鉴了亚里士多德"朋友如镜"（《大伦理学》，1213a20－26）之理论，运用比较哲学的方法对所针对的核心问题予以深化，重点在"事实"层面的剖析而非"价值"层面的优劣评判。因此在问题选择上重点关注人性问题、孝悌问题、认知问题、生死问题。

（三）本书的主要观点及其推进

在基本观点上，对于人性问题本书尝试对"性善/恶论"予以批评审视，认为其失误在于混淆行为与人性，由行为善恶而推知人性，其在论证方法上多采取类比论证，有附会嫌疑，论证效力有限；而孝悌问题，则存在理论内核上的"家国同构悖论"，并且对孝悌德性之培育强化遮蔽了"立己"之前提，个体性往往淹没于"伦常"之下，问题在于若"个体"掩盖不张，没有"立己"便无所谓"立人""达人"；对

---

① 鲁迅. 随感录四十八：热风［M］//鲁迅全集：第一卷. 乌鲁木齐：新疆人民出版社，1995：288.
② 冯友兰. 中国哲学史：上册［M］. 上海：华东师范大学出版社，2011：8.

于认知问题，本书对金岳霖所谈"认识论意识不发达"有所承继、澄清和论证并进一步引向了对传统思想"认知模式"之探讨；而对于生死问题，除了考察现有路径外，尝试基于先秦儒家关于"不朽"的论述"以生观死"重建生命之意义。总之，本书集中围绕上述人性问题、孝悌问题、认知问题、生死问题，尝试有所推进。最后，本书尝试回到"志于道"的儒家理想追求上来，但是，追问其"志于道"的"道"是什么，又如何论证其合法性，进而如何行"道"，又如何在现代社会行道，问题还在于"孔子之道与现代生活"之张力究竟何在，进而提出"志于道""朝闻道"其合理性在于儒家对现实社会的积极参与和建构功能，这也是其千年来维持传统文化道统不绝之根本精神。然而其失误在于对"道"之对比、反思、批判、更新不够，因此在遭遇另种文化时，因自身之"有失调整"和"应对无力"而一溃千里。

本书主张应回到理性思维方式之重建上来，我们当明确：第一，儒家思想的现代困境源自遭遇西方而产生的合法性危机；第二，对西方之学习不在其结果而在于其方法（理性传统）；第三，对传统之发掘表现为普世价值的理性建构与对现代人类危机的回应（蕴含价值重估、体系完善、问题响应）；第四，基于理性思维方式的重建是化解现代困境的根本出路。这涵盖了对他者文明的学习、对传统自身的继承反省以及对现代危机的回应。同时，这一切都是建基于人性自身，不是"外在添加"，是基于人性生长出来的，因此是"普遍"的，是"开放"的，由此完善和对话才是可能的。由于这一过程建基于人性自身，因此转型过程也是人性完善的过程。这也是我思考现代人幸福可能性的思路，二者是同构的。

三、本书研究的价值、意义与不足

（一）本书的研究价值与意义

学科层面。克服中国哲学领域对儒家思想转型问题的缺乏关注局

5

面，尝试在"大问题意识"下以"儒家思想的现代困境与转型可能"为视角予以研究。

学理层面。澄清晚清以来学人如何反省批判传统，又如何创造性诠释传统儒学；探究中国学人结合西方思想对儒家思想的批评、融会与创造，重估他们独立的转型路径。

中国现代哲学转型层面。提出儒家思想的重建问题，这决定着中国哲学的现代转型以及未来发展。

现实意义。试图探究儒家思想在现代社会中的角色与影响，接着"民国"学者对此问题的研究，提出君子人格与公民意识、安身立命与敬畏伦理的学理性联系，对公民社会之建立意义重大。

（二）本书的不足与进一步待深化之问题

第一，人性问题，本书基于"行为"中心提出"人性向善建构论"，但是，如何培育、规范人的行为，而慢慢形成较为稳定的"德性品质"部分内容，这有待深化；需要考虑到现代社会通信、网络技术对人的影响与建构；第二，孝悌问题，本书提出回到"公民德性"之培养上来，但是，这依然无法保证对老人的善待，我的思路是对"人"的培养以及对"他者"的敬重，若此可以实现，那么对于有血缘亲情的父母兄弟自然会予以尊重、善待，但是，这其中还有漫长的道路要走；第三，认知问题，我提出由"知识之理"到"认知模式"的探讨，并尝试以荀子为例予以讨论，但是感觉有待深化，其具体认知模式究竟怎样，尚需进一步研究；第四，生死问题，我提出现代生死问题的三个面向，但是有待展开，现代生死问题很复杂，我尝试以"复活"与"不朽"为例发掘世俗生活的"神圣性意义"，但只是一种尝试，尚需深入，期待学界的批评，以待改进。

目　录
CONTENTS

引论

儒家思想转型路径之审视

一、晚清以来的大变局与儒家思想困境之产生

晚清以来，中国与西方遭遇的历史是极其惨痛的，我们常常引用李鸿章奏折里那句"三千余年一大变局也"，如果当时他是出于海防而有那种敏锐危机感的话，如今一百多年来之经历，我们看到对于此种"三千年之大变局"的危机意识更深层次则是文化层面而不限于军事一隅，因为军事上的危机折射出文化自保能力的衰弱。陈寅恪先生论及儒家之影响时说："故二千年来华夏民族所受儒家学说之影响最深最巨者，实在制度法律公私生活之方面。"① 因此，具体来讲此种危机主要表现在儒家思想的"有失调整"及其"应对无力"上。那么此种危机是如何产生的？我们将以陈独秀、梁启超、梁漱溟当时的说法为例予以展开。

（一）陈独秀"吾人最后之觉悟"

陈独秀在《吾人最后之觉悟》（1916 年 2 月 15 日）中将中西文化之冲突视为中西之争的根本，他说"欧洲输入之文化，与吾华固有之

---

① 陈寅恪. 审查报告三 [M] //冯友兰. 中国哲学史：下册. 上海：华东师范大学出版社，2011：336.

文化，其根本性质极端相反。数百年来扰攘不安之象，其由此两种文化相触接、相冲突者，盖十居八九"①。他将中西文化之争分为六期：第一期在明朝中叶，西教西著初传；第二期在清初，火器历法见纳于清帝，朝野旧儒，群起非之；第三期在清朝中叶，鸦片战争后"洋务""西学"始兴；第四期在甲午战后，康梁变法，由行政而折入政治根本问题；第五期在民初"政治为根本问题的觉悟"；第六期，辛亥革命之后四五年，备受专制之苦，厌恶专制、倾向共和。陈的六期说有些杂乱，但可归结为最初的觉悟为"器物"，而后是"政治"，不过陈认为中国之问题并未在此六期中解决，所以提出"第七期吾人最后之觉悟"（包含"政治觉悟"和"伦理的觉悟"，陈尤重后者），他说："伦理的觉悟，为吾人之最后觉悟之最后觉悟。"② 并说，"此而不能觉悟，则前之所谓觉悟者，非彻底之觉悟，盖犹在惝恍迷离之境。"③ 所以他"伦理的觉悟"便是"根本思想"的"变更"，此种根本思想便是以孔子为代表的儒家学说。

陈独秀并不完全否认孔子的历史价值，但认为对于现代生活则"一文不值"，因为现代生活与孔子之道是根本不相容的，他说："东西洋民族不同，而根本思想亦各成一系，若南北之不相并，水火之不相容也。"④ 显而易见，他将中西文化对立起来，又说："吾人倘以新输入之欧化为是，则不得不以旧有之孔教为非。倘以旧有之孔教为是，则不得不以新输入之欧化为非。新旧之间，绝无调和两存之余地。吾人只得任

---

① 陈独秀. 吾人最后之觉悟［M］//陈独秀著作选：第一卷. 上海：上海人民出版社，1984：175.
② 陈独秀. 吾人最后之觉悟［M］//陈独秀著作选：第一卷. 上海：上海人民出版社，1984：179.
③ 陈独秀. 吾人最后之觉悟［M］//陈独秀著作选：第一卷. 上海：上海人民出版社，1984：179.
④ 陈独秀. 东西民族根本思想之差异［M］//陈独秀著作选：第一卷. 上海：上海人民出版社，1984：165.

取其一。"① "欲建设西洋式之新国家，组织西洋式之新社会，以求适今世之生存，则根本问题，不可不首先输入西洋式社会国家之基础，所谓平等人权之新信仰，对于此新社会新国家新信仰不可相容之孔教，不可不有彻底之觉悟，猛勇之决心；否则不塞不流，不止不行。"② 这便是陈独秀"根本思想"的变革，取西之民主、平等、自由、人权之说而去中之孔子学说，这便是他"伦理的觉悟"，"存其一，必废其一"的态度，用一种全新的人生、伦理觉悟代替旧的人生论，有学者称此为"彻底的反传统"③。

（二）梁漱溟对"器物—制度—文化"三期说的理解

梁漱溟在其代表作《中西文化及其哲学》一书中在谈及中西文化之争时，基本沿用了陈独秀对此问题的看法，先是"办上海制造局，在制造局内译书，在北洋练海军，马尾办船政"④，这是因为"大家看见西洋火炮、铁甲、声、光、化、电的奇妙"⑤，并希望将它们搬来中国使用，这也是我们所称的"器物"层次。不过，"及至甲午之役，海军全体覆没，于是大家始晓得火炮、铁甲、声、光、化、电，不是如此可以拿过来的，这些东西后面还有根本的东西。乃提倡废科举，兴学校……又逐渐着意到政治制度上面，以为西方化之所以为西方化，不单在办实业、兴学校，而在西洋的立宪制度、代议制度"⑥，这便是我们

---

① 陈独秀. 答佩剑青年（孔教）［M］//陈独秀著作选：第一卷. 上海：上海人民出版社，1984：281.
② 陈独秀. 宪法与孔教［M］//陈独秀著作选：第一卷，上海：上海人民出版社，1984：229.
③ 林毓生. 中国意识的危机［M］. 穆善培，译. 贵阳：贵州人民出版社，1986.，本书试图探讨"五四"时期全盘性反传统的根源，并列举陈独秀、胡适和鲁迅作为个案研究。
④ 梁漱溟. 东西文化及其哲学：修订版［M］. 北京：商务印书馆，1999：13.
⑤ 梁漱溟. 东西文化及其哲学：修订版［M］. 北京：商务印书馆，1999：13.
⑥ 梁漱溟. 东西文化及其哲学：修订版［M］. 北京：商务印书馆，1999：14.

通常所认为的"制度"层面的学习。可问题是，"立宪论的主张逐渐实现；而革命论的主张也在辛亥年成功。……西洋的政治制度实际上仍不能在中国实现……于是大家乃有更进一步的觉悟，以为政治的改革仍是枝叶，还有更根本的问题在后头"①，梁所说更根本的问题便是指的陈独秀的"伦理觉悟"，他说："此种觉悟的时期是很难显明的划分出来，而稍微显著的一点，不能不算《新青年》陈独秀他们几位先生。他们的意思要想将种种枝叶抛开，直截了当去求最后的根本。所谓根本就是整个的西方文化——是整个文化不相同的问题。如果单采用此种政治制度是不成功的，须根本的通盘换过才可。而最根本的就是伦理思想——人生哲学——所以陈先生在他所作的《吾人之最后觉悟》一文中以为种种改革通用不着，现在觉得最根本的在伦理思想。对此种根本所在不能改革，则所有改革皆无效用。到了这时才发现了西方文化的根本的所在，中国不单火炮、铁甲、声、光、化、电、政治制度不及西方，乃至道德都不对的！"②

"道德都不对"便是我们所说的"文化或观念"层面的学习，从梁的分析可以看出此种"伦理的觉悟"不是泛泛而谈的，而是一种"人生哲学"的根本置换，由以上陈独秀的说法亦可看出此种彻底性，用梁的话来说便是："中国人对于西方文化的输入，态度逐渐变迁，东方化对于西方化步步退让，西方化对于东方化的节节斩伐！到了最后的问题是已将枝叶去掉，要向咽喉去着刀！而将中国文化根本打倒！"③ 此种将"中国文化的根本打倒"便是陈独秀的"存其一便废其一"态度，是我们"最后觉悟之觉悟"，也是我们所说的"器物—制度—文化"模式中"文化"的特定含义，不了解这种背景，对于有着几百种"文化"

---

① 梁漱溟．东西文化及其哲学：修订版［M］．北京：商务印书馆，1999：15.
② 梁漱溟．东西文化及其哲学：修订版［M］．北京：商务印书馆，1999：14－15.
③ 梁漱溟．东西文化及其哲学：修订版［M］．北京：商务印书馆，1999：15.

定义的概念来说，就很难弄清"三期说"中"文化"在中国近代化转型期的特殊意义。

（三）梁启超之"器物—制度—文化"三期说的明确提出

梁启超在《申报》五十周年纪念时应约撰文的《五十年中国进化概论》中明确提出了"三期说"。"近五十年来，中国渐渐知道自己的不足了。这点子觉悟，一面算是学问进步的原因，一面也算是学问进步的结果。第一期，先从器物上感觉不足。"① 从鸦片战争开始，遂有洋务运动之种种努力，这一点与陈、梁说法类似。"第二期，是从制度上感觉不足。自从和日本打了一个败仗下来，国内有心人，真像睡梦中着了一个霹雳"②，"国内有心人"指的便是他自己和他的老师康有为等人。"第三期，便是从文化根本上感觉不足。……革命成功将近十年，所希望的件件都落空，渐渐有点废然思返。觉得社会文化是整套的，要拿旧心理运用新制度，决计不可能，渐渐要求全人格的觉悟。"③ 而提倡此种"全人格的觉悟"的便是《新青年》的诸位"新青年"，很明显是指陈独秀诸君。在这里，"器物"指的是洋务运动之船坚炮利、声光化电；"制度"指维新、辛亥之立宪共和；而"文化"则是"全人格的觉悟"，此诸种含义与陈、梁之分析无实质差异，只不过，梁任公之笔锋简明扼要。

由以上分析可知，中国近现代以来中西文化之争的"三期说"有其特殊含义："器物"指的是洋务运动之船坚炮利、声光化电（包括设局译书），代表人物为曾国藩、李鸿章诸辈；"制度"指维新、辛亥之立宪共和，代表人物为康有为、梁启超和孙中山；而'文化'则是"全人格的觉悟"，也即将"中国文化根本打倒"，其代表人物为陈独

---

① 梁启超．梁启超史学论著四种［M］．长沙：岳麓书社，1985：7.
② 梁启超．梁启超史学论著四种［M］．长沙：岳麓书社，1985：7.
③ 梁启超．梁启超史学论著四种［M］．长沙：岳麓书社，1985：8.

秀、李大钊诸君。将"中国文化根本打倒",这便是近百年来中国传统思想所面临的难以回避的阴影,首当其冲的是儒家,考虑到上面陈寅恪先生所说儒家的传统影响,这便可以理解,由此而产生"打倒孔家店"的口号便成了"情理之中"之事。

二、基于困境而衍生转型问题

如同上述,陈独秀称"吾宁忍过去国粹之消亡,而不忍现在及将来之民族,不适世界之生存而归消灭也","东西洋民族不同,而根本思想亦各成一系,若南北之不相并,水火之不相容也"。这并非孤例,李大钊先生亦有类似之表述:"中以前之历史,封闭之历史,焚毁之历史,葬诸坟墓之历史也。中以后之历史,洁白之历史,新装之历史,待施绚绘之历史也。中以前之历史,白首之历史,陈死人之历史也。中以后之历史,青春之历史,活青年之历史也。""即由今年今春之今日今刹那为时中之起点,取世界一切白首之历史,一火而摧焚之,而专以发挥青春中华之中,缀其一生之美于中以后历史之首页,为其职志,而勿逡巡不前。"①

新文化运动时期,儒家思想被目之为"吃人的礼教",学界要"打倒孔家店"。当时学者大多看到了中国之所以落后,不在于器物的船坚炮利不如人,也不在于制度上专制、君主不如人,而在于文化上的落后,价值观上的落后,没有求真的态度,没有独立的人格,正如贺麟所说:"中国近百年来的危机,根本上是一个文化的危机。文化上有失调整,就不能应付新的文化局势。中国近代政治军事上的国耻,也许可以说是起于鸦片战争,中国学术文化上的国耻,却早在鸦片战争之前。儒家思想之正式被中国青年们猛烈地反对,虽说是起于新文化运动,但儒家思想的消沉、僵化、无生气,失掉孔孟的真精神和应付新文化需要的

---

① 李大钊《青春》一文,原载 1916 年 9 月 1 日《新青年》2 卷 1 号。

无能，却早腐蚀在五四运动以前。儒家思想在中国文化生活上失掉了自主权，丧失了新生命，才是中华民族的最大危机。"① "老实说，中国百年来之受异族侵凌，国势不振，根本原因还是由于学术文化不如人。"②

既然归根结底是"文化不如人"，尤其是"儒家思想在中国文化生活上失掉了自主权"，那么进一步的问题便是儒家如何调整自我，如何由"失掉自主权"而予以"新开展"。对此贺麟先生也有着自觉的探寻，他在《儒家思想的新开展》中称：

> 欲充实并发挥儒家思想，似须另辟途径。因儒家思想本来包含有三方面：有理学以格物穷理，寻求智慧；有礼教以磨炼意志，规范行为；有诗教以陶养性灵，美化生活。故求儒家思想的新开展，第一，必须以西洋的哲学发挥儒家的理学。儒家的理学为中国的正宗哲学，亦应以西洋的正宗哲学发挥中国的正宗哲学。因东圣西圣，心同理同。苏格拉底、柏拉图、亚里士多德、康德、黑格尔的哲学与中国孔孟、老庄、程朱、陆王的哲学会合融贯，而能产生发扬民族精神的新哲学，解除民族文化的新危机，是新儒家思想发展所必循的途径。使儒家的哲学内容更为丰富，体系更为严谨，条理更为清楚，不仅可作道德可能的理论基础，而且可奠定科学可能的理论基础。
>
> 第二，须吸收基督教的精华以充实儒家的礼教。儒家的礼教本富于宗教的仪式与精神，而究竟以人伦道德为中心。宗教则为道德之注以热情、鼓以勇气者。宗教有精诚信仰、坚贞不二的精神；宗教有博爱慈悲、服务人类的精神；宗教有襟怀广大、超脱尘世的精神。基督教文明实为西方文明的骨干。其支配西洋人的精神生活，实深刻而周至，但每为浅见者所忽视。若非宗教的知"天"与科

---

① 贺麟. 文化与人生［M］. 北京：商务印书馆，1988：5.
② 贺麟. 文化与人生［M］. 北京：商务印书馆，1988：20.

学的知"物"合力并进，若非宗教精神为体，物质文明为用，绝不会产生如此伟大灿烂的近代西洋文化。若中国人不能接受基督教的精华而去其糟粕，则绝不会有强有力的新儒家思想产生出来。

第三，须领略西洋的艺术以发扬儒家的诗教。诗歌与音乐为艺术的最高者。儒家特别注重诗教、乐教，确具深识远见。凡各种艺术者皆所以表示本体界的意蕴，皆精神生活洋溢的具体表现，不过微有等差而已。建筑、雕刻、绘画、小说、戏剧，皆所以发扬无尽藏的美的价值，与诗歌、音乐亦皆系同一民族精神及时代精神的表现，似无须轩轾于其间。过去儒家因乐经佚失，乐教中衰，诗教亦式微。对其他艺术，亦殊少注重与发扬，几为道家所独占。故今后新儒家的兴起，与新诗教、新乐教、新艺术的兴起，应该是联合并进而不分离的。

儒学是合诗教、礼教、理学三者为一体的学养，也即艺术、宗教、哲学三者的谐合体。因此，新儒家思想的开展，大约将循艺术化、宗教化、哲学化的途径迈进。①

对于此问题，冯友兰在《中国现代哲学史》第九章中说："中国需要现代化，哲学也需要现代化。现代化的中国哲学，并不是凭空创造一个新的中国哲学，那是不可能的。新的现代中国哲学，只能是用近代逻辑学的成就，分析中国传统哲学中的概念，使那些似乎是含混不清的概念明确起来，这就是'接着讲'与'照着讲'的区别。"② 但是，虽然在现代中国哲学领域冯友兰、金岳霖等有着惊人的努力，并且很可以代表中国现代哲学的水准，但是无论是冯友兰的"新理学"还是金岳霖的"论道体系"都有着浓厚的新实在论倾向，虽然他们用的术语与范畴都是中国传统的，但是他们所表达的思想更像是西学。尽管冯先生称

① 贺麟. 文化与人生 [M]. 北京：商务印书馆，1988：8-9.
② 冯友兰. 中国现代哲学史 [M]. 广州：广东人民出版社，1999：200.

他的"新理学"是"接着""宋明理学"讲，但是其理论架构和内容与"宋明理学"可谓天壤之别，如陈来教授在《冯友兰〈新理学〉形上学之检讨》说："冯先生的理与宋儒之不同在于：一方面'所以'是类的规定，如后来冯先生说的'一类东西的所以然之理就是那一类东西的共相，其中包括有那一类东西所共同具有的规定性'，在'新理学'时期，冯先生虽然没有作这样的明确的表述，但是很清楚的，冯先生的理主要指形式的共相，与理学有所差别。另一方面，理学的理是内在于气或事物之中的，而'新理学'则不肯定这一点。"① 上海社科院的方松华先生也在质疑金岳霖的"论道是中国哲学吗？"② 在这里，我们并不是否认冯、金在对中国现代哲学的转型中所做的努力，也并不否认两位先生给予后人的巨大思考空间，如陈来先生在检讨完"新理学"后所说，提出好的问题比给出正确的答案更为重要，"'新理学'至今仍在促进着我们的哲学思考"，这种不回避学术批评，并能以同情之理解的态度对待先贤是令人敬重的。

与此同时，我们也不妨参照一下其他学者对中国哲学未来出路的探求。牟宗三先生在《中国哲学的未来》中谈道："在此，我们看出来中国哲学未来的方向：（一）根据传统儒释道三教的文化生命与耶教相摩荡，重新复活'生命的学问'。（二）吸收西方的科学、哲学与民主政治，展开智性的领域。就哲学说，西方哲学中的柏拉图、亚里士多德—骨干，莱布尼茨、罗素—骨干，康德、黑格尔—骨干，永远有其哲学真理上的价值。"③ 在2011年出版的对话录《该中国哲学登场了？》一书中，李泽厚又重新阐述了他的"情本体"或者说"人类学历史本体"论，这或许也可看作是中国哲学现代转型的一种尝试。上帝死了，可人

---

① 陈来. 现代中国哲学的追寻：新理学与新心学［M］. 北京：生活·读书·新知三联书店，2010：272-273.

② 方松华. 对金岳霖《论道》之中国哲学属性的疑窦［J］. 学术月刊，2004（2）.

③ 牟宗三. 中国哲学的特质［M］. 长春：吉林出版集团有限公司，2010：98.

还活着；过把瘾就死，可过把瘾之后往往不死，那么如何活？即便人类获得了真正的物质解放，依然面临着人类的出路选择问题，人毕竟活着，那么当如何活？在谈到"情本体"时，李泽厚说："我的哲学构想，和国内的思潮，好像没有太大的关系；但和世界的思潮有关系。没有海德格尔，没有现在这种世界性的难题，也不会有情本体。就是我前面说过的，人类走到这地步了，个人也走到这地步了，人不能不把握自己的命运了。人的孤单、无聊，人生的荒诞、异化，都达到空前的程度，在这样的时候，面对种种后现代思潮，我提出情本体，也可以说是世界性问题使然吧……这是一种世界的视角，人类的视角，不是一个民族的视角，不只是中国视角。但又是以中国的传统为基础来看世界。所以我说过，是'人类视角，中国眼光'。"①

自然李泽厚的哲学是不能用西方哲学标准来框架的，他的种种说法、范畴的使用，比如经验、先验、本体等与西方哲学中范畴的相应用法并不对应。在中西哲人的语境中，评判与对比遇到的困境似乎不仅是依照谁的标准的问题，还有文化传统、思维模式的差异。固然李泽厚受康德哲学影响很大，但他的种种对康德哲学的改造，更多融进了对中国哲学的发挥，并不严格遵照西方哲学的认识论、伦理学语境，因此在西哲语境中解读，往往看到他是一种误读，是不成立的，但从知识社会学角度去看，不同的知识体系有着不同的社会文化背景，又似乎是成立的。或许，我们首先不应批判理论自身是否严谨，是否能成立，而是要看评判的标准是否成立，西方哲学语境论说哲学的方式是否是唯一的。在空前中西方文化深度交流的时代，我们是否应走出"西哲范式"的迷雾而融会中西创立新的哲学范式，而李泽厚先生的种种"大逆不道"的说法是否意味着一个孤独哲人的先声呢？"且不管这些，让哲学主题

---

① 李泽厚，刘绪源．该中国哲学登场了？：李泽厚 2010 谈话录［M］．上海：上海译文出版社，2011：79 - 80.

回到世间人际情感中来吧，让哲学形式回到日常生活中来吧。以眷恋、珍惜、感伤、了悟来替代那空洞而不可解决的'畏'和'烦'，来替代由它而激发的后现代的'碎片'、'当下'。不是一切已成碎片只有当下真实，不是不可言说的存在神秘，不是绝对律令的上帝，而是人类自身实存与宇宙协同共在，才是根本所在。"① 这是以一种新的独特的视角来看待儒家的转型问题，而且其重点放在了对儒家思想原有资源的发掘上。

三、对原有转型路径之审视

第一，厘清问题实质：比较语境下之困境产生。就中国传统思想史而言，对儒家之批评反省声音一直存在，以先秦为例，老子、庄子、墨子、韩非子以及告子、许行等都在不同层面对儒家有着明确而自觉的批评，比如《道德经》明确提道："故失道而后德，失德而后仁，失仁而后义，失义而后礼。夫礼者，忠信之薄而乱之首也。前识者，道之华，而愚之始。是以大丈夫处其厚，不居其薄，处其实，不居其华。故去彼取此。"（《老子·三十八》）而后继者庄子"以诋訿孔子之徒，以明老子之术"（《史记·老子韩非列传》）。而"墨子学儒者之业，受孔子之术，以为其礼烦扰而不说，厚葬靡财而贫民，服伤生而害事，故背周道而行夏政"（《淮南子·要略》），其主张"兼爱""非礼""非乐""节葬""非命"等对于儒家思想有着明确的针对性。但是，我们要看到近代以来儒家思想所遭遇的困境有别于传统批评：其一，从思想渊源上讲这些批评不来自传统内部，陈独秀、李大钊包括胡适、贺麟等批评的参照系是西方，是在不同文明系统之比较语境下产生的；其二，批判深度上不是一种修补完善而是一种价值原则的根本置换。由此"反省儒家

---

① 李泽厚，刘绪源. 该中国哲学登场了？：李泽厚 2010 谈话录［M］. 上海：上海译文出版社，2011：5.

自身理论困境的必要性"便尤为明显，关乎传统思想正统的生死存亡。

第二，自觉判断标准：转型的目的及其评判。我们要回到困境原点予以省察，同时继承前辈学人思考予以重建。这里面涉及四个问题。其一，现代化的必要性及其对西方的自觉学习。儒家转型不是关起门来沾沾自喜，而是接续上述比较语境下融入国际社会，那么现代化便是不可回避的问题，这便同时涉及对西方的学习。问题在于学习西方，到底要学什么。其二，重估儒家思想的必要性及其对传统的自觉继承。我们要自觉看到上述陈寅恪所提儒家影响的事实，同时也要看到陈独秀所言孔子之道与现代生活的张力，问题是弄明白到底张力何在。在此基础上对儒家思想的合理资源予以发掘，其合理性决定它对现代生活的回应能力。其三，对现代性的反思。儒家思想转型不仅有对现代化的适应问题，与此同时，还要试图避免西方现代化过程中所出现的危机。其四，基于思想自身的生长而非移植或外在"拿来"添加。此种转型，是一种"技术复制"还是一种"根植培养"，这是需要自觉予以留意的，这决定着儒家思想转型后的存在不仅仅是作为"花瓶"而是要有长成"生命之树"的可能，这是一种培植根基而非插花艺术，此种转型后的儒家思想资源具有价值普遍性而不仅仅是一种地域文化。

第三，原有路径审视：宏大叙事的悲歌。接续上面的分析，我们可以看到近现代以来对儒家思想转型有着较大影响的大致可分为三派。其一，中体西用派。此种思路影响最大，而且不同时期以不同的面目出现，此思路可追溯到清乾隆年间编辑《四库全书》时的态度：四库全书馆臣对《寰有诠》的提要后加以按语："欧罗巴人天文推算之密，工匠制作之巧，实逾前古；其议论夸诈迂怪，亦为异端之尤。国朝节取其技能，而禁传其学术，具存深意。"① 另外 19 世纪 60 年代洋务派比较

---

① 高一志编《空际格致》二卷，收入《四库全书总目》卷 125 子部 35 杂家类存目 2，直隶总督采进本。

集中反映了此种心态。其优长在于对西方文明有所取舍，同时对自家传统有所坚守，这是一种文化交流初期比较稳妥的应对方案；但是，其问题在于对文明之肤浅把握，比如对西方文明以"坚船利炮"视之是否舍本逐末，而且对于文化"体用"之系统性不明就里，当时严复就批评其有"牛体马用"之嫌疑。其二，全盘西化派。纵观各家学说近现代以来大都有"西化"之倾向，他们的区别在于对"西化"之界定及学习范围不同，包括梁漱溟都有"全盘承受"之说法，胡适亦称要"充分现代化"，其语境明确指出"现代化"与"西化"问题上的边界重合，但是，真正自觉提出并予以系统论证"全盘西化"主张的为陈序经先生。其依据主要在于"文化一元论"：变化差别在"程度"而非"成分"。他从事实上论证，认为除了文化层累理论上之外，事实上的西化更严重，从历史上的传教士开始，当时的天算、兵器、教育莫不学习西方，所以他下结论说："这就是中国在事实上是趋于全盘接受西洋文化。"① 然而，"全盘西化"理论上是否真的可能？文化上是否只有程度差异而无"成分"之不同？进而言之，实践上是否可以操作？如何判断？如何做才是"全盘"西化？其看到现代化的必要性是可贵的，西化与现代化固然多有边界重合但是否可以等同？另外在安身立命层面——"全盘西化"是否会有"邯郸学步失却故步"的忧患？其三，本位文化派。近现代以来"本位文化派"影响颇小，面对"西化"洪流表面上难以抗拒，然而其潜藏实力不可小觑，比如常以"复兴""复古"等面貌出现，尤为要者，对于西学之学习往往经其改造而走回老路。据说晚清文人孙宝瑄说过一句话，颇值得玩味："以旧眼读新书，新书皆旧；以新眼读旧书，旧书皆新。"② 对于观念也是一样，名词可以是新的，观念依然可以是旧的；甚至可以说"观念"的提法是新的，

---

① 陈序经. 中国文化的出路［M］. 北京：中国人民大学出版社，2004：102.
② 陈平原. "新文化"的崛起于流播［M］. 北京：北京大学出版社，2015：38.

内在的理解与接受依然可以是旧的。如鲁迅所说，学习西学，然后再用学来的西学继续守旧，这在晚清民初再次上演①。由此可以看出此派思想看似名不见经传，实际上影响最大。此种现象在袁世凯复辟帝制时蔡元培先生也有所觉察，在复辟帝制失败后，蔡先生曾尖锐地指出，袁世凯复辟帝制的丑剧并不是他个人之罪恶，而是有着社会基础的。他分析道：支持袁世凯称帝的有三种社会势力，一是官僚，二是学究，三是方士。蔡元培对这三种社会势力做了如下的评论："畏强抑弱，假公济私，口蜜腹剑，穷奢极欲，所以表官僚之黑暗也。天坛祀帝，小学读经，复冕旒之饰，行跪拜之仪，所以表学究之顽旧也。武庙宣誓，教会祈祷，相士贡谀，神方治疾，所以表方士之迂怪也。"正因如此，尽管袁世凯帝制活动失败，且本人也已去世，但是复辟帝制的活动并未因此而停顿，"而此三社会之流毒"② 依旧。"中华民国约法，有责任内阁，而当时普遍心理，乃不以为然。"③ 这是值得留意的现象。而且"中体西用"派往往流于"本位文化"之末流，原因就在于"本位文化派"不仅有着强大的社会基础，而且还有着内在的、稳固的文化心理结构支撑。然而"本位文化派"的问题在于忽视原初"困境"产生的语境，正是本位文化"有失调整"才衍生"转型问题"，返回只是一种重复循环而没有任何解决。然而此派心理则因其"潜隐""内在"反而影响深

① 原话为："维新以后，中国富强了，用这学来的新，打出外来的新，关上大门，再来守旧。""他们的称号虽然新了，我们的意见却照旧。因为'西哲'的本领虽然要学，'子曰诗云'也更要昌明。换几句话，便是学了外国本领，保存中国旧习。本领要新，思想要旧。要新本领旧思想的新人物，驼了旧本领旧思想的旧人物，请他发挥多年经验的老本领。一言以蔽之：前几年谓之'中学为体，西学为用'，这几年谓之'因时制宜，折中至当。'"引自鲁迅. 随感录四十八热风［M］//鲁迅全集：第一卷. 乌鲁木齐：新疆人民出版社，1995：288.

② 蔡元培. 对于送旧迎新二图之感想［M］//蔡元培全集：第二卷. 杭州：浙江教育出版社，1997：463.

③ 蔡元培. 对于送旧迎新二图之感想［M］//蔡元培全集：第二卷. 杭州：浙江教育出版社，1997：464.

远，而陈序经先生所倡导的"全盘西化"主张则往往被视为"理论极端""用心向外"而备受批评。

无论是"中体西用派"还是"全盘西化派""本位文化派"，其理论主张都是方向性的"宏大叙事"；包括后来影响较大新儒家的"返本开新"路径都有类似的理论建构特质，自然其可贵处在于"融汇中西"而走向自我重建：在看到现代化的必要性、承认传统的现代价值以及对现代性反思（试图避免西方现代化过程中所出现的危机）的基础上而走出一条独特的中国道路来。但是，我们依然认为承继前述冯友兰、牟宗三等的方法论取向以及贺麟关于儒家思想新开展合诗教、礼教、理学也即艺术、宗教、哲学的路径是必要的，不过需要将问题具化，同时在借鉴李泽厚先生的"人类视角，中国眼光"之际，亦告别其宏大叙事模式。

第一章

人性问题

人性问题是复杂的，因为我们所能认知的只是人的行为，但是，人们又似乎不满足于多变的行为而试图更进一步寻求其稳定的人性本质，这样问题的复杂性便出现了：人性是否存在，若存在其本质能否被探讨，是动态的还是固定不变的，我们到底能否认识人性。关于性善论的版本我们以孟子"道性善"与基督教《圣经》中的"灵性善"作为对比并予以检讨，这是本章前两节的内容；而在人之所以为人之界定上，善恶、灵性只是伦理、宗教维度，亚里士多德在其伦理学中也明确讨论了人的本性问题，然而他的视角则是基于功能论证而提出"人是理性动物"，所以第三节我们会讨论人性与理性的关系，尤其是善恶与理性的关系，并进一步反省理性的限度以及"超善恶"问题。

第一节　孟子性善论之检讨

一、人性之界定：人之所以为人者

第一，人性不同于本能。孟子认为人性之界定是自觉的，自觉回避了用本能来界定人性的路径，在与告子的辩论中我们看到这一点。

告子曰："生之谓性。"孟子曰："生之谓性也，犹白之谓白与?"曰："然。""白羽之白也，犹白雪之白；白雪之白，犹白玉之白与?"曰："然。""然则犬之性，犹牛之性；牛之性，犹人之性与?"(《孟子·告子上》)

这种与"本能"保持距离的说法，在孔子"性相近"(《论语·阳货》)的说法中尚不明显，而荀子关于人性的界定则与孟子不同而更近于告子：

"凡性者，天之就也，不可学，不可事。"(《荀子·性恶篇》)

"生之所以然者谓之性。"(《荀子·正名篇》)

"性者，本始材朴也；伪者，文理隆盛也。无性，则伪之无所加，无伪，则性不能自美。性伪合，然后成圣人之名一。天下之功，于是就也。"(《荀子·礼论篇》)

关于孟、荀人性论之异同并非本节重点，我们将集中孟子"性善论"的内在理路试图有所检讨和推进。孟子不认同用本能来解说人性，因为其人性界定在于人之所以为人的独特性。

第二，人性在于人之所以为人者。孟子曰："人之所以异于禽兽者几希，庶民去之，君子存之。舜明于庶物，察于人伦，由仁义行，非行仁义也。"(《孟子·离娄下》)与此同时我们需要看到，孟子对人的解读是自觉的，看到了人与禽兽有所不同，但是，在人性的界定与培育上自觉引向了"人之所以异于禽兽者"，他将人分为"大体"和"小体"，区分的目的在于引导人要自觉"先立乎其大"。

孟子曰："人之于身也，兼所爱。兼所爱，则兼所养也。无尺寸之肤不爱焉，则无尺寸之肤不养也。所以考其善不善者，岂有他哉? 于己取之而已矣。体有贵贱，有小大。无以小害大，无以贱害贵。养其小者为小人，养其大者为大人。今有场师，舍其梧槚，养其樲棘，则为贱场师焉。养其一指而失其肩背，而不知也，则为狼疾人也。饮食之人，则人贱之矣，为其养小以失大也。饮食之人无有失也，则口腹岂适为尺寸之肤哉?"公都子问曰:"钧是人也,或为大人,或为小人,何也?"孟子曰:"从其大体为大人,从其小体为小人。"曰:"钧是人也,或从其大体,或从其小体,何也?"曰:"耳目之官不思,而蔽于物,物交物,则引之而已矣。心之官则思,思则得之,不思则不得也。此天之所与我者,先立乎其大者,则其小者弗能夺也。此为大人而已矣。"(《孟子·告子上》)

由此我们可以看出孟子关于人性的界定。他不像基督教那样做肉体—灵魂二分,也没有凸显笛卡儿式的"身—心"二元,但是就人来讲他认为"体有贵贱,有小大"。看到耳目口体之作用,但只是处于"小体"的地位,人的可贵在于"心"。需要留意的是,这里我们无法由"大体—小体"而得出笛卡儿式的"心—身"紧张,因为固然孟子讲"心之官则思",但是纵观其关于"心"的论述,更多是"恻隐""羞恶""辞让""是非"等"仁义礼智"等伦理意义上的,由此而提出"先立乎其大"。我们也可以看出其凸显的是伦理维度的人性培养、扩充,比如孟子讲:"仁,人心也;义,人路也。舍其路而弗由,放其心而不知求,哀哉!人有鸡犬放,则知求之;有放心而不知求。学问之道无他,求其放心而已矣。"(《孟子·告子上》)可以作为旁证。这与其基本人性界定"道性善"是一致的。

二、"道性善":由仁心到仁政

"孟子道性善,言必称尧、舜。"(《孟子·滕文公上》)

其一,依据《孟子》文本,当时提到孟子都以"性善"为其成名理论,并没有做"性本善"还是"性向善"的区分,依据孟子文本"道性善"似乎更倾向于"性本善",后世《三字经》中"人之初,性本善"是比较符合孟子思想的。他明确讲:"人之所不学而能者,其良能也;所不虑而知者,其良知也。孩提之童无不知爱其亲者,及其长也,无不知敬其兄也。亲亲,仁也;敬长,义也;无他,达之天下

18

也。"（《孟子·尽心上》）而且他明确说"仁义礼智，非由外铄我也，我固有之也"。

> 孟子曰："乃若其情，则可以为善矣，乃所谓善也。若夫为不善，非才之罪也。恻隐之心，人皆有之；羞恶之心，人皆有之；恭敬之心，人皆有之；是非之心，人皆有之。恻隐之心，仁也；羞恶之心，义也；恭敬之心，礼也；是非之心，智也。仁义礼智，非由外铄我也，我固有之也，弗思耳矣。故曰：'求则得之，舍则失之。'或相倍蓰而无算者，不能尽其才者也。《诗》曰：'天生蒸民，有物有则。民之秉彝，好是懿德。'孔子曰：'为此诗者，其知道乎！故有物必有则，民之秉彝也，故好是懿德。'"（《孟子·告子上》）

固然孟子有"四端之心"有待"扩而充之"之说法，这只是"性善"端倪之发挥过程而不能视为"向善"的过程。

其二，"性善论"有着明确的内容，"尧舜之道，孝悌而已矣。"（《孟子·告子下》）具体言之，孟子的"性善论"围绕"仁义礼智"展开。合乎"仁、义、礼、智"者为善，否则为恶。

其三，"性善论"只是"仁政论"之预备。孟子固然以"性善论"著称，但是，他并不以"人性"问题为理论旨归，"人性论"只是一种预备，最终是为了引向仁政论。孟子曰："人皆有不忍人之心。先王有不忍人之心，斯有不忍人之政矣。以不忍人之心，行不忍人之政，治天下可运之掌上。"（《孟子·公孙丑上》）由此来看，仁政论是各种行为之"善恶"评判依据，"仁、义、礼、智"最终围绕仁政论展开，"性善论"为"仁政论"服务。二者关系同样是有趣的。

三、"性善"之方法论检讨

从内在理路上"性善论"处于从属地位，只是"仁政论"之预备，因此"仁政论"才是孟子的理论旨归，这也符合其"正人心""治天下"之理想。但是，本节主题为人性论，所以，我们集中于"性善论"的论证方法，固然他有多处论辩，但是，我们还是需要留意"人性是什么"不是孟子思想的核心主题，"人性"从属于"仁政"，"道性善"是为了行"尧舜之道"而"平治天下"。就"性善论"的论证方法而言会再次印证此种"从属"地位，因为方法是粗糙的，充斥着"故意的混淆与曲解"（陈汉生语）以及"沉溺于表现无意义的论证"（刘殿俊语）①。

（一）行为能否推知人性

上面我们提到，对人性的认知只能从"行为"入手，所谓"人性善"只是由"行为善"推出的结果，问题在于"行为能否推出人性"。我们以"孺子入井"为例予以讨论。

> 所以谓人皆有不忍人之心者，今人乍见孺子将入于井，皆有怵惕恻隐之心，非所以内交于孺子之父母也，非所以要誉于乡党朋友也，非恶其声而然也。由是观之，无恻隐之心，非人也；无羞恶之心，非人也；无辞让之心，非人也；无是非之心，非人也。恻隐之心，仁之端也；羞恶之心，义之端也；辞让之心，礼之端也；是非之心，智之端也。人之有是四端也，犹其有四体也。有是四端而自谓不能者，自贼者也；谓其君不能者，贼其君者也。凡有四端于我者，知皆扩而充之矣，若火之始然，泉之始达。苟能充之，足以保四海；苟不充之，不足以事父母。（《孟子·公孙丑上》）

这是个平实的例子，应当说孟子所言的情况是存在的，看到类似情境不是为了"内交于孺子之父母也，非所以要誉于乡党朋友也，非恶

---

① 转引自余纪元. 德性之镜：孔子与亚里士多德的伦理学［M］. 林航，译. 北京：中国人民大学出版社，2009：128.

其声"而想救那个孩子。然而孟子的问题在于试图通过此种个别案例而引出人性一般的结论，但这种结论是无效的。第一，尽管孟子举例是真实的，但是无法排除反例。或许很少，但是，有没有见到类似情境而"袖手旁观"或"无动于衷"的呢？第二，需要留意"生子不举"现象。我们在韩非子的言论中看到："今上下之接，无子父之泽，而欲以行义禁下，则交必有郤矣。且父母之于子也，产男则相贺，产女则杀之，此俱出父母之怀衽，然男子受贺，女子杀之者，虑其后便、计之长利也。故父母之于子也，犹用计算之心以相待也，而况无父子之泽乎！"（《韩非子·六反》）另外我们看到《后汉书·张奂传》言河西"凡二月、五月产子，及与父母同月生者，悉杀之"，以及《论衡·四讳》："讳举正月、五月子，以为正月、五月子杀父与母。不得已举之，父母祸死"的说法。不举"五月子"的例子在孟尝君身上再次得到印证：

> 初，田婴有子四十余人。其贱妾有子名文，文以五月五日生。婴告其母曰："勿举也。"其母窃举生之。及长，其母因兄弟而见其子文于田婴。田婴怒其母曰："吾令若去此子，而敢生之，何也？"文顿首，因曰："君所以不举五月子者，何故？"婴曰："五月子者，长与户齐，将不利其父母。"（《史记·孟尝君列传》）

其他"生子不举"现象在李玉刚博士的研究中也有显示。依据甲骨文及出土文献，此现象源自上古，而且是一种自觉的"杀子"行为，由《日书》与传世文献所知，有不举与父母同日生子，不举正月生子，不举五月子等；而且远古时期的建筑基址，常常以幼童作为"奠基牲"。在龙山文化时期的河北邯郸涧沟遗址中，就发现有5到10岁的幼童被用于殉葬①，包括韩非子所讲"产女则杀之"。此种事例在《左传》中也有闻子哭视为"豺狼之声"而有"杀"意的记载：

> 初，楚司马子良，生子越椒，子文曰，必杀之，是子也，熊虎之状，而豺狼之声，弗杀，必灭若敖氏矣。(《左传·宣公四年》)

> 平公强使取之，生伯石，伯石始生，子容之母走谒诸姑，曰："长叔姒生男。"姑视之，及堂，闻其声而还，曰："是豺狼之声也，狼子野心，非是，莫丧羊舌氏矣。"遂弗视。(《左传·昭公二十八年》)

需要留意的是此种"杀子"行为是自觉的、合法的，甚至可以说是"善"的，不杀则视为"不祥""不利父母"，依据《左传》的例子，甚至是"恶"，因为善恶的评判标准正在于合乎"仁义礼智"之规范。但是，问题在于由"孺子入井"的例子推论出"人皆有恻隐之心"是否合法，更多的"生子不举"（说白了是主动杀子行为）又如何维持此种"恻隐之心"，进而言之，由这些主动的合法的"杀子"行为能否推出"人性恶"呢？若孟子的推论方法是合理的，那么，遵循同样的论证思路，得出"性恶论"同样有效，而此种善恶之相悖反证了孟子"行为推出人性"的无效。

（二）类比方法之悖论

在类比论证上孟子的方法同样是无效的，他与告子的辩论清晰地反映了这一点：

> 告子曰："性，犹杞柳也；义，犹桮棬也。以人性为仁义，犹以杞柳为桮棬。"

> 孟子曰："子能顺杞柳之性而以为桮棬乎？将戕贼杞柳而后以

---

① 李玉刚. 中国上古时期的"生子不举"[J]. 古代文明，2011 (3) .；另可参见：王子今. 秦汉"生子不举"现象和弃婴故事 [J]. 史学月刊，2007 (8) .

为桮棬也？将戕贼杞柳而以为桮棬，则亦将戕贼人以为仁义与？率天下之人而祸仁义者，必子之言夫！"（孟子·告子上）

依据孟子的思路"顺杞柳之性而以为桮棬"那么也只能得出"顺人性而以为仁义"，无法得出"仁义礼智，非由外铄我也，我固有之也"之结论，所以傅佩荣先生提出"人性向善论"的论证更合理①，但偏离了孟子"性本善"的原有思路。在关于"性犹湍水"的类比中问题依然存在：

> 告子曰："性犹湍水也，决诸东方则东流，决诸西方则西流。人性之无分于善不善也，犹水之无分于东西也。"孟子曰："水信无分于东西。无分于上下乎？人性之善也，犹水之就下也。人无有不善，水无有不下。今夫水，搏而跃之，可使过颡；激而行之，可使在山。是岂水之性哉？其势则然也。人之可使为不善，其性亦犹是也。"（《孟子·告子上》）

同样遵循孟子的思路，"水之就下"，但是由此仅可以得出"性相近"而无法得出"性之善"，因为水有向下之本性与人之性善不存在类比关系，更不具有解释力。依据类比的思路，既可以得出"性之善"也可以得出"性之恶"，这些都符合类比论证。严格来讲，以"向下"界定水之本性难以成立。孟子由此现象层面论证本性并进一步独断地认为"人性之善"是无效的。在类似的论证中，孟子还提道："口之于味，有同耆也。易牙先得我口之所耆者也。如使口之于味也，其性与人殊，若犬马之与我不同类也，则天下何耆皆从易牙之于味也？至于味，天下期于易牙，是天下之口相似也。惟耳亦然。至于声，天下期于师旷，是天下之耳相似也。惟目亦然。至于子都，天下莫不知其姣也。不

---

① 傅佩荣. 人性向善论的理据与效应［M］//沈清松. 中国人的价值观：人文系观点. 北京：中国人民大学出版社，2012：134 - 154.

知子都之姣者，无目者也。故曰：口之于味也，有同耆焉；耳之于声也，有同听焉；目之于色也，有同美焉。至于心，独无所同然乎？心之所同然者何也？谓理也，义也。圣人先得我心之所同然耳。故理义之悦我心，犹刍豢之悦我口。"（《孟子·告子上》，11.7）这依然是个漏洞百出的类比论证，其前提不成立，"口之于味有同耆"，但也有"众口难调"因素，孟子只是选择性地由"同"出发。即便如此，也无法推出"心之所同"一定是"理和义"，完全可以遵循同样的论证方法得出"恶和不义"。此种反证及悖论的出现恰恰证明了孟子论证方法的无效。

（三）善恶评判方法与四端之冲突

除了上述论证方法的缺陷，孟子"性善论"的深层问题还在于"善恶"的评判标准是外在的，固然有"良知良能"以及"仁义礼智，非由外铄我也，我固有之也"的说法，但是由于判断的对象是人的行为，而此种"固有"之"良知良能"无法保证"仁义礼智"的行为必然，孟子明确提到了"不善""多暴""非才之罪"（《孟子·告子上》）的问题，那么对行为的善恶评判标准多为外在的礼乐规范而非内在的"良知良能"，尤其是在"有放心而不知求"（《孟子·告子上》）的时候其善恶规范引导都由外在的礼乐秩序予以实现。这里进一步的问题在于，这些礼乐秩序如何判断。儒道墨法各有不同的主张，为何儒家的"仁政"是唯一的善恶标准？进一步讲当仁义礼智之间遇到冲突的时候，又如何是从？比如，孔子对管仲的评价：其一为"不知礼"，其二为"如其仁"①：

> 子曰："管仲之器小哉！"或曰："管仲俭乎？"曰："管氏有三归，官事不摄，焉得俭？""然则管仲知礼乎？"曰："邦君树塞门，

---

① 王世巍博士认为"如其仁"是劝诫子路，与学界一般看法不同，可参考：王世巍. 学界对《论语》"如其仁"的误读［J］. 湖北工程学院学报，2015（1）.

管氏亦树塞门。邦君为两君之好，有反坫，管氏亦有反坫。管氏而知礼，孰不知礼？"（《论语·八佾》）

子路曰："桓公杀公子纠，召忽死之，管仲不死。"曰："未仁乎？"子曰："桓公九合诸侯，不以兵车，管仲之力也。如其仁！如其仁！"子贡曰："管仲非仁者与？桓公杀公子纠，不能死，又相之。"子曰："管仲相桓公，霸诸侯，一匡天下，民到于今受其赐。微管仲，吾其被发左衽矣。岂若匹夫匹妇之为谅也，自经于沟渎，而莫之知也。"（《论语·宪问》）

这是善与不善之混合，又当如何评价呢？孟子也讲过"言不必信，行不必果，惟义所在"（《孟子·离娄下》），这是破费思量的选择与坚守。对于桓公、管仲事迹他与孔子又有着明显的不同，他说："仲尼之徒无道桓文之事者，是以后世无传焉。臣未之闻也。"（《孟子·梁惠王上》）而他对齐宣王"好乐""好勇""好货""好色"应"与百姓同之"之劝导在孔子那里也很难被称为是"善"的（比如，孔子在"八佾"篇对"武"乐之评价"尽美矣，未尽善也"，其评判依据与孟子便明显不同）。由此来看，孟子之性善论，无论是论证方法还是内在协调上，都存在着悖论和冲突。固然，性善论是为了走向"仁政"，但以此漏洞百出的理论为基础能否为"仁政说"和"平治天下"奠基呢？我们对此深表怀疑。

第二节　性善论之另种视角：宗教维度之灵性"良善"

关于基督教的人性论有"性恶论"说法，其中原因之一便是伊甸园的背叛："耶和华神吩咐他说、园中各样树上的果子、你可以随意吃。只是分别善恶树上的果子、你不可吃、因为你吃的日子必定死。"

（创2：16－17）在蛇的引诱下亚当夏娃吃了禁果，因此被逐出伊甸园："又对亚当说，你既听从妻子的话，吃了我所吩咐你不可吃的那树上的果子，地必为你的缘故受咒诅；你必终身劳苦，才能从地里得吃的。"（创3：17）而且在《创世纪》第十八章也提到所多玛城的罪恶："为这十个人的缘故，我也不毁灭那城。"（创18：32）这是个令人沮丧的"义人"寻找过程，结果是经由"50－45－40－20－10"还是毁灭了那城。耶和华曾经不止一次说过"我若在所多玛城里见有五十个义人，我就为他们的缘故饶恕那地方的众人"，若有四十五个、三十个、二十个乃至"为这十个的缘故，我也不毁灭那城"（创18：32），但是，两个天使在所多玛的遭遇，似乎毁灭了"十个"的梦想，这里明显不是在做数量上的运算或者讨价还价，而是在指明人对"罪"的不以为然和严重性，在对上帝不敬的时候，人们无法意识到自己的罪恶和不义，有种种的僭越却不知罪恶。其次，我们从最终的结局上可以看出：上帝毁灭了所多玛城，这次用的不是"水"而是"硫磺与火"，除了罗得妻女，其他人都被毁灭了；不信者，比如罗得的两个女婿，或许没有太大的罪恶，但是因为"不信""以为他说的是戏言"同样被毁灭了；而罗得的妻子，本来已经逃离灾难，但是违背了上帝所说"不可回头看"而变成了盐柱，所以得救的只有罗得父女三人。

从这里可以说明，上帝不会为义人饶恕恶人，他只会善待义人而惩罚恶人，任何人面对上帝都是单独的，别人的恩泽无法覆盖自己，自己为自己的行为负责。我们看到耶和华说过为十个人可以不毁灭那城，人都是罪恶的，真正的义人可能一个也找不到："常行善而不犯罪的义人，世上实在是没有。""没有义人，连一个也没有；没有明白的，没有寻求上帝的；都是偏离正路，一同变为无用。没有行善的，连一个也没有。"（罗3：10－12）最终发现"连一个也没有"，而且依据《旧约》之记载，从"伊甸园"章节开始人就一直"僭越""悖约"，很容易引出宗教层面的"性恶论"（不同于荀子基于伦理维度的"人之性恶")。但是，是否真是这样呢？我们将从人之被"创生"这一源头来探寻人性问题，基于基督教此种视角，我们认为就"人之所以为人"这一界定而言，人在于"灵"而非其"肉体"，而就此"灵"而言，人是纯性"善"的。此种思路在天主教耶稣会士利玛窦来华传教所撰的《天主实义》第七篇"论人性本善，而述天主门士正学"中给出了明确的说法："释此，庶可答子所问人性善否与？若论厥性之体及情，均为天主所化生，而以理为主，则俱可爱可欲，而本善无恶矣。"（《天主实义·427》）① 下面我们将予以详细论证。

一、人之性"本善无恶"的宗教维度

《圣经》中关于人和世界的创造有着明确而又清楚的记载，而且是被作为世界的开端、历史的起源、意义的生成而被作为经典的一部分来看待的。在《创世纪》中我们看到关于世界与人的"创生"问题，有The Beginning 和 Adam and Eve 章节，严格来说，这两个版本的创造又不太相同，前者偏重六天创造世界的过程，而后者主要是凸显亚当作为有灵性的人被造的最初情境。我们以《创世纪》② 第一章为中心文本集中予以讨论：

> 1. 起初神③创造天地。2. 地是空虚混沌，渊面黑暗。神的灵运行在水面上。3. 神说、要有光、就有了光。4. 神看光是好的、

---

① 依据版本利玛窦. 天主实义今注［M］. 梅谦立，注，谭杰，校勘. 北京：商务印书馆，2014：183.

② 本文参考的圣经版本有《圣经》，中国基督教三自爱国运动委员会，中国基督教协会出版发行，2009 年版；香港圣经公会和合版，1999 年；思高圣经学会译本，1991年香港 20 版；New International version, Zonderevan Bible Publishers, 1984；引用格式采用圣经通行格式比如创 1：1（《创世纪》第一章第 1 节），下同。

③ 在汉语语境中"神"与"上帝"是不同，"帝"具有最高神的称呼，而神则是广义的、众多的。在基督教语境中"帝"与"神"同义，在汉语《圣经》中往往有这样的说明：本圣经采用"神"版，凡是称呼"神"的地方，也可以称为"上帝"。

就把光暗分开了。5. 神称光为昼、称暗为夜，有晚上、有早晨、这是头一日。6. 神说，诸水之间要有空气、将水分为上下。7. 神就造出空气、将空气以下的水、空气以上的水分开了，事就这样成了。8. 神称空气为天，有晚上、有早晨、是第二日。9. 神说，天下的水要聚在一处、使旱地露出来，事就这样成了。10. 神称旱地为地、称水的聚处为海。神看着是好的。11. 神说、地要发生青草、和结种子的菜蔬、并结果子的树木、各从其类、果子都包着核，事就这样成了。12. 于是地发生了青草、和结种子的菜蔬、各从其类、并结果子的树木、各从其类、果子都包着核。神看着是好的。13. 有晚上、有早晨、是第三日。14. 神说，天上要有光体、可以分昼夜、作记号、定节令、日子、年岁。15. 并要发光在天空、普照在地上，事就这样成了。16. 于是神造了两个大光、大的管昼、小的管夜，又造众星。17. 就把这些光摆列在天空、普照在地上。18. 管理昼夜、分别明暗。神看着是好的。19. 有晚上、有早晨、是第四日。20. 神说，水要多多滋生有生命的物。要有雀鸟飞在地面以上、天空之中。21. 神就造出大鱼、和水中所滋生各样有生命的动物、各从其类又造出各样飞鸟、各从其类，神看着是好的。22. 神就赐福给这一切，说，滋生繁多、充满海中的水，雀鸟也要多生在地上。23. 有晚上、有早晨、是第五日。24. 神说，地要生出活物来、各从其类。牲畜、昆虫、野兽、各从其类。事就这样成了。25. 于是神造出野兽、各从其类。牲畜、各从其类。地上一切昆虫、各从其类。神看着是好的。26. 神说、我们要照着我们的形像、按着我们的样式造人、使他们管理海里的鱼、空中的鸟、地上的牲畜、和全地、并地上所爬的一切昆虫。27. 神就照着自己的形像造人、乃是照着他的形像造男造女。（创 1：1－27）

第一，由"创世纪"文本可以看出耶和华神在前六日创造了光、气、日月星辰、山河大地、草木鸟兽和人。谈到草木鸟兽时明确说"各从其类",而且多次提到"神看着是好的",对其有赞扬和祝福。但是,人是独特的。因此,人之"异于禽兽者"在于"我们要照着我们的形像、按着我们的样式造人"(创1：26)、"神就照着自己的形像造人、乃是照着他的形像造男造女"(创1：27)。这里我们可以看出,人之独特性在于人是"神之肖像"。

第二,人的独特性在第二章"伊甸园"中有了更明确的论述:"有灵的活人。""耶和华神用地上的尘土造人、将生气吹在他鼻孔里、他就成了有灵的活人、名叫亚当。"(创2：7)(The lord God formed the man from the dust of the ground and breathed into his nostrils the breath of life, and the man became a living being.①)这是个很值得注意的现象,同样是泥土造人(如同女娲),只是没有说明是"抟黄土"还是具体如何造,更没有疲惫的问题②("剧务力不暇供"),只是提到了"吹生气在他鼻孔里"。这里我们很可以看出中西创造者以及创造物的不同,创造者是否因创造而亏损(或者化掉)或者忙不过来,这涉及创造者自身的大能是否完满丰盛的问题;而对于受造物来说,仅仅是泥土还是有禀赋创造者的"生气",这涉及肉体生命与精神灵性的问题,而恰恰是后者——"灵性"赋予人之尊严及其"永恒性"。这里我们可以看到,在人的界定上,基督教对人的塑造与儒家的核心区别在于"有灵"上面,在源头上人为上帝所创造,而且人是上帝依照自己的形象所造,因此,人的可贵便不在于他的肉体,如《约翰福音》所说"叫人活着的乃是灵,肉体是无益的"(约6：63),而在于他被赋予了"神灵"的形象。

---

① 英文版本采用的是 Holy Bible . New International version, Zondervan Bible Publishers, 1984.

② 关于"女娲造人"神话及中西比较可参看:张永超. 创生与化生:从起源角度探究中西文明融合的困境及其可能[J].哲学与文化月刊,2016(3).

在亚当诞生时，固然来自"尘土"，但是，神将"生气吹在他的鼻孔里"（需要留意的是此处灵性意义上的"气"与物质性意义的"气"截然不同），这样他就不仅仅是"尘土"，而成了"有灵"的活人。这意味着，人的肉体依然会死亡，会朽坏，但是，人的灵魂却是不朽的、永生的。正是在"灵性"层面，为最终"复活的时候"提供了依据和判准。若说"创世纪"针对一般人之"降生"，对于"耶稣基督降生"有着同样的"灵性"依据，我们熟知的"玛利亚就从圣灵怀了孕"（太1：18），对于施洗约翰之降生有着类似的记载："从母腹里就被圣灵充满了。"（路1：15）因此我们可以说"对观福音"所提的"复活"与"永生之道"主要是就"灵性"层面讲的，生理性的肉体要归于尘土，但是"灵性"生命则是可以永生的、不朽的。

就此层面而言，利玛窦所言"释此，庶可答子所问人性善否与？若论厥性之体及情，均为天主所化生，而以理为主，则俱可爱可欲，而本善无恶矣"（《天主实义·427》）则是合乎基督教《圣经》本旨的。自然还有后来的故事比如"伊甸园"章节亚当夏娃因偷吃"智慧之果"而被逐，包括《圣经》中还有"创世纪"第七章洪水后挪亚方舟的问题，另外还有在第十九章提及"摩押人和亚扪人的起源"问题，但是这些严格说来是属于"毁灭与再生"的问题，这是上帝在创世之后"后悔造人在地上，心中忧伤"（创：5－6）或者是惩罚所多玛罪恶（创：18－19）的问题。这些更多是人对神的"悖离"属于"罪恶"而非基于"本性"，其区别在于这些是在"行为"层面的"悖逆""违约"而非人性层面的"恶"。

二、灵性层面"本善无恶"之检讨

第一，灵性之善与"原罪意识"之检讨。就人性层面立论，依据"人为上帝之肖像"的说法，我们认可利玛窦所说人性"本善无恶"的说法。论证方法上甚至比孟子的"性善论"更能自圆其说，因为"创世纪"的设定在于"全知全能全善"之神的创世，而人之所以异于禽兽者在于"有灵"，由此得出"本善无恶"是合理的。这里面我们还需要做出三点说明。其一，利玛窦分善为"良善"和"习善"，他说："性之善，为良善；德之善，为习善。夫良善者，天主原化性命之德。"（《天主实义·435》）他认为儒家的仁义礼智只是"良善"，由此可见同是讲"性善"，基督教的性善论因其宗教创生维度而与孟子基于伦理的维度不同。其二，利玛窦明确讲人之独特在于"能推论理者""乃所谓人性"而"仁义礼智，在推理之后"（《天主实义·425》），这是他明确继承了亚里士多德"人是理性动物"（亚里士多德《尼各马可伦理学》1098a3）的说法。所以，如果严守"人之所以为人者"的界定，利玛窦将"理性"置于"善恶"之前；而基督教"创世纪"也只是凸显"灵性"而不以"善恶"立论，没有明确讲"灵"性等同于善，未吃"那棵树"的果子以前，亚当和夏娃是"不知道善恶的"（创3：5）。其三，就人性论层面而言，与"毁灭与再生"故事明确区分开也是必要的，后者更多是讲行为层面的"悖逆"。那么，从伊甸园的故事开始，为何此种"悖逆"会一再出现，从《旧约》中"违约"之反复、"不义之人"之普遍包括巴别塔的故事，我们是否可以追问这些"悖逆""违约"行为是否有人性论依据？仅仅归于毒蛇、撒旦之引诱是否充分？

　　第二，依据人之被创生的"灵性"设定依然无法保证行为上的"善"和"义"。那么随之而来的善恶标准依然是外在的，主要依据"律法"。问题在于在《新约》中对"律法"的理解变得更加复杂，我们以"安息日问题"为例予以讨论。关于安息日的问题，我们知道这是明确写在摩西所领受的十诫里的，为第四诫。而且我们注意到在《旧约》中对干犯安息日的处罚是严厉的，"凡干犯这日的，必治死"（出31：14），而且确实有这样的案例，在安息日捡柴，被众人"用石头打死"（民15：36），要求"在那日无论何工都不做"（耶17：24）。

但是，这样严厉的诫命与惩罚在福音书中遭到了质疑，在"安息日掐麦穗"（太 12：1）得到了耶稣的辩护，他的问题是，安息日什么都不可以做，那么是否可以治病？在安息日行善和作恶，哪样是可以的？羊在安息日掉在坑里，要不要将它拉上来？

> 那里有一个人枯干了一只手。有人问耶稣说，安息日治病可以不可以，意思是要控告他。耶稣说：你们中间谁有一只羊当安息日掉在坑里，不把他抓住拉上来呢。人比羊何等贵重呢，所以在安息日做善事是可以的。（太 12：10－12）

"在安息日治病是可以的"，这是耶稣的回答。细审比较，耶稣的问题与回答确实比法利赛人高明。法利赛人坚持饭前洗手并对耶稣的门徒不这样做表示质疑，但是耶稣明确指出他们"借着遗传，废了神的诫命"（太 15：6）。法利赛人坚持律法条文，安息日不做工，但问题是安息日是否可以治病，羊掉在坑里了，因为安息日的规定就袖手旁观吗？这里的问题是价值次序问题，是因为律法而让位爱，还是因为爱让位律法，爱与律法谁才是根本的。耶稣说："安息日是为人设立的，人不是为安息日设立的。"（可 2：27）"我喜爱怜悯，不喜爱祭祀。"（何6：6）这是耶稣的依据，在祭祀（律法）与怜悯（爱）上，耶稣继承了《旧约》的精义，怜悯（爱）才是第一位的，其他都处于从属地位，正是在这个意义上耶稣说："莫想我来要废掉律法和先知。我来不是要废掉，乃是要成全。我实在告诉你们，就是到天地都废去了，律法的一点一画也不能废去，都要成全。所以无论何人废掉这诫命中最小的一条，又教训人这样做，他在天国要称为最小的，但无论何人遵行这诫命，又教训人遵行，他在天国要称为大的。"（太5：17－19）

固然耶稣说"律法的一点一画也不能废去"（太5：18），但是在"对观福音"中通过对于"安息日是否可以治病""律法写在心版""好撒玛利亚人"的说教，我们还是看到了此种对于善恶评判依据——

律法的新诠释。由此而来的问题便是，既然人之"灵性"无法必然行善，那么善恶就是个悬而未决的问题，其评判标准是外在的，那么对其理解诠释将会变得复杂，由此而来的"善恶"界定也将是多变的、复杂的。基督教人性论的另一种隐忧还在于，若无此种信仰背景，其"灵性"设定不仅仅是脆弱的行善保证，而且将直接归于无效。没有信心，神圣性将无处安放。

第三节　性善论困境与人性的另种审视

一、性善论困境与理性依据

上面我们考察了儒家性善论与基督教灵性层面的"良善论"（利玛窦语）。就儒家而言，其困境在于：第一，由行为善恶无法推知人性善恶，其推论方法是无效的；第二，行为善恶的评判标准是外在的、多元的、变动的，那么由此而来无法得出唯一的、确定的、不变的人性"善"或"恶"；第三，对行为的善恶评判依赖于理性认知和诠释，何种行为合乎"仁义礼智"有待于"心"之"思"，没有理性参与，"善恶"无从产生。因此，理性认知优先于善恶，利玛窦讲"仁义礼智，在推理之后"（《天主实义·425》）是合理的。

基督教人性论的理论困境在于三方面。第一，若从"创生"角度讲，只可得出人之所以为人在其"灵性"而不知道"善恶"，毋宁说是"超善恶"的，利玛窦讲"本善无恶"，此种"本善"或"良善"并非在善恶对立层面的"善"。问题在于此种"灵性"与后来的"悖逆""违约"是何种关系。"悖逆""违约""不义"是否有其人性论依据。第二，就人的行为而言，其善恶判断不在自身，而在"律法"，问题在于对于"律法"的解读认知是不同的，由此而来的善恶判断也随之不同，这在耶稣对于"安息日""割礼""外邦人""召罪人"等解说中有了新的诠释。我们看到福音书对爱的弘扬，但依然无法回避此种善恶判准对理性认知的依赖。由此而言利玛窦所说"仁义礼智，在推理之后"（《天主实义·425》）的现象依然存在。第三，即便接续"有灵的活人"这一思路，如何认识"灵性"进而如何敬畏天主、理解爱的诫命都有待于理性认知。就此而言，就人性论之原初而言，我们会看到"理性"在人性角色中的优先性。

二、人之所以为人的另种视角：理性动物

亚里士多德在探讨人之所以为人时基于功能论证①而提出"人是理性的动物"（亚里士多德《尼各马可伦理学》，1098a3）。他明确提出："我们能否认为，木匠、鞋匠有某种功能与活动，人却没有，并且生来就没有的一种功能？或者，是否我们更应当认为，正如眼、手、足和身体的各部分都有一种功能一样，人也同样有一种不同于这些特殊功能的功能？"（《尼各马可伦理学》，1097b29 – 33）他认为此种人所特有的功能便是"理性"："那么这种（人类）功能究竟是什么？生命活动也为植物所有，而我们所探究的是人的特殊功能。所以我们必须把生命的营养和生长功能放在一边。下一个是感受的功能。但是这似乎也为马、牛和一般动物所共有。剩下的是那个有理性部分的生命。"②（《尼各马可伦理学》，1097a33 – 98a3）

我们知道，此种功能论证在其《论灵魂》中有着更明确、更详细的说明，他说："灵魂是在原理意义上的实体，它是这样的躯体是其所

① 余纪元. 德性之镜：孔子与亚里士多德的伦理学［M］. 林航，译. 北京：中国人民大学出版社，2009：97 – 98.
② 余纪元. 德性之镜：孔子与亚里士多德的伦理学［M］. 林航，译. 北京：中国人民大学出版社，2009：101.

是的本质。"① (《论灵魂》，412b10 – 11) 他对灵魂能力之考察以"营养能力、感觉能力、思维能力以及运动能力来定义"② (《论灵魂》413b12 – 13)，而在其伦理学明确提出"思维能力"也即"理性"功能是人区别于动物、植物之所在。而且他明确将"德性生活"视为第二位，最高的幸福在于对于人之所以为人的发挥——理论理性这一思辨功能的发挥："体现努斯的生活对于人是最好、最愉悦的，因为努斯最属于人之为人。所以说，这种生活也是最幸福的。另一方面，体现其他德性的生活只是第二好的。"(《尼各马可伦理学》，1178a6 – 10)③ 因此，他认为真正体现"不朽""神性"的在于"思辨"，那才是最高的善与第一位的幸福，德性幸福在其次。④ 上面所引利玛窦的说法，正是亚里士多德人性论的承继，他明确区分"生魂""觉魂"和"灵魂"，而此种灵魂的"能推论理"正是以理性界定人的思路，而"仁义礼智，在推理之后"(《天主实义·425》)也是亚里士多德"第二好"的回应，自然其中还经历了托马斯·阿奎那的诠释，利玛窦直接继承的是阿奎那的神学体系，此不赘论。延续人性论的讨论，基于亚里士多德"论灵魂"的功能论证，让我们看到考察人性的另一种维度，同时亦可对于"性善论"困境有所化解。

然而，问题还没有完。若对理性界定人性有所检讨的话，我们将会看到以下三点。

其一，依据亚里士多德对灵魂划分为"理性部分"和"无理性部

① 秦典华译，《论灵魂》[M] //载苗力田主编. 亚里士多德全集：第三卷. 北京：中国人民大学出版社，1992：31.
② 秦典华译，《论灵魂》[M] //载苗力田主编. 亚里士多德全集：第三卷. 北京：中国人民大学出版社，1992：34.
③ 余纪元. 德性之镜：孔子与亚里士多德的伦理学 [M]. 林航，译. 北京：中国人民大学出版社，2009：315.
④ 详细分析参见：余纪元. 亚里士多德伦理学 [M]. 北京：中国人民大学出版社，2011：219 – 222. ("思辨与幸福")

分"，而"理性部分"又划分为"实践理性"和"理论理性"①，这样是哪部分更能凸显"灵魂"的之所是便有不同的可能性解读，亚里士多德认为理论理性最能凸显人之为人只是一种可能性的说法。

其二，固然上述提到善恶行为之解读、评判有待于理性认知，但是仅仅有理性认知是不够的，因为理性认知更多是一种中性的"品质""功能"，可以行善亦可以行恶，这样一来善恶观念固然需要理性认知，但是，理性功能也需要善恶的引导，此种看似循环的解释，透露出人性行为的复杂：只讲性善是苍白的，只据理性是盲目的。正是在此种意义上，我们看到：儒家"性善论"的论证固然无效，但是其注重礼乐秩序的"善恶"引导是必要的；基督教的"灵性论"固然不强调原初"善恶"之分，但是它为人世的善恶行为及其审判提供了最终神性依据。

其三，无论是伦理维度的性善界定还是宗教层面的灵性界定，让我们看到，最终都要回到人的"行为"② 评判上来，我们应当注重"行为正当性"之培养、自觉与反省，由此而逐渐形成合乎礼乐秩序、律法、爱的诫命的"稳固品质"，亚里士多德提道："满足了相应的条件才是德行。首先，他知道他所做的事；其次，他是基于一种明确的意愿抉择并且这种抉择是全然为了这件事情本身而故意行动的；第三，他是坚定地和毫不动摇地行动的。"③（《尼各马可伦理学》，1105a30 - 34）余纪元先生将第三点界定为"确定的品质""稳固的品质"并将整个的或完

---

① 余纪元. 亚里士多德伦理学［M］. 北京：中国人民大学出版社，2011：74.
② 陈来老师在谈到城市文明问题时说"应当以'行为'为中心来解决"，参见陈来. 精神素质与有序行为［M］//陈来. 北京国学大学. 北京：北京大学出版社，2012：13.
③ 译文参照亚里士多德. 尼各马可伦理学：注释导读本［M］. 邓安庆，译. 北京：人民出版社，2010：83 - 84.

全的德行视为一种"第二本性"① 是值得借鉴的说法。由此而言，基于行为之省察可以推知人性是动态的、建构中的，在此种意义上，我们无法接受人性有着确定不变之"善"或"恶"的说法，因为"善恶"评价针对的是人的行为而非人性，而且"善恶"评判标准也在不断变化、建构中，由此对行为之评判也是变化的，此种动态评价依赖于理性认知及其反思。但是，我们同样认可不同时期人们对"善恶"的自觉引导、培育、反思与追寻，并且也不否认有着超越时空的"永恒善"的可能性，但是此种"永恒善"之寻求依然依赖于理性认知与追寻努力，更多体现在追寻的建构过程中而非某种确定的已有答案。在此追寻过程中，宗教维度的"灵性"信仰，不仅是一种神圣忄、永恒性的源头说明，同时也为善恶评判提供了最终依据。以人的"行为正当性"为中心，经由理性审视、善恶引导、宗教信仰规约，逐渐形成稳固的品质，合乎礼乐秩序、律法、爱的诚命，若此种"稳固品质"可以指称人性的话，我们可以看出其是动态的、自觉的、处于建构过程中的，从宽泛意义上讲，可以说是一种"人性向善建构论"。

---

① 余纪元. 德性之镜：孔子与亚里士多德的伦理学 [M]. 林航，译. 北京：中国人民大学出版社，2009：237，259.

第二章

孝悌问题

问题再提出：（一）为何反传统

1840 年以来，中国古文化与西方理性—信仰传统逐渐全面遭遇；1895 年以来中国传统文化逐渐遭受全面质疑，而学习西方（无论是通过日本还是直接留学欧美）成了当时知识分子的主流；1915 年陈独秀创立《青年杂志》以后，以决绝之态度反省重估传统、以虔诚之心理学习西方之民主科学大致成为思想界主潮。以儒家思想为主干的传统文化，因其纲常名教之说而被视为"吃人的礼教"，之后"打倒孔家店"之声不绝于耳。百年后的今天，或许我们有必要重新审视一下陈独秀、胡适、李大钊、蔡元培、鲁迅诸君为何对传统持那样决绝激烈之态度，有学者称此为"彻底的反传统"①。固然"吃人之礼教""打倒孔家店"者非针对"孝悌"伦理而言，但对于中国文化之特质而言，作为一种

---

① 林毓生. 中国意识的危机［M］. 穆善培，译. 贵阳：贵州人民出版社，1986.，本书试图探讨"五四"时期全盘性反传统的根源，并列举陈独秀、胡适和鲁迅作为个案研究。

"伦理型文化"（梁漱溟语），"孝悌"观首当其冲，而为当时学人所极反对之"纲常名教"中"父子"之纲名列其中，五伦中家庭伦理具其三，即便如"君臣"一伦也只是"父子"观之放大，正如"朋友"为"兄弟"关系之放大一样。那么现在的问题是，为何作为"父子兄弟"关系的"孝悌"伦理在当时被目之为"吃人的礼教"或礼教之一部分（重要之部分）。

问题再提出：（二）　为何要孝敬父兄

人为何要孝顺父母、尊敬兄长，这在中国传统文化里面，似乎是一个不证自明的问题，正如同一个母亲爱护其子没有理由，孩子孝顺父母似乎也是天理之当然。但是就理论来讲，为何要孝似乎难以说清，比如以美国当前哲学界为例，学者 Jane English 就明确反对孝道，她在《成人子女欠他们父母什么》就认为成年子女与父母之关系只是以"友谊"为基础，所以不应承担朋友以外更多的义务。她的论证并非全无道理，但是在儒家学者看来，父子与朋友明显分属不同的伦次，而且父子要重于"朋友"关系。自然支持孝道的学者也不乏其人，比如 Raymond Belliotti 就提出"对于自我之贡献原则"（contribution to self principle），认为"孝"的理由在于父母有贡献自我之人格构成（personal identity），这里的问题是那种"负面构成"当如何看待。另有哲学家 Jan Narverson 在批评前者的基础上提出"投资"（investment），他在《论孝顺我们的父母》一文中提出"理智的投资理论""如果孩子认为父母的辛苦努力对自己有好处，他们就应该设法回报父母"①。很明显他的这种"孝

---

①　此部分之详细评论详见李晨阳. 道与西方的相遇：中西比较哲学重要问题研究
　　[M]. 北京：中国人民大学出版社，2005：118—128.

道"理论的弱点是明显的，因为"如果孩子不那样认为"也完全可能。另外一个值得一提的支持孝道理论的是 Christina H. Sommers 他提出"道德引力差等"（the thesis fo differential pull），认为是父母之间的特殊关系决定了父母特殊的义务，但是我们很明显看出此种"道德引力差等"与儒家的"爱有差等"一说是完全不同的论域，而且此种对孝道的支持与论证也是很弱的。

那么我们不得不提出下一个问题：何为中国的孝道？为何"孝道"成为中国人浸入骨子里的德性（如俗谚称"百善孝为先"）？为何两千年来"孝道"成了中国文明系统的主流并支撑了千年之文化传承？到目前为止，"孝"依然是评价一个人价值观的主要标准之一。如果说西方哲学家对"孝道"的反对不足为据，他们对"孝道"的支持犹如隔靴搔痒，那么中国在"轴心文明"时期（雅斯贝尔斯语）他们是如何论述规定"孝悌"①观念的？我们将以对中国传统影响甚大之《论语》《大学》《中庸》《孟子》为文献依据，考察中国"孝悌"观之特质何在、如何形成、有何种演进、其理论困境何在（为何遭到民国学人的激烈反对）。

第一节　先秦孝悌观之形成及其理论困境

一、以四书为中心之探讨

（一）《论语》中的"孝悌"观："孝悌"的三重境界

"孝悌"的界定很多，比如说强调对父母的赡养、用心等，这被视

---

① 本书之"孝悌"观念主要侧重"孝德"之分析，"悌"相对于"孝"居于次位，但用语上依惯例"孝悌"连用。

为第一层次（狭义）。本书还以《论语》文献为据指出"孝悌"是"平天下"的起点，"孝悌"并不限于一己之父母，而是开放的，要扩充到天下百姓（广义）。另外，基于《论语》对人性的界定以及任何一般人都要"学习诗礼"的规定，我们看到"孝悌"伦理并非单方面行为，而是处于交互语境中的，这不仅仅包含父慈子孝的层面，也包括对父母的谏诤，父母子女是共生共在的交互语境。所以"孝悌伦理"的开放性和交互性将是我们讨论的重点。就狭义的"孝悌"来看，我们依据《论语》文献，可以将其归为三个层次：口体之养、心志之养、以天下养。

1. "能竭其力"——口体之养

子夏曰："贤贤易色；事父母，能竭其力；事君，能致其身；与朋友交，言而有信。虽曰未学，吾必谓之学矣。"（《论语·学而》）

孟懿子问孝。子曰："无违。"樊迟御，子告之曰："孟孙问孝于我，我对曰，无违。"樊迟曰："何谓也？"子曰："生，事之以礼；死，葬之以礼，祭之以礼。"（《论语·为政》）

子夏问孝。子曰："色难。有事，弟子服其劳；有酒食，先生馔，曾是以为孝乎？"（《论语·为政》）

对父母的"孝顺"最基本表现为衣食的供养，所以，在最基本的层次上"事父母能竭其力"是必要的，这大概是"养"的层面；在孟懿子问孝里则是"无违"，这是"顺"的层面，主要表现在生时的侍奉以及死后的葬和祭，这些都以"礼"为准绳。衣食的供养在现代社会已不是问题所在，而且，孔子当时就看到了"孝"的含义不限于衣食温饱之供养，所以在子夏问孝里，他说"有事弟子服其劳"等并反问"这是孝吗"。他说还有更值得留意的事情，那便是"色难"，要有发自内心的和颜悦色，因此人心才是根本。此种说法，在曾子那里也有类似的表述，曾子认为衣食服侍不是"孝"，只是"养"。

2. "色难""敬""喜忧之间"——心志之养

> 子游问孝。子曰："今之孝者，是谓能养。至于犬马，皆能有养；不敬，何以别乎？"（《论语·为政》）

> 子曰："父母之年，不可不知也。一则以喜，一则以惧。"（《论语·里仁》）

> 宰我问："三年之丧，期已久矣。君子三年不为礼，礼必坏；三年不为乐，乐必崩。旧谷既没，新谷既升，钻燧改火，期可已矣。"子曰："食夫稻，衣夫锦，于女安乎？"曰："安。""女安，则为之。夫君子之居丧，食旨不甘，闻乐不乐，居处不安，故不为也。今女安，则为之！"宰我出。子曰："予之不仁也！子生三年，然后免于父母之怀。夫三年之丧，天下之通丧也。予也有三年之爱于其父母乎？"（《论语·阳货》）

这里我们明显看出《论语》中对"孝"的规定由"孝礼"而至于"孝义"，更强调发自内心的敬重，外在物质供给只是属于"养口体"范围，孔子更看重的是"道""志""敬"，他毫不客气地说，若没有"敬"，养父母与养犬马有何区别？正如同对于"父母之年""一则以喜一则以惧"，此种"喜惧之间"正体现了人子孝爱之用心，正如俗谚所云"百善孝为先，论心不论迹，论迹则寒门无孝子"。其实此种对内心"敬""志"的强调在孔子那里是优先侧重的，他固然以恢复周礼为"志"，但是他对礼的看法则是"人而不仁如礼何？人而不仁如乐何？"（《八佾第三》）"礼云礼云玉帛云乎哉？乐云乐云钟鼓云乎哉？"（《阳货第十七》）

而关于三年之丧的回答，我们也可以看出，孔子并没有对"三年之丧"说什么大道理，只是说人之常情，"三年免于父母之怀""汝安则为之"，人对父母之爱（"生事之以礼，死事之以礼"）主要是发自内心、出乎人情，此种说法不像西方一些哲学家所考虑的那样是因为"道德上的亏欠"或"理性投资的回报"。正是此种"心安""人情自然"支撑着儒家的"孝悌"观念，生为人子理当孝顺父母，没有更多理由。儒家的语境里，发自内心的情感才是最真的、最自然的。

但是，这还不够。孔子的思路并非说为人子女照顾好父母就是大功告成了。对他来讲，人处于种种社会关系中，尤其是处于各种人伦中，父子只是其中一伦，尽管是比较首要的一伦，但却不是完结，还有君臣一伦，要由齐家走向治国和平天下。

3."修己以安百姓"——以天下养

> 子路问君子。子曰："修己以敬。"曰："如斯而已乎?"曰："修己以安人。"曰："如斯而已乎?"曰："修己以安百姓。修己以安百姓，尧舜其犹病诸?"（《论语·宪问》）

> 子贡问曰："何如斯可谓之士矣?"子曰："行己有耻，使于四方，不辱君命，可谓士矣。"曰："敢问其次。"曰："宗族称孝焉，乡党称弟焉。"曰："敢问其次。"曰："言必信，行必果，硁硁然小人哉!抑亦可以为次矣。"曰："今之从政者何如?"子曰："噫!斗筲之人，何足算也?"（《论语·子路》）

孔子倡导"学而优则仕"，他并不赞同封闭于一己一家之内。比如说他对君子的理解，"修己以敬"是必要的，但是却不是完全的，关键是借此起点而走向"安人"和"安百姓"，这是"敬"的扩大，是对父母之孝的扩大。同样在关于"士"的界定中，我们也看到"宗族称孝焉，乡党称弟焉"是必要的，但是却不是最高的理想，作为一个"士"要由个人、宗族、乡党走向国家天下，要"使于四方"。此种身—家—国—天下的思路在儒家语境中逐渐确定下来，至少在理论层面来讲，我们可以看出，它是开放的，"立身行道，扬名于后世"才能"以显父母"，而这才是"孝之终也"（《孝经》"开宗明义章"）。此种说法在孟子那里便成为"以天下养":"孝子之至,莫大乎尊亲;尊亲之至,莫大乎以天下养。为天子父,尊之至也;以天下养,养之至也。"(《孟子·万章上》)儒家语境中的家国天下之同构性,可以通过"孝悌"来说明。

另外,儒家的"孝悌伦理"表面上似乎是此种单方面的子女对父母的"孝顺",但是,就儒家的整体语境来看,这是一种交互关系。以《论语》为例,我们在上面一章的人性论论证里就看到,孔子对人性的解读便是在关系中的养成,所以父母子女的关系是交互的。但是,就《论语》内容来讲确实更侧重"弟子"的规范与训导,这不是对"父母"规范的缺乏和忽视,而是孔子"教育思想"使然。孔子以好学著称,如同上面我们所分析的,他"学而不厌,诲人不倦",而且认为任何的"中人"都要通过"诗礼之学"来塑造人性。我们已经指出,孔子教育的对象正是一般的"中人",他认为"上智"不用教,"下愚"教不了。所以,他的教育明确地指向中人之子,而且终生在"诗礼"之学习中。而"孝悌伦理"并非他单独为子女开的必修课,而是在儒家语境中身—家—国—天下,身家是起点,在人伦中父子、兄弟是起点。而对于"父"或"君"没有像"孝悌"一样有更明确的伦理指针,这并不是一种疏忽,而是"父"或"君"都在"诗礼之学"中有其对应的规范。孔子更注重对"人"的教育,"父"或"君"都在"诗礼之学"如"克己复礼""君子之道"中得以规范。

> 孟武伯问孝。子曰:"父母唯其疾之忧。"(《论语·为政》)
>
> 子曰:"父母在,不远游,游必有方。"(《论语·里仁》)
>
> 子曰:"事父母几谏,见志不从,又敬不违,劳而不怨。"(《论语·里仁》)

具体到《论语》文本中,我们会看到"父母唯其疾之忧"的说法,对此注解有说法是担忧父母生病,另一种说法是不让自己生病以免父母担忧。刘宝楠在《论语正义》里采取后一种解释，他认为那是古注。由此，我们也可以看出此种交互关系。另外诸如"孟母三迁""慈母手中线""父慈子孝"之类都可以证明"孝悌伦理"的交互性语境，而"父母在不远游"更可体现此种交互语境，"事父母几谏"的说法则更体现了父母子女间的互动关系，而且"孝"不等于"顺"，如同上面我们所说"孝"不等于"养"一样。

关于"孝悌"的交互性我们还可以在下面文献中看出：

> 齐景公问政于孔子。孔子对曰："君君，臣臣，父父，子子。"公曰："善哉！信如君不君，臣不臣，父不父，子不子，虽有粟，吾得而食诸？"（《论语·颜渊》）

> 叶公语孔子曰："吾党有直躬者，其父攘羊，而子证之。"孔子曰："吾党之直者异于是：父为子隐，子为父隐。——直在其中矣。"（《论语·子路》）

尽管孔子的回答是关于"问政"的，但是我们可以看出"父父子子"的说法一方面与"君君臣臣"处于同一时空结构中。另一方面，我们也可以看出"父"要有"父"的样子。正如同"子"要有"子"的样子。这足以说明，子女要遵循"孝悌伦理"，而父母并非可以胡作非为。孝悌伦理不是单方面的，尤其是在现代社会，父母子女的此种交互性更显得必要和重要。当然，我们也可以从历时性角度去看，子女对"孝悌伦理"遵从，随着他的成家立业，逐渐作为"父母"的角色，原有的"诗礼之学"依然是规范所在；而对于子孙后代，侧重点依然是教养引导他们，所以"孝悌伦理"强调"子德"或者说"弟子规"。但是，此种互动性是一直存在的。正如同"父为子隐，子为父隐"的说法一样，固然现代学人对此聚讼不已，但是，从另一个视角看，我们会发现父子关系的交互性是确定的，也就是说"孝悌伦理"不是单方面的义务，而是在交互语境中产生和实现的。在孔子所提的"君子三戒"

中我们可以看出，他对"中人"训练与规范是贯穿始终的。他说"君子有三戒：少之时，血气未定，戒之在色；及其壮也，血气方刚，戒之在斗；及其老也，血气既衰，戒之在得"（《论语·季氏》）。

　　综上所述，我们可以看出孔子对"孝悌观"的基本界定：就其地位而言，孝悌伦理处于人伦规范的首要位置；就其内涵而言，其包括"口体之养""心志之养"和"以天下养"三个层次；就其开放性而言，儒家的"孝悌伦理"并不限于一家之父母供养，而是要扩充开来，能"安百姓""立身行道扬名于后世"才是对父母真正的"孝"，才是"孝之至"；就其交互性而言，"孝悌伦理"处于父母子女的交互关系中，子女不仅仅是"顺"还可以"几谏"，而且伴随子女的"孝悌"之外，还有父母对子女的"慈爱"与"担忧"。简而言之，"孝悌伦理"不仅是开放的，而且也是交互的，而且我们看到"孝悌"为做人之本：

　　　　有子曰："其为人也孝弟，而好犯上者，鲜矣；不好犯上，而好作乱者，未之有也。君子务本，本立而道生。孝弟也者，其为仁之本与！"（《论语·学而》）

　　　　樊迟问仁。子曰："爱人。"问知。子曰："知人。"樊迟未达。子曰："举直错诸枉，能使枉者直。"（《论语·颜渊》）

　　这里我们可以看出，第一，"君子务本，本立而道生"等语并非出自孔子之口，至少在通行本《论语》中我们看到的是"有子曰"，严格来讲是否能将"孝悌也者，其为仁之本与"算为孔子的思想都是值得讨论的问题。但是，另外一方面的事实是，就其历史实际产生的影响而言，《论语》是作为孔子思想的典型论集，无论是"子曰"还是通过弟子之口，大多被认为是孔子的教导。所以就这个意义上讲，我们仍将本则文献视为儒家"孝悌伦理"的重要证据。第二，对于"孝悌也者，其为仁之本与"一语，我们知道在后世的注解中同样存在争议，比如说朱子在《论语集注》中就曾辩护说"孝悌"只是"行仁之本"而不是"仁之本"。但是，同样我们得留意，孝悌观在儒家的地位与意义，比如说对后世影响较大的"修身齐家治国平天下"模式，基本上都是从"身家"开始的，再比如说民谚称"百善孝为先"等，基本上可以确定，孝悌伦理是儒家思想中最为重要的伦理德性，是最根本的，而且是开放的，为人孝悌，则必然"不好犯上"，这在家国同体的传统社会是合理的思路。

（二）《大学》《中庸》之孝悌观：修齐治平模式之确立

依照朱子说法《大学》为"孔子之言而曾子述之"，《中庸》是"孔门传授心法"由"子思笔之于书以授孟子"①，这些说法皆为待考而难以考证清楚之事，但是就大致的年代确定《大学》《中庸》之文本思想当处于孔孟之间应无大碍。就其文本来讲，其关于"孝悌"观念有了明显的过渡：由孔子之"孝者仁之本"注重"敬"而到"诚"；由《论语》中自然之情的论证而到"知性""知天"的论证；由《论语》中"孝乎唯孝是亦为政"而到了"修齐治平""践位行志为大孝"。这些都基本上与《孟子》书中的"孝悌"观衔接起来。

1. 君子之道造端乎夫妇

　　君子之道费而隐。夫妇之愚，可以与知焉，及其至也，虽圣人亦有所不知焉。夫妇之不肖，可以能行焉；及其至也，虽圣人亦有所不能焉。天地之大也，人犹有所憾。故君子语大，天下莫能载焉；语小，天下莫能破焉。《诗》云："鸢飞戾天，鱼跃于渊。"言其上下察也。君子之道，造端乎夫妇，及其至也，察乎天地。（《中庸·第十二章》）

这里我们可以看到如同《论语》中所述，君子之道并不高深玄妙，它就是天理之自然显现，就在人伦日用之中。但是，不同于孔子的是

---

① 参见朱熹《四书章句集注》中《大学章句序》和《中庸章句序》。

《中庸》认为"及其至也，察乎天地"，这已经有某种"天人合一"的迹象了，与孔子那种温情的"六合之外存而不论"的态度已有所不同，这演变为后来所称道的"极高明而道中庸，致广大而尽精微"。但是就"为何孝"来讲，在《中庸》里依然保留了这样的说法：

> 凡有血气者，莫不尊亲，故曰配天。（《中庸·第三十一章》）

2. 孝贵在诚

与孔子注重"志""心""敬"思路一贯在《中庸》里则明确提出了"诚"：

> 诚者自成也。而道自道也。诚者物之终始；不诚无物。是故君子诚之为贵。诚者，非自成己而已也，所以成物也。成己，仁也；成物，知也。性之德也，合外内之道也，故时措之宜也。（《中庸·第二十五章》）

此种对"诚"的强调前所未有，与"敬"相比，"诚"更强调内心的"实"，不可有丝毫的虚妄。就层次上讲，似乎只有"诚"才能"敬"，只有做到发自内心的"诚"才能保证"敬"的真诚，"礼"的真义。不得不说在"孝悌观"的演进上，《中庸》与《论语》不同。作为孔孟之间的作品，《大学》《中庸》将孔子那种注重内心精神的思路"深化""具体"了，其表现便为"诚"的提出。与"诚"相关《大学》《中庸》不同于《论语》的地方更突出地表现在"孝的政治化"，原先"孝—忠—政"那种潜在联系被"修齐治平"模式确定并凸显出来。

3. "修齐治平模式"的确立

我们很熟悉大学的"三纲领八条目"，在这里"修齐治平"首次被提出，"家国天下"首次以明显的语言突出出来，个人与家庭和国家成为一体，在天道观上的天人合一与孝道观上的家国一体终于结合起来：

古之欲明明德于天下者，先治其国；欲治其国者，先齐其家；欲齐其家者，先修其身；欲修其身者，先正其心；欲正其心者，先诚其意；欲诚其意者，先致其知。致知在格物。

物格而后知至，知至而后意诚，意诚而后心正，心正而后身修，身修而后家齐，家齐而后国治，国治而后天下平。

自天子以至于庶人，壹是皆以修身为本。（《大学·第一章》）

为人君，止于仁；为人臣，止于敬；为人子，止于孝；为人父，止于慈；与国人交，止于信。（《大学·第三章》）

《诗》云："宜兄宜弟。"宜兄宜弟，而后可以教国人。

《诗》云："其仪不忒，正是四国。"其为父子兄弟足法，而后民法之也。此谓治国在齐其家。（《大学·第九章》）

君子之道，辟如行远必自迩，辟如登高必自卑。诗曰："妻子好合，如鼓瑟琴。兄弟既翕，和乐且耽。宜尔室家，乐尔妻帑。"子曰："父母其顺矣乎！"（《中庸·第十五章》）

仁者，人也，亲亲为大；义者，宜也，尊贤为大。亲亲之杀，尊贤之等，礼所生也。（在下位，不获乎上，民不可得而治矣。）故君子不可以不修身；思修身，不可以不事亲；思事亲，不可以不知人；思知人，不可以不知天。（《中庸·第二十章》）

而且，与孔子不同，我们可以看到"孝"与"政"被几乎等同起来。为政方是"大孝"；"践其位"与"爱其亲"意思是相近的，都成了"至孝"的标准：

子曰："舜其大孝也与！德为圣人，尊为天子，富有四海之内，宗庙飨之，子孙保之。故大德必得其位，必得其禄，必得其名，必得其寿。故天之生物，必因其材而笃焉，故栽者培之，倾者覆之。《诗》曰：'嘉乐君子，宪宪令德。宜民宜人，受禄于天；保佑命之，自天申之。'故大德者必受命。"（《中庸·第十七章》）

子曰："武王、周公，其达孝矣乎！夫孝者：善继人之志；善述人之事者也。春秋修其祖庙，陈其宗器，设其裳衣，荐其时食。宗庙之礼，所以序昭穆也；序爵，所以辨贵贱也；序事，所以辨贤也；旅酬下为上，所以逮贱也；燕毛，所以序齿也。践其位，行其礼，奏其乐；敬其所尊，爱其所亲；事死如事生，事亡如事存，孝之至也。（《中庸·第十九章》）

若说《论语》中的"敬"与学庸中的"诚"相比并无实质差别的话，那么《中庸》中的"践其位"被视为"至孝"与《论语》中的"孝乎唯孝是以为政"则是一种飞跃。而正是在这一点上，《孟子》完全继承下来，并且给出了中国式的"形而上学"论证，通过"性善"说巩固下来。孔子的"仁心"在孟子那里变成了"仁政"；孔子的"仁爱"在孟子眼中便是"亲亲"，而"亲亲"即是"仁政"之根基，也即是他所说的"以天下养为至孝"。

（三）《孟子》之"孝悌观"：仁政即为大孝

1. 仁义礼智根于心

在《孟子》中"孝悌忠信"这一儒家的核心教义被保留下来，比如在孟子"王道之治"的理想状态中他提道：

王欲行之，则盍反其本矣：五亩之宅，树之以桑，五十者可以衣帛矣。鸡豚狗彘之畜，无失其时，七十者可以食肉矣。百亩之田，勿夺其时，八口之家可以无饥矣。谨详序之教，申之以孝悌之义，颁白者不负戴于道路矣。老者衣帛食肉，黎民不饥不寒，然而不王者，未之有也。（《孟子·梁惠王上》）

就"孝悌观"之演进来看，孟子异于孔子，并且经由《大学》《中庸》之心性学问过渡而来之"仁义""孝悌"已经不再是如同《论语》中"性相近习相远"那样的中性表达，也不再是"三年免于父母之怀"

"汝心安则为之"的人之常情。《孟子》文本里直接提出：

> 君子所性，仁义礼智根于心。（《孟子·尽心上》）
>
> 孟子曰："人皆有不忍人之心。先王有不忍人之心，斯有不忍人之政矣。以不忍人之心，行不忍人之政，治天下可运之掌上。所以谓人皆有不忍人之心者，今人乍见孺子将入于井，皆有怵惕恻隐之心非所以内交于孺子之父母也，非所以要誉于乡党朋友也，非恶其声而然也。由是观之，无恻隐之心，非人也；无羞恶之心，非人也；无辞让之心；非人也；无是非之心，非人也。恻隐之心，仁之端也；羞恶之心，义之端也；辞让之心，礼之端也；是非之心，智之端也。人之有是四端也，犹其有四体也。有是四端而自谓不能者，自贼者也；谓其君不能者，贼其君者也。凡有四端于我者，知皆扩而充之矣，若火之始然，泉之始达。苟能充之，足以保四海；苟不充之，不足以事父母。"（《孟子·公孙丑上》）

在这里我们看到的是"道性善，言必称尧舜"的孟子，"仁义"是根于"心"的，"无恻隐、羞恶、辞让、是非之心"则非人。在这里人就其本性来说，是"善"的，至少具有"善端"。对"仁义"的"性"和"心"的描述正是对"孝"的"先天性"依据的寻求，因为"亲亲，仁也"（下面我们会看到这一点）。此种对"为何孝"的"心性"解答使人子一来无比高贵，"异于禽兽"，二来无可逃遁（因为仁义根于心）。这种明确的论断在《论语》里是不可想象的。

2. "仁之实，事亲是也""家之本在身"

在对"仁"重新定位（通过"性""心"）的基础上，对于仁与孝（亲亲）的关系，我们看到在《孟子》里则更加接近甚至重叠，在《论语》里"孝为仁之本"，朱子注释还颇多区别①，但是在《孟子》里直

---

① 朱熹. 四书章句集注［M］. 北京：中华书局，2011：50.

接承渡《大学》《中庸》：

> 亲亲，仁也；敬长，义也。无他，达之天下也。（《孟子·尽心上》）
>
> 孟子曰："事，孰为大？事亲为大；守，孰为大？守身为大。不失其身而能事其亲者，吾闻之矣；失其身而能事其亲者，吾未之闻也。孰不为事？事亲，事之本也；孰不为守？守身，守之本也。"（《孟子·离娄上》）
>
> 孟子曰："仁之实，事亲是也；义之实，从兄是也；智之实，知斯二者弗去是也；礼之实，节文斯二者是也；乐之实，乐斯二者，乐则生矣；生则恶可已也，恶可已，则不知足之蹈之手之舞之。"（《孟子·离娄上》）

在这里我们看到"亲亲仁也"的直接陈述，认为"仁之实"便是"事亲"，而且进而言之，继续承接《大学》中"修齐治平"模式，认为"家国天下"之所以成立在于："人有恒言，皆曰，'天下国家。'天下之本在国，国之本在家，家之本在身。"（《孟子·离娄上》）而且认为只有仁者才适宜在高位，因为"是以唯仁者宜在高位。不仁而在高位，是播其恶于众也"（《孟子·离娄上》）。这里我们可以看出其与柏拉图"哲学王"的理想是类似的，只是二者在德性架构、理路缘由上则完全不同。我们继续沿着《孟子》一书的思路向下分析，他不仅认为"亲亲为仁""仁者宜在高位"，而且认为"尊亲之至莫大乎以天下养"。

3. 尊亲之至，莫大乎以天下养

关于何为"孝"，在《论语》里强调"敬"和发自内心，此种精神一贯被坚持着，在《大学》《中庸》里则提出"诚"予以强化。孟子在坚持这一思想的基础上，将"孝"与"政"完全结合起来，使"修齐治平"模式有了"孝德伦理"的基础与确认。这一思想在《论语》里是没有的，在《大学》《中庸》里开始出现，在《孟子》里则被明确提出：

> 孟子曰："天下大悦而将归己，视天下悦而归己，犹草芥也，惟舜为然。不得乎亲，不可以为人；不顺乎亲，不可以为子。舜尽事亲之道而瞽瞍厎豫，瞽瞍厎豫而天下化，瞽瞍厎豫而天下之为父子者定，此之谓大孝。"（《孟子·离娄上》）

而且我们可以看到对舜"大孝"的肯定不仅仅在于他的终身"慕父母"用心之"敬诚"，而且主要在于他以"天下养"之："孝子之至，莫大乎尊亲；尊亲之至，莫大乎以天下养。为天子父，尊之至也；以天下养，养之至也。"（《孟子·万章上》）对于"道性善，言必称尧舜"的孟子来讲"尧舜之道，孝悌而已"（《孟子·告子下》）。这里我们可以看出"亲亲—仁政—大孝"的结合，若果再考虑孟子的心性论，这一模式是这样的："性善—仁—亲亲—仁政—大孝。"此种模式比起"修齐治平"来说更严谨，或者说为"修齐治平"模式提供了人性论基础，但与此同时，也存在着巨大的理论张力，此种理路的逻辑困境是昭然若揭的。

二、先秦儒家"孝悌观"之内在理论困境

首先，我们看一下"四书"中的"孝悌"观。第一，在"为何孝"的依据上，由《论语》奠基，经由《大学》《中庸》过渡，到《孟子》之完成，其论证理路"自然之情"的合理性说明过渡到"仁义根于心"的"心性论"论证；第二，在"何为孝"的界定上，由《论语》中的"敬"到《中庸》中的"诚"再到《孟子》中明确提出"亲亲仁也""仁之实，事亲是也"，"仁与孝"基本内涵吻合，这与《论语》中的说明是不同的；第三，在"孝"与"政"的关系上，由《论语》中的"孝乎唯孝，是以为政"到《大学》《中庸》中的"践其位""以天下

养"是为"大孝"似乎有某种"反转","孝—政"关系完全重叠，这对于"修齐治平模式"是一种理论说明，个人终于成为不仅仅是"父之子"而且是"家国天下"的萌芽与承负者，孝亲即是为政，仁政即是大孝①。

其次，我们可以回答章首所提出的问题。第一，"何为孝"不在口体之物质赡养，关键在于内心的"敬诚"；不在于外在"礼仪"的遵守，关键在于发自内心的父之"志""道"的遵循。第二，"为何孝"其根据不在于西方当代学者所辩护的"理智投资的回馈"，也不在于囿于特殊关系的"不得不"，而在于"孝爱"对于中国人来说是一种"实现自我"（成人立己）的必由之路，"礼智"根于心，人皆有善端，但是需要"养育"之，需要"推广之"，这是"成人""实现自己"的必由之路，其意义不仅仅是出乎血情的"感恩"，而是"人之成为人"的基本规定。如同李晨阳教授分析所说"孝是人的自我实现过程中的必要的一环。也就是说，人的自我实现要求孝这个环节。因为孝是自我实现的一环，孝道不仅仅是为了父母，也是为了自己"②。第三，"为何反传统"这一问题固然不是仅仅针对"孝悌"伦理，但毋庸讳言在纲常名教中"孝"德具有核心地位。单就"孝"而言，子女对父母之孝顺敬重，即便是在"民国"诸君如胡适、鲁迅眼中也是颇为遵从的，而陈独秀还对当时青年学生不敬重父母的行为表示批评。但是，之所以他们以决绝的态度反对传统，似乎不在"孝德"本身，而在于"孝—政"的结合，由此"愚忠愚孝"便产生了，"孝德"被政治化了，伦理和政治融为一体，这正是家国天下体制遭人诟病的缘由。公私德不分，尤其是将私德"孝"与"为政"联系起来，"以天下养为至孝"，这使

---

① 这里我们可以看出"郭店竹简"中"为父绝君，不为君绝父"这一"孝—忠""孝—政"之间的分别与张力没有被继承下来，而是被融合、被化解了。
② 李晨阳．道与西方的相遇：中西比较哲学重要问题研究［M］．北京：中国人民大学出版社，2005：136．

"孝"德成为"反传统"的把柄之一，其表面反对父子纲常，实在于反对此种"孝—忠"之过渡与转移。就先秦"孝悌观"之演进历程来说，孟子对此应负主要责任，他将"仁—亲亲—仁政—大孝"结合起来，这样使传统"孝悌观"面临巨大的理论困境。

最后，我们可以看一下"先秦孝悌观"的理论困境。第一，"仁义根于心""无恻隐则非人"，这种人性论是一种假设还是一种呈现？如何论证？孟子将"孝悌""仁政"以此为建基避开了更严重、更复杂的人性、政治问题，比如"恶"，比如"政治的公共性"（利益纷争非人性善可以解决）。第二，伦理政治化，与此同时，政治伦理化。公德与私德无法分开，舜可以为了父亲而不顾天下，这固然可以说是"至孝"，但是置责任于何顾？置天下于何顾？政治与伦理固然有重叠的问题域，但是二者毕竟分属不同的领域，有不同的问题方式与解决之道。政治伦理不分，使许多政治中更深层次的问题被掩蔽下来，造成了社会动荡、王朝更迭频繁，而且君权没有适当有效的约束机制（舜可以背着父亲跑动走路并怡然自乐）。第三，"仁政是为大孝"在逻辑上为历代士人提出了"不可能完成的任务"，人皆愿为"孝"（我自我实现之必由之路），但是人人怎么皆可以为政？"以天下养父母"？孔子所说"孝乎唯孝是以为政"是任何人可以做的，但是孟子将"大孝"之标准规定于"以天下养"上则隐藏了巨大的张力，要么甘于"不孝"，要么趁机"践位"，两者皆是"悖逆"之大不孝，但其名义却是为了"至孝"。第四，"孝"与"政"有着不同的理论规则，比如"易子而教""父子不责善"，这在孔孟是皆认可的，但是"为政"时怎么可以"易"，怎么可以"不责善"？这里也存在着深层的理论困境。

综上所述，本书从"为何反传统""为何孝""何为孝"三个问题出发，通过对"四书"文献的梳理，对中国的"孝悌观"之形成演进予以梳理，并在最后指出先秦"孝悌观"之理论困境。

第二节 "孝爱"方式之分析

本节我们试图分析"孝爱"的方式及特征。我们知道"孝悌"观在具体运作上不像基督教那样通过"律法"和"契约",而是通过境域化的直觉和体悟,比如说"父母之年不可不知也,一则以喜,一则以忧",再比如说"大杖则逃,小杖则受"。儒家的孝爱正是在此种"喜忧之间"和"逃受之间",不得不说这是不可量化、不可行之于"律法"和"契约"的隐性"得失寸心知"之事。对于"孝爱"的境域化方式,在探讨方法上我们借鉴了现象学方法。我们知道学界对于"父子相隐"及"舜负父逃"之案有着激烈的争论①,由"隐"和"逃"便产生了"美德"和"腐败"之说。然而,"隐—逃"所透出的"孝"是否可称为"美德"或"腐败"?或者说从"美德"和"腐败"此一对象化的线性视角是否可以解读孔—曾—孟之"孝"?

我们或许可以现象学视角来解答两个问题。第一,"孝"的特征是什么?通过曾子之孝等事例可以看出孝的非对象性、时间性、间性(喜—忧、谏—从),而孝的这些"情境化"特征正揭示了"孝"之艰难。另外"孝—慈"之互动与同体②中亦常使人忽视"慈"(对子)的"养口体"与"养志"之区分,此种忽视反过来又增加了孝的艰难。自然"养志"本来就是非情境化、非直线的,所以"孝"之难(也即

---

① 郭齐勇先生将讨论辑成《儒家伦理争鸣集——以"亲亲互隐"为中心》一书,煌煌近千页(971 页,18 人 31 篇论文,见该书序),核心主题之一便是围绕刘清平的文章《美德还是腐败?——析〈孟子〉中有关舜的两个案例》展开,然而本书认为"美德或是腐败"以判案的方式不足以解读舜之"孝"。
② "同体"之意在这里是指一个人同时有双重角色"慈(对子)—孝(对父)","同体"更易体现"慈—孝"的互动与不可离(两种角色在一个人身上展开)。

"孝—心"之难）可想而知。第二，"孝心"是本有的还是后天习得的？心之来源，孟子论证甚详，然对其"心—善"或曰"性—善"之说很难说是充分的。本书的看法是心、良知或孝心来自后天之"养"①，固然子代对亲代有亲密表示，然孔曾孟之"孝"② 定是后天习得的结果，而且由这些孝之"艰难"也就预示了此"养"是动态的、持续的、情境化的，唯有养方可有"孝"。而且，此"养"只能（最有效的方法）在此"人间世"的"航行"中进行，今人之出路只能在"航船"之"航行中"由"养—补"而寻出。

一、现象学视角之审视："孝"的情境性、非对象性

"孝"在"敬"（养父志），"志"决定了"孝—养"之非对象化（并非以口体为对象），而"孝"（含慈之互动）本身就蕴含着"过去（父）—现在（己）—未来（子）"的"时"（它涵盖了时间的全部），那么对"父母之年"的"一则以喜，一则以忧"之"喜—忧"间透出了多少"你—我"（而非我—你—他）之情？

（一）孝的非对象性

《论语·学而》中子游问孝，子曰：

> 今之孝者，是谓能养。至于犬马，皆能有养。不敬，何以别乎？

读孔子语不觉使人润泽其中，那种如春雨般的音韵让人于那文、质之乐中回味悠长，这便是孔子的魅力，语皆浅显，可谁又能全解其味？（全解化于毕生之努力中）"敬"之一字，神意全出，可难解者正在此

---

① "养"在这里与"学"同义，只是世人常以学知识命名，而对于心"养"比"学"更加谨慎，有学之后的内化之义。

② 注意本书试图区分"亲"（天然倾向）和"孝"（后天养得），所以"孝"正在"养"上区别于动物式的本能之"亲"。

"敬—意—心"上，孟子后来以"养口体"与"养父志"之名而区别之，也可谓知孔了。然尤为要者，此"敬"（非对象化的养口体）并不可限于"父"，而是于身—家—国—天下中生成绵延的，此一结构尤其是"天下"① 本身也暗含了对"自然"之敬畏和关怀。

读曾子之书，让人感到曾子之孝似乎成了"孝子"的绝唱②，如《曾子·耘瓜篇》：

> 曾子耘瓜，误斩其根，曾皙怒，建大杖以击其背，曾子仆地而不知人久之。有顷，乃苏，欣然而起，进于曾皙曰："向也得罪于大人，大人用力教参，得无疾乎？"退而就房，抚琴而歌，欲令曾皙闻之，知其体康也。仲尼闻之而怒，告门弟子曰："参来，勿内也。"曾参自以为无罪，使人请于孔子。子曰："汝不闻乎？昔瞽瞍有子曰舜，舜之事瞽瞍，欲使之，未尝不在于侧，索而杀之，未尝可得。小杖则待过，大杖则逃走。故瞽瞍不犯不父之罪，而舜不失蒸蒸之孝。今参事父，委身以待暴怒，殪而不避，既身死而陷父于不义，其不孝孰大焉？汝非天子之民也？杀天子之民，其罪奚若？"曾参闻之，曰："参罪大矣。"遂造仲尼而谢过③。

无论何时读到此段文字都令人深味而不敢发一言，任何的解读都不能表达曾子之"歌"与孔子之"怒"，孝如曾子者其失不在于"不孝"而在于不明"孝—不孝"之"孝"，孔子"小杖则待过，大杖则逃走"之"小—大"何以判断？"待—逃"又何时进行？在这里对"小—大"的体认与对"待—逃"的体贴便是对"敬"的最好表达，这样便可以

---

① "天下"或曰任何之名词其含义都是处于生成中的，因为儒家文化本身即有"时"的特征，但是其"生成"并非随意的（任凭作者诠释），而是有其"根"，如"仁""孝"等。在这里我想说明的是它的动态性，不可拘泥于文字做僵化解。

② "绝唱"之意在于今人失本而迷惘于末路，不是指它不可行。

③ 语出《曾子全书·养老第三》（另见《孔子家语·六本》《韩诗外传》《说苑》等书）。

"欲使之，未尝不在于侧，索而杀之，未尝可得"而不陷父于"不义"。在这里任何的对象化之线性标准是失效的，似乎也无逻辑性可言，但是又不得不说这里蕴含着深层的"人"的智慧，怎一个"愚孝"了得呢。

所以"孝"并非对象于"口体"也并非对象于"孝"本身，"孝"之体现可能在"杖"、在"逃"、在"发肤"、在"色难"、在"羊枣"，故曰"孝"于"无对"，敬于"有行"①。

（二）孝的时间性

关于"孝的时间性"，张祥龙先生在其《孝意识的时间分析》② 中有着深刻的解读，在这里我想指出的是"孝"的时间性在于"志"：

> 生，事之以礼；死，葬之以礼，祭之以礼。（《论语·里仁》）
>
> 父在，观其志；父没，观其行；三年无改于父之道，可谓孝矣。（《论语·学而》）
>
> 父母既没，慎行其身，不遗父母恶名，可谓能终也。（《大戴礼记·曾子立孝》）

在这里"孝"体现于"事—葬—祭"中，"事"之敬，葬之守丧，以及祭之慎终追远都体现了一种鲜活的"生"的时间（无生—死之二分）而非一种机械的物理时间（生死之别），在生的时间中"孝"由"心—情—敬"来体现，而"心"是无"生—死"之别的。另则"三年"之说也非具体的 36 个月之累计（三年之丧可做同解），因为"生"的时间没有具体的对象和数字，有"情—心"则俱在，无此则俱失，此为"三"之时间含义，否则拘泥于三年反倒如曾子扑地一样或使

---

① 本书特别强调"行"，认为"孝—养—行"本是一体的。

② 张祥龙. 思想避难：全球化中的中国古代哲理［M］. 北京：北京大学出版社，2007.，在这里两篇关于孝的文章《孝的艰难与动人》和《孝意识到时间分析》均可参看，还有该书谈到对"立—达"的解释与"仁"尤其是回到"亲子伦常之爱"的源头（24 页），实是可以避免"金律"类的误读，说它是"金律"其实在说之前便含有"金"的价值判断。

"父陷于不义"。谈孝的"时间性",其实,孝哪里有"时间",此正如它没有"对象"一样,孝体现于"生生不息"中,这便是"志—心"的流行。"口体"有形且有终,而"志—心"则是无形且无终的(与生同在)。

另外,孝的时间性还体现于"孝—慈"之互动中。孝慈可以分开来解,也即孝——子对父,慈——父对子,但是也可以以"同体"的方式解读,也即就个体来讲孝对父——慈对子,也即"孝—慈"的角色同体于一人,这样其实更能体现"孝"(暗含慈)的时间性。在这里人切实地处于了"中"的位置,人要做的就是对"时"的把握,而且在"孝"的"时中"中,个人达到了神圣和自足(在这里没有神和彼岸世界)。在这里"所努力者,不是一己之事,而是为了老少全家,乃至为了先人为了后代""这其中可能意味着严肃、隆重、崇高、正大,随各人学养而认识深浅不同。但至少,在他们都有一种神圣般的义务感"①,一家——父(含祖)、己、子(含孙)正代表了三世,所以在中国,人生之意义正不需向外探求,"今—生—时"之意义便是无穷尽的,所以"孝"之"时"或正是中国"家庭"以至于整个中国文化传统的"文化"密码之所在。

这样,"孝"之"志—时",所含之"道"的流行与今生三世的意义便是孝的"时间性"。

(三)孝的"间"性

"间"性一词,为本书之借用,因为 A 或 B 都是一种明确的选择,此种"明确"透露着有力和自信。但是"明确"也就意味着"止"于此,有力的同时也意味着有限,而"间"或"缝隙"便是个可深可浅或者说无深浅的选择,这种非对象(A 或 B)之"间"的选择却透露

---

① 梁漱溟. 中国文化要义 [M]. 上海:上海人民出版社,2005:78.(梁是一个极认真的人,加之他的佛学背景,他对中西文化的解释,笔者认为是深刻的)

出了"无限"和"无形"：

> 父母之年不可不知也，一则以喜，一则以惧。（《论语·里
> 仁》）

> 父母之行，若中道则从，若不中道则谏。谏而不用，行之如由
> 己出。不谏，非孝也；谏而不从，亦非孝也。（《大戴礼记·曾子
> 事父母》）

在这里将父母之"年"（时）与"喜—忧"结合起来甚为精彩，
对于父母之"年"（不仅仅是父母之岁数）既不是"喜"又不是"忧"，
是既喜又忧，处于"喜""忧"之"间"，此种"间"的韵味非言词所
能表，唯同"心"即有"同感—情"。"间"所透露的"心—情"超越
了明确的"我爱你"，而是将"爱"化于"间"、化于"爱"的缝隙。

而第二例，"中道"（而非神意）成了"从"的标准，从中又含有
"谏"（在神意中恐怕没有"谏"的位置，有谁能建议神呢？）的含义，
所以孝于"谏—从"中排除了"盲"而保留了仁—智。世间多以"谏
而不用，行之如由己出"而相非难，其实在这里忽视了"中道"和
"孝"之时，父为"时"中之"父"（而非当下出台的恶人），所以无
论是谏还是从只能在"情境"中去看，任何的线性标准或判断都是僵
硬的，这同样包括孔、曾、孟的"标准"。其实，"谏而不用，行之如
由己出"，若不从非难的角度去体会，那"行之如由己出"是何等传
神，能说是"伪"[1] 吗？换句话说情之至是否就与"真—伪"相通，
在这里透出的是"你—我"情（首先是"你"），而"你—我"本就有
"伪"（人为）之用心良苦处，此种"伪"，在哪儿可见呢？见于初恋之
时，亲子之间（喜—忧间、从—谏间），此"伪"实是"你—我"之大

---

① "伪"在这里强调其"人为"意，与"养""学"之"人为"相呼应，正是因为
"伪"（人为含努力意）才使"情"真而诚。

"诚"耳。

所以孝的"间"性——喜—忧、谏—从以及与上面所述之"非对象性""时间性"相互交融（不可截分），所体现的是"无我"（有我后的无我）的"你—我"之情，而这正是"孝"的特征。孝之特征于情境化之"你—我"中而现，在这里没有"规律""原则""方法""标准""逻辑"，只有"心—情"的体认，与此同时，是否也正意味着"孝之艰难"呢？

二、孝之艰难与"待养"

当我们玩味那"小杖则待，大杖则逃"之情趣时，当我们体会那"一则以喜，一则以忧"之深意时，我们也感受到那"从—谏"（广泛意义上）之艰难，而正由此种艰难我们看到了"孝—心"之"养"的必要。

（一）孝的艰难

1. 孝的情境化之难

孝的情境化特征使任何的固定标准和方法都失去了色彩，情境只能靠"心"来体认①，那种可以"复制"的"批量化"生产的"高效"做法，在这里更是方枘圆凿，因为"人"（具体之个人）便是尺度，而且这种"尺度"并非现成的"可读"，而是与时偕行的"体认"。在这里没有"done"，只有"doing"；没有"……了"，只有"……中"和"在……"。正是此"在……中"使"敬"生辉，使"生"绵延，同样也正是"在……中"而使"孝—心"变得如此艰难。

2. 孝的自闭与不平衡

张祥龙先生对"孝"的时间性有着深刻而又精彩的描述：

---

① "体认"在这里并不同于禅宗之"体悟"及其类似方法，本书强调的是"养"和"学"（含知识之学及其践行），因为谈心所以用"养"和"体认"。

在这个意义上，孝爱意识乃道德感之源，由"朝向将来（我对子女之慈爱）"与"重温过去（重现父母之慈爱）"及"重塑当前（我对父母子女之孝慈）"的血脉沟通而成。简言之，即从"亲子"反转为"子亲"，而同时构成"亲亲"①。

正是此种由亲子、子亲到亲亲的完满（但不完美）结构使"爱—心"走向"自足"同时也走向了"自闭"。梁漱溟先生对中国"家"及"文化"的分析是深切的，此种"努力的神圣"（不因人的学养而改变）固可使人生充满意义，但是也使此意义"画地为牢"，在这里"家"成了"坟墓"。在孔、曾、孟的世界里，"家"只是起点而不是终点，当我们沉浸于起点并把起点也走成了终点之时，那只意味着我们在加固自己的"坟墓"，而对于"坟墓"之外的世界，我们何曾知道（也不用、不必知道，在这里是自足的）？唯等到"掘墓人"来此时，我们才如梦初醒。然而此时，丢弃"坟墓"（其实丢弃的是家园）同样是不可能有"千里之行"的，因为昔者之失在于自闭，今之失则在于无根，离开了"起点"哪来"终点"呢？何以至此？"孝"本来不是止于家的，在那身—家—国—天下—生②中何以能囿于家呢？换句话说，路本没错，只是我们偏离了方向，龙种没错只是我们选择了跳蚤。自然，就此身—家—国—天下—生图式来说，"家"中"孝"的过强而又"完满"的结构（既满足了对前世的追远又实现了今生的意义，而且还无后顾之忧）使"家"成了天然的"极乐世界"，但是它不是（至少现在不是，这样的理解也不是）"天下"。所以"孝—时—家"的自闭性

---

① 张祥龙. 思想避难：全球化中的中国古代哲理［M］. 北京：北京大学出版社，2007：266.

② 在这里笔者附加了"生"，因为这个结构本来就不是线性的，最后仍有"返诸己"之反思，其实是回到了"修身"，但是此"返"又与"身"不同，所以用"生"这一动态的总括性的字来"结尾"。

使"孝"为小孝①（孝衣食父母）、时为偏时（人身之一生）、家为自家（独家独户），而"孝—时"之真意何见乎大道哉？

孝的不平衡性。在这里不是指不同角色间"孝"与"慈"的不平衡（慈甚而孝微②），而是另一种反思（结合今日），也即在同一主体下之双重角色（正所谓上有老下有小），此时，对于孝（对上）虽不可比曾子，但是试图于"养父志"似乎不难（此就"口体"之温饱已解决层面而说，并不否认养志之难），可对于常人所认为也正在做的"慈"（浓烈无可怀疑而且越来越强）则有某种怀疑，"慈"中是否也有"养口体"与"养志"的区别呢？我们做父母的是否充分意识到了"育"（于志）而非"养"（口体）的重要？或者说正因为此"慈"的天然而又浓烈使我们不忍心于"养志"（事实上养口体易而养志难）？亲子之爱容不得我们的怀疑便去做了，可是也许正是此种"天然"和"容不得怀疑"正值得我们去深刻反思和谨慎，而这也正是"孝—慈"之艰难处。

3. 孝之"你—我"中的"我"之难

"你—我"③之情"先有你"而非"我—你"中的"先有我"，但是我们不得不承认"我—你"是先于"你—我"的，否则"你—我"只是一种懵懂和盲目（盲而非"伪"），所以"先有我"之我决定着"你—我"中的"先有你"。没有这层反思和升华（我所重视的"学"

---

① "孝"之本义（孔子以前）并不以"父母"为对象而是与"祖"以及"兄"相关，详见王长坤.先秦儒家孝道研究［M］.成都：巴蜀书社，2007.；查昌国.先秦"孝""友"观念研究：兼汉宋儒学探索［M］.合肥：安徽大学出版社，2006.；另则若是衣食父母可孝那么天地父母是否也值得孝呢？（《荀子》中有君恩大于亲恩之说法《礼论》篇可参看）

② 张祥龙先生关于"孝"的两篇文章（详见前注）对此有着明确的表述，而在这里试图指出另一种不平衡，因"爱"（溺爱）而起的不平衡。

③ "你—我"一说受启于张先生《思想避难：全球化中的中国古代哲理》一书对马丁·布伯"我—你"的深化（74页），因深切认同此种互换，其实位置的调换正有着"质"的不同，而且"我""你"之意也得到了新的升华。

"养"），那么"先有你"只会落于无形，连那句口头禅"我爱你"也是不如的。所以"我"如何成为"先有你"的？我便是问题的最终根源，在这里我（非口体而是"志"和"心"）也成了"孝—心"之艰难的最终表达。

由以上之"情境化"、自闭倾向、不平衡性和"我"之困境，足以让我们看到"孝—心"的艰难，那么如何应对此"孝—心"之难呢？

（二）孝之艰难与"养""学"

孝之艰难若只是"孝—心"之生成阶段，比如"心"本就含有对"难"的自我修复能力，那么顺其自然即可，但是顺历代史而看并无此自然的免疫能力。当然还有另外一种情况如孟子所说"心"本有只是为后天所遮，只需求"放心"即可，但是本书在这里讨论的不是养"本心"① 之养，而是"本心"本身就是"养"成的，若无"养"便无"本心"（也即本心并非人之本性）。

张祥龙先生对孟子的论证梳理可谓详矣，尤为贵者，他忠实于自己的梳理而无以"情"遮理②，在此以"孺子"例和"嗟来之食"例予以分析：

> 所以谓人皆有不忍人之心者，今人乍见孺子将入于井，皆有怵惕恻隐之心：非所以内交于孺子之父母也，非所以要誉于乡党朋友也，非恶其声而然也。由是观之，无恻隐之心，非人也。（《孟子·公孙丑章句上》）
>
> 齐大饥，黔敖为食于路，以待饥者而食之。有饥者，蒙袂、辑屦，贸贸然来。黔敖左奉食，右执饮，曰："嗟，来食！"扬其目

---

① "本心""习心"一说为熊十力的《新唯识论》一书的核心用语，他破境执又破识（习心）执，最后提出"本心"之绝对，然而心本为一，本习何以有二？本心就是习心是也。

② 此仍是来自课堂讲授，是为注。

而视之，曰："予唯不食嗟来之食，以至于斯也！"从而谢焉，终不食而死。(《礼记·檀弓下》)

"孺子入井"例貌似有理，而且"孺子"之选择本身就蕴含了某种价值取向（人不会坐视孺子入井）。另外，除了"非所以内交于孺子之父母也，非所以要誉于乡党朋友也，非恶其声而然也"此三种可能性（完全可以成立）之外还有没有其他需要考虑的因素？（很明显此三问根本不能充分论证恻隐之心为人之本性），比如说还要考虑是谁见"孺子入井"（孟子此例实是就读孟子书或就孟子的辩者为对象，这其实已是判断前的选择了），若是"赤子"见，或若是痛恨孺子并以孺子入井为乐的人（难道今日之社会不能塑造此种人吗？）所见呢？退一步讲，即便是你或者我见了，难道这"见"只是一"见"，难道"见"只是一滴水而不是一条河（流至此），正是"见"背后的河流（自生之日之学、养，有形或无意）才产生今日之"一见"，甚至"见"也是"流动"的，更不可以"静"解流动之"见"，自然为了观察的仔细而拿起"旋转的陀螺"① 或为了认清黑暗而尽力点亮油灯，这仿佛便是今之"见"了，而此"见"必是不足为信的。最后，若我们想想狼孩的例子或可以说明更多的问题，若是他—它见了孺子又有何"为"呢？所以"见—心"必待乎"养"而成，无"养"便无"心"。而"嗟来之食"例也可作如是观，"不食"而且"蒙袂"也正说明了他有"蒙"② 后之

---

① 张祥龙. 思想避难：全球化中的中国古代哲理［M］. 北京：北京大学出版社，2007：325.，此引用为转引且不完整，但觉得很有意思，依照张书，该语出自 William James. The Principles of Psychology［M］. Harvard University Press，1983：237.

② "蒙"字与"饥"在此形成了强烈的对比，而"终不食而死"实以悲惨之笔点睛，而本书正认为此"蒙"于"饥"且"不食而死"实非天然，而是非后天之"大养"所不能成也。

"心"，而此种"蒙一心"何以产生呢，曰：养①（这就意味着"本心"即是"习心"，养本心即为本心，养习心即为习心，本心习心不二，为善为恶之心为一）。

所以，"心"待养而成，而"孝"（指志和心）也是先有养而后可存的，在这里"养—存"是一体的"绵延"，而且也不能分开"养"和"存"。或有称子对父母有天然之亲密，这一点动物亦然，但是正由于人之"孝—心"有后天之"养"才使人"孝父母"与"养犬马"有所区别，这便是"敬"（必有养生，否则有亲而无敬）。

从以上的分析可以看到"孝"的非线性、情境化的特征，那种"固定对象"式的处理方法是不可套用的，所以无论是谏还是从只能在"情境"中去看，任何的线性标准或判断都是僵硬的。以此为基础可以看出"孝"本乎血性之亲但却非本能可为，"孝心"是有待于培养才会有"敬"和"智"。下面我们将从比较哲学的视角继续审视儒家与基督教的"孝悌观"。

第三节 儒耶"孝悌观"之比较

本节将以郭店竹简中的儒家文献以及《马太福音》为文本依据展开比较。我们知道 Agape 本义是圣爱或神爱，这是源自神的，而仁爱具体指向"孝爱"，这是源自人并指向人的，严格来说二者无法比较，因为"仁爱"没有"神圣"的维度和来源。所以，我们选取孝悌观做比较，这是人对人的爱，一来是儒家仁爱观的具体内容，二来基于爱的来

---

① 其实对于"心"之来源笔者并无最终之看法，因为笔者将孟子之"心"寄于"养"，但是赋予"养""仁"（善）的含义，那么为何人会有此种"赋予"？换句话说"养"背后是不是还有更根本的东西？

源与依据，人对人的爱（邻人之爱），我们也用 Agape 来表示。所以正是在人爱层次上，我们选取"孝悌观"对二者展开比较，这是同一层面、有公度性的比较。但是，在下面我们会看到，同样注重"孝敬父母"，在来源、次序、依据、缘由上，儒家与基督教何等的不同。

一、问题缘起：敬爱天主还是孝敬父母

"孝悌"为儒家伦理思想之核心，那么在天主教视域下人与父母兄弟的关系如何？爱上帝与爱父母之间又有着何种价值考虑？在四福音书尤其是在《马太福音》中，对于"孝敬父母"与"敬爱天主"，作为人子耶稣，他是如何看待此两种关系的？尤其是与现有出土之最早中国古典文本郭店竹简相比，儒家又是如何定位"孝悌"观念的？这是本书的问题出发点所在。所以本书之结构为首先解读并建构《马太福音》中敬爱父母与第一诫命之张力关系；其次是郭店竹简中对孝悌观念的具体界定；最后解读《马太福音》与郭店竹简对孝悌观念之不同界定意味着什么。

二、上帝之爱与孝悌伦理——《马太福音》对"孝悌"的界定

（一）耶稣是否不主张敬爱父母兄弟

有着儒家文化背景的人会非常关注天主教经典中对于父母、兄弟、家人的看法，但是在《马太福音》中，我们却看到耶稣传道时直接或间接表达了如下说法：

> 不要以为我来是为给大地带来和平的。我来不是为带来和平，而是刀剑。因我的到来，儿子将反叛父亲，女儿将反叛母亲，媳妇要反对婆婆。自己的家人成了自己的仇敌。（太 10：34 – 36）
>
> 兄弟会自相残杀，父亲会害死儿女；子女也会反叛双亲，置他们于死地。由于我的名，你们会被众人忌恨，但那能坚持到底的人

必会得救。（太10：21－22）

　　另有一位门徒对耶稣说："主呀！请让我先回家一趟，好能安葬死去的父亲。"耶稣回答说："跟着我！让死人去埋葬他们的死人吧！"（太8：21－22）

"自己的家人成了自己的仇敌""父母兄弟间之自相残杀""置父亲亡灵之不顾"这些在儒家信徒或者说对于传统之中国人来说是大不敬和不可思议之事，也正是天主教的"孝悌"观念造成了早期明清传教士在中国传播福音的最大障碍。但是，我们能否说天主教就是与家人为敌仇视父母的？仔细阅读《圣经》，尤其是在《马太福音》中我们会看到：

　　几个法利塞人和经师从耶路撒冷来见耶稣，问他："为什么你的门徒不守祖先的规范，他们饭前怎么不洗手呢？"耶稣说："你们为什么为了祖宗的规矩而违背天主的诫命呢！天主说过：'要孝敬父母。'又说过：'咒骂双亲的人该处死。'你们却说，任何人对父母讲：我把供养你的，拿去圣殿献给天主了，从此他'竟可以不再赡养父母了！你们用自己的传统，抵消了天主的话'。"（太15：1－6）

　　你们常听人说："以眼还眼，以牙还牙。"但我告诉你们：不要向欺负你们的人报仇。有人打你的右脸，你把左脸也给他。有人想要你的内衣，那你把外套也给他！有人强迫你走上一千步，跟他走两千步！凡有求于你的，你就给他。也不要拒绝那想跟你借钱的人。你们曾听过这句话："爱你的近人，恨你的仇人"，但我告诉你们：要爱你们的仇人，还要为那迫害你们的人祈祷。这样你们才能成为天父的儿女，正如天父使太阳照着好人，也照着坏人一样；他降雨给正义的人，也给不义的人。""假如你们只爱那些爱你们的人，你们还值什么赏报呢？连税吏也会那样做的。假若你们只对朋友友善，算是什么了不起的事呢？连外邦人都会那样做的。所

以，你们该求完善，正像你们的天父是完善的。"（太 5：40 - 48）

　　这里我们看到的是要"孝敬父母"的诫命，而且，更引人注目的是超乎血缘亲情友情的爱：爱仇敌。我们知道，在孔子那里是不主张以德报怨的，他认为应以直报怨，用耶稣的话说就是"以眼还眼，以牙还牙"，在儒家传统里孝敬父母似乎是无条件的，但对于仇敌不可能有爱，但是耶稣的新福音则告诫人们要"爱仇敌"，因为"天父使太阳照着好人，也照着坏人一样；他降雨给正义的人，也给不义的人"，这或许是另一种有别于儒家仁爱的形态，我们若认为天主教主张仇视父母与家人为敌则似乎有失武断了。很明显，对于有着"爱仇敌"主张的人，不可能不爱家人父母，但是我们也可以明显看出此种"爱仇敌"背景下的"孝敬父母"确实与儒家的"孝悌仁爱"观大有不同。现在的问题是，为何在同一部福音中会有"以家人为敌""父母兄弟自相残杀"与"爱仇敌""孝敬父母"这样看似冲突的表达？

　　（二）谁是我的父母？——新的父母观

　　首先我们可以从《马太福音》中看到，天主教经典对父母的界定不是儒家血缘伦理意义上"君子之道，造端乎夫妇"的父母，而是超越世俗血缘的另一种界定。耶稣基督的诞生是这样的：他的母亲玛利亚已许配给了若瑟。可是在他们还没有同居之前，玛利亚因着圣神而怀了身孕。若瑟本想休了她，但若瑟是个义人，不愿公开羞辱她，只想悄悄地这么做。若瑟正在思虑这事的时候，上主的天使出现在他的梦里，对他说："若瑟，达味的子孙，把你的妻子玛利亚迎娶回来，不要顾虑！她的身孕，是因为圣神而来的。她将生下一个男孩，你要给他取名叫耶稣；因为就是他，要把自己的民族从罪恶中拯救出来。上主借先知们传达的圣意，在这事上得到了应验：看呀！'一位童贞女要怀孕生子，人们要叫他厄玛奴耳（以马内利）。'意思就是：天主与我们同在。"（太

70

1：18－23）

从这里我们可以看出，一种新的"父—子"关系的确立，玛利亚因圣神而怀孕，耶稣作为天主子的代表而来到人间，具有神圣性，由此而来的"爱观"已经完全不同。谁是我的父母，谁是我的兄弟，有了新的界定：

> 耶稣与群众讲话时，他母亲和弟兄在外边，想跟他说话。有人告诉耶稣："你的母亲和弟兄在外边，要和你说话。"耶稣却对进来告诉他的人说："谁是我母亲？谁是我弟兄呢？"他指着门徒说，"他们就是我的母亲和弟兄！不论谁承行了我天父的旨意，他就是我的弟兄、姐妹和母亲。"（太12：46－50）

由此我们可以看出，天主教对"父母"关系的置换与重新建构，父母兄弟已不再是传统意义上基于血缘亲情的自然关系，而是具有神圣意义基于天主诚命之下的重新规定。这一点，正是天主教与儒家分歧的根源，也是明清期间传教士在中国传播福音遭遇冲突的原点（可参见谢和耐著作）。在儒家看来，最大的诚命是孝敬父母（尽管敬天在儒家传统中地位重要，而且不以诚命的形式表达敬天或孝敬父母，在他们看来这些都是天理之自然而不是因为诚命而敬爱），但是，对于天主教来说，最大的诚命则是敬爱天主。

（三）最大的诚命与孝敬父母张力之化解

我们知道在耶稣受人试探诘问时，他明确说最大的诚命是"爱天主"：

> "老师，在律法上，最大的诚命是什么？"耶稣回答说："'你当全心、全灵、全意地爱天主，你的上主。'这是最大的也是最重要的诚命。还有第二条与此相同：你当爱你的近人，如同爱你自己。全部的律法和先知之言都以这两点为基础。"（太22：36－40）

　　在这里我们可以明确看出，对于天主教的新爱观来讲，其最大的爱是敬爱天主，这在次序上是最先的。但是需要说明的是，此种爱最终是来自天主的，天主是爱的起点与源泉，是先有圣爱也即天主对人的无条件的爱而后方有此种新的诫命，才有人对天主的爱以及对近人的爱。在这里，是天主，而非人是爱的起点与根源，我们可以清楚地看到这与儒家仁爱是多么的不同，儒家始终是源自人并指向人的，没有此岸彼岸之区分，没有世俗与神圣之超越，他们始终生活在一个世界维度中。但是，在天主教中，通过对父母关系的新界定，尤其是对神圣层面天主意义的引入，那种源自血缘的亲情伦理被放在了第二位，天主才是爱之源泉。

　　这里的问题是，就天主教之最大诫命与第二诫命来说，都是主张爱的，那么为何会有家人为敌人、父母子女起刀剑自相残杀的说法？其理路或许是这样的，作为有限性的人来说，仅仅出于本能血缘去孝敬父母是远远不够的，甚至是有限狭隘的，就如同遵循传统的说法"以眼还眼，以牙还牙"得来的不是和平与幸福而是冤冤相报何时了的恶性循环，那不是真正的道义法则，而爱仇敌才是真正的法则，但是此种新的法则不是来自人自身，而是来自人之外之上的最高创造者天主，由此而来的爱才是真正的、确实的，因此必须首先打破传统世俗伦理，包括对父母的爱，对兄弟的爱，就如同要修正原有的伦理法则"爱亲人朋友恨仇敌"一样，这是一种观念的革命，精神理路的置换，起刀剑正是在观念上的革新，与家人为敌正是与传统戒律道德法则的割裂，由此而接受新的爱观与道义法则，这一切都来自天主。所以，最大的诫命是爱天主，以此为源头爱父母、爱兄弟都处于爱近人的诫命之内，而且打破了原有狭义的只爱亲人朋友的传统伦理，形成了天主圣爱下的平等博爱精神。在经过观念革新之后，新的爱观就这样确立起来，敬爱天主与孝敬父母之间的冲突与张力也得到化解，而且在圣爱之下，对父母之爱才是真实的、确定的、有保证的。

三、人情之爱与孝悌伦理——郭店竹简中对"孝悌"的界定

（一）目前有关郭店楚简"情"之研究与问题

1993 年冬，湖北荆门郭店一号楚墓出土简 804 枚，经过荆门博物馆组织整理成 18 篇短文于 1998 年 5 月由文物出版社以《郭店楚墓竹简》之名出版（含图文注释）①，其中"性自命出"篇多谈"情"字，共 20 见，而"缁衣""唐虞之道""语丛一""语丛三""语丛四"各一见，"语丛二"两见，共 27 见②。对于"性自命出"之"情"引起学者的广泛讨论，典型看法有四。

其一，"情实"解（丁四新等多数学者）。以"情实""情形"或"情况"解先秦文献的学者甚多，而对郭店简的"情"字，一些学者仍延续了此一解释，丁四新对"情"的内涵有着详细的梳理和分析，然而他的结论却出人意料地认为"情的最基本字意为实"而反对以"情感"意解"情"③。当然他并不排斥"情感""人情"等义，不过那是作为"情实"的外延而存在的。郭店竹简"性自命出"篇典型的情字表述为：

> 顺乎脂肤血气之情，养性命之正，安命而弗夭，养生而弗伤，知【天下】之正者，能以天下禅矣。（缁衣，简 2－3）

---

① 荆门博物馆编．郭店楚墓竹简［M］．北京：文物出版社，1998．，需注意竹简出土时已散乱，且该墓曾遭盗窃，所以《郭店楚墓竹简》一书只是劫余后的整理本，我们感谢整理者的努力，但我们还必须知道这是经今人之手而成之作，篇题、文序、篇序都是整理出来的，所以便不可囿于该书，然而该书附有图文版可做详细参照，很是可贵。

② 此统计参丁四新．论郭店楚简"情"的内涵［M］//丁四新主编．楚地简帛思想研究（二）．武汉：湖北教育出版社，2005．；请注意该文曾在《现代哲学》2003 年第 4 期发表，但应以书中为参考，因为杂志中文已有删减；笔者通读竹简全篇无发现别例故从丁 27 见之说。

③ 丁四新．论郭店楚简"情"的内涵［M］//丁四新主编．楚地简帛思想研究（二）．武汉：湖北教育出版社，2005：165．

情生于性，礼生于情，严生于礼，敬生于严……（语丛二，简①1-4）

道始于情，情生于性。始者近情，终者近义。知情【者能】②出之，知义者能入之。（性自命出，简3-4）

凡声，其出于情也信，然后期入拨人之心也厚。（性自命出，简23）

凡人情可悦也。苟以其情，虽过不恶。不以其情，虽难不贵。苟有之情，虽未之为，斯人信之矣。未言而信，有美情者也。（性自命出，简50-51）

情字在竹简中27见，上仅举五例，尤其是为学者所特别关注的第五例，明显不可做"情实"解，另有做"真诚"解的同样不妥。

其二，"人情""情感"解（陈来等学者）。这样直接用"情感"或"人情"解"情"的学者不在少数，可以说后三种看法（陈来、李泽厚、郭齐勇、陈鼓应、韩东育）都是以"情感"解读的，只是陈鼓应③和韩东育④将文献本身向道家或法家拉近，而李泽厚延续他一贯的看法"重视人性情感的培育""强调亲子之情（孝）作为最后实在的伦常关系以建立人—仁的根本"⑤。李的看法是值得深思的，然而是否应归为他所说的"心理原则"还需推敲，郭齐勇针对李泽厚文，指出孟子并非"排情"，郭文仍是以解读"心性论"为主，认为竹简与孟子及

---

① 此简号与荆门版本一致，但本书所引文字可能与原版编序不同，参照李零．郭店楚简校读记［M］．北京：北京大学出版社，2002．

② 括号内文字为加入，非竹简所有，参李零本。

③ 陈鼓应．太一生水与性自命出发微［M］//陈鼓应主编．道家文化研究：第17辑．北京：生活·读书·新知三联书店，1999：406．

④ 韩东育．性自命出与法家的"人情论"［J］．史学集刊，2002（2）：9．

⑤ 李泽厚．初读郭店竹简印象纪要［M］//中国哲学编委会编．郭店简与儒学研究．沈阳：辽宁教育出版社，4-5.，本文又载于《道家文化研究》第17辑、《世纪新梦》及李泽厚的其他再版著作中。

其后学是一贯的①。而陈来先生则直接以"感情"解，他在"以德治民"的框架下理解为"一个治民者，如果与人民有感情上的沟通，虽有过失，人民也不会嫌恶他"②。

然而结合竹简文本，上述说法均可进一步讨论，无论是其意还是方法都有问题。首先，"情实"义并非郭店简之唯一义或核心义。"情实"义于先秦文献中多见，然不可以此成见解读竹简，而且即便是先秦文献"情实"义也只是"情"之一义，另有"情感""真诚"等义③。是否能说"实"为其"本义"亦可探讨。其次，"人情"或"情感"解"情"实为自语反复。以"人情"解"情"，似是而非，实是自语重复，今我们要问者正是此种"情"为何物，若以"情"或"情感"解，语义含混，因为"人情"本身意义多种，仍需追问，而陈来先生以"感情沟通"解，问题是，是否应以"以德治民"作为框架。再次，李先生谈竹简处少而郭之见解是针对李文而发，对"孝"之解读亦是从略。李的看法是准确的，而且他的看法需置入他的思想系统方可了解。他论竹简之文颇简略，而郭齐勇之文仍从心性论、道德形而上学层次论述，名针对李文而发，实与李志趣不同。最后，郭店简之"情"近于法家或道家，前者不同趣，后者不同义。陈鼓应的看法是一贯的，他对道家哲学的推崇令人尊敬，然说"情"与庄子学派"任性命之情"相通，

---

① 郭齐勇．郭店儒家简与孟子心性论［J］．武汉大学学报（哲社版），1999（5）：24-28.，郭在文首指出本文是针对李泽厚而发，认为孟子并不排情。

② 陈来．郭店楚简之性自命出篇初探［J］．孔子研究，1998（3）：56. 本文还载于国际儒联学术委员会编．郭店楚简研究［M］//中国哲学：第20辑．沈阳：辽宁教育出版社，1999.

③ 李天虹．性自命出与传世先秦文献"情"字解诂［J］．中国哲学史，2001（3）：55-63.，李文对"情"之收集可谓多：诗、书、左传、国语、礼记等，有些分析可能值得商榷，但是她对文献的整理，有参考价值，而且从中可以看出"情"义不限于"实""情感""真诚"，说先秦文献无谈"情"者可以休矣。

似不可解，另称"性自命出"为"仅见的一篇尚情之作"① 亦不准确（参李天虹文）。韩东育则直接将"性自命出"篇视作"杂家之论"，而认为论情近于法家的"人情论"，此解不妥处在于法家之"人情"是为"法"，而儒之"情"是为"仁"，初衷与归属皆不同。

所以，笔者认为以上四种看法均有问题，而且于方法上似亦有不妥处。四种看法的方法论问题具体表现在：第一，多参竹简外之文献而证竹简之意，有越证之嫌疑；第二，多限于"性自命出"一章谈情（或仅以儒家文献为参照），而不知同出之所有他篇亦可做重要参照；第三，就"情"字本身谈"情"，结合文本以情之"意"谈"情"也许更合适。

（二）人情之初始含义为孝爱

本书认为"情"之核心义为"孝——父子亲情"，当然"情"以"孝"为核心并不排斥"情"的其他外延，另外，"情"以"孝"为核心却并不止于"孝"或"父子亲情"。它是一个动态的孝——家、国、天下——反求诸己的演进过程，"孝"为情之本源而非终点。而在解读方法上，本书试图通过"面向竹简本身"而避免或缓解上面的方法论困境②，具体做法为：第一，不参照、不引用竹简外文献以论证竹简内之含义；第二，就所有竹简篇章而不做道、儒、杂家之分类；第三，通观其意而解情。以下为"情"以"父子亲情——孝"为核心义的论证。

通观竹简全篇，可以看出其以"孝悌为本"，并以"孝"释仁，甚至说可以"为父绝君"，且称"圣也者，父德也"，此种贵父轻君的思想便是对"孝"的弘扬，自然此种"孝"不限于父子之情，因为爱亲

---

① 陈鼓应. 太一生水与性自命出发微 ［M］//陈鼓应主编. 道家文化研究：第 17 辑，北京：生活·读书·新知三联书店，1999：407.

② 本处指的"方法论困境"是说面向竹简本身是很难的，即便不用竹简外文献论证，就竹简本身关照，亦难逃此困境：自己先有的成见、整理者对文本的加工、自己的思想倾向等必会影响对文本的解读。所以如上所说，尽力而为。

则可施爱人，"闻舜孝，知其能养天下之老也"（唐虞之道，简 22 –
23①）。可见人情以"孝"始，并由内生发，以修已为方法。

1. "孝，本也"——孝悌、家国、天下

"六德"篇称"是故先王之教民也，始于孝悌。君子于此一体者无
所废。是故先王之教民也，不使此民也忧其身，失其体。孝，本也"②
（简 39 – 41），之所以视"孝"为"本"，是因为"孝之施，爱天下之
民"（唐虞之道，简 7），孝为子爱父母。然此种原始的爱是可以生发
的，准确言之，唯有血亲之爱方有"爱天下人"之爱，所以"闻舜孝，
知其能养天下之老也，闻舜弟，知其能事天下之长也"（唐虞之道，简
22、23）。此种由对父母之爱而及天下之爱的思维方式正是竹简中所着
重表达的一点，所以此孝只能从动态意义上讲，而若限于"父子之
情"，则失之。

2. "为父绝君，不为君绝父"——父贵于君，君异于父，不悦，
可去也

对孝的着重表达也可由此看出"为父绝君，不可为君绝父"（六
德，简 29），因为"君臣、朋友，其择者也"（语丛一，简 87），君不
同于父"不悦，可去也"（语丛三，简 4）。此种"贵父轻君"思想是
极为明显的，而且"六德"篇竟以"圣"称父德"圣也者，父德也"
（简 21），对父德的高扬便是对"孝"——父子情的礼赞与肯定，或者
说此种情感是不言自明的，不可选择，只能如此，有此方可有其他情感
之生发③。

―――――――――――

① 依照惯例，只以《郭店楚墓竹简》所列简号为准，引用文字，也只列篇名和简号，
　李零另有篇名但本书从荆门本之原始篇名。
② 此简体字，为行文方便，参照的李零本和刘钊. 郭店楚简校释 [M]. 福州：福建
　人民出版社，2005. （包括荆门本都是繁体字）
③ "为父绝君"一说似乎是在治"丧礼"的语境下所说，然即便如此，贵父轻君的思
　想也无法否认，如称圣为父德，不悦可以去君。

3. "修身近仁" 与 "仁者，子德也" ——以孝释仁，爱由亲始

与父德为 "圣" 相对，"仁者，子德也"（六德，简23），子德是 "孝" 然今却以 "仁" 名之，足见孝之意与 "仁" 同义，或者说 "孝，仁之冕也。禅，义之至也"（唐虞之道，简6、7）。那么何为 "仁" 呢？"颜色容貌温变也。以中心与人交，悦也。中心悦，播迁于兄弟，戚也。戚而信之，亲【也】，亲而笃之，爱也。爱父，其继爱人，仁也。"（五行，简32、33）"爱，仁也"（语丛三，简35、36）。由此可见，仁为 "爱"，发自内心，由爱父而及爱人，此种爱或 "情" 是 "血气之亲"，与君臣不同（六德，简16），所以最为本源，至真至切。那么如何 "至仁" 呢？

"闻道反己，修身者也。上交近事君，下交得众近从政，修身近至仁"（性自命出，简56、57），可见 "修身"、仁、孝是一体的，仁孝始终是由 "己" 由 "内" 也即由最原始的情感而发，"仁行于内为之德之行，不行于内谓之行"（五行，简1），仁必行于内，"是故君子求诸己也深，不求诸其本而攻诸其末，弗得矣"（成之闻之，简10、11）。求诸己便是要求诸本，其本在 "孝" 在 "血气之亲"，"故君子所复之不多，所求之不远，穷反诸己而可以知人。是故欲人之爱己也，则必先爱人，欲人之敬己也，则必先敬人"（成之闻之，简19、20）。由己而知人，由爱亲而爱人。所以说 "必正其身，然后正世，圣道备矣"（唐虞之道，简3）。可见，由爱亲而爱人、由正身而正世此是异名而同谓了，其义则一。

由以上分析可知，因 "孝" 为 "血气" 之情，最为原始，也最为根本，人须爱亲而后爱人，此种情感近乎 "仁"，而人所修身求诸己者仍是对此原发性情感的再认识，修身即是修 "孝"，正身即是爱亲，由正身而正世，即是由爱亲而爱人。

（三）情之核心义为 "孝"

若以上分析可以成立，那么我们再来看竹简之 "情"，也许更

明了：

  顺乎脂肤血气之情，养性命之正，安命而弗夭，养生而弗伤，知【天下】之正者，能以天下禅矣。（缁衣，简 2 - 3）

  情生于性，礼生于情，严生于礼，敬生于严……（语丛二，简 1 - 4）

  道始于情，情生于性。始者近情，终者近义。知情【者能】出之，知义者能入之。（性自命出，简 3 - 4）

  凡声，其出于情也信，然后期入拔人之心也厚。（性自命出，简 23）

  凡人情可悦也。苟以其情，虽过不恶。不以其情，虽难不贵。苟有之情，虽未之为，斯人信之矣。未言而信，有美情者也。（性自命出，简 50 - 51）

  礼，因人之情而为之节文者也。（语丛一，简 31、79）。

血气之情出自血气之性，礼乐教化正以此"血气之情"为依据，或礼或乐并不指空阔之仪礼或声音，在仪礼或声音之后皆有真情为据，因人之"情"方为真、方可信，此情正发自内，所以"虽过不恶"，因为此情为"真"、为"善"、为"亲"、为"爱"。所以若我们不拘泥于"情"字本身，合竹简全篇而看，"情"之核心义当作"孝"解。由此也可以看出，中国传统经典文本中对情的界定主要是基于血缘伦理，而在此基础上"孝悌"自然而然成了首要的伦理法则或者说是最大的诫命。正是在此处我们可以看到儒家传统与天主教思想是何等的不同。

四、爱天主与爱父母——基于"孝悌"观念之比较

（一）最大诫命之比较：爱天主与爱父母

如上分析，在天主教经典中很明确地认为最大的诫命是"'你当全

心、全灵、全意地爱天主，你的上主。'这是最大的也是最重要的诫命"。而在中国古典文本中，首要的德性是"孝"，在传世文本之孔孟论说中也坚持了此种传承："孝者，仁之本"，"亲亲，仁也"。这里需要说明的是，尽管天主教经典中认为最大的诫命是爱天主，但是并不否认对父母之爱，同样坚持"孝敬父母"的诫命。同样，儒家经典思想认为首要的诫命是孝敬父母，但是并不限于敬爱父母，还有着家—国—天下之爱以及仁民爱物敬天之思想。严格来说二者之歧义不在于是否敬爱父母或者说敬天爱天，其最大的不同在于源头上，一个出于天主之神圣性，一个出自人情之自然。准确来说，天主教之孝爱来自天主，而儒家之孝爱来自人自身，并于天理之自然结合起来。这里的天与天主教之"天""天主""上帝"完全不同，固然从价值源头上讲，儒家之孝爱来自"天"，但这更多是"人情自然"意义上的"天理"，不具有人格神和神圣意义。而天主作为爱的源头则具有神圣规定性，其不是一种自然的演绎展现而是一种神圣建构。儒家的人与天是一体的，天道现于人道中，人道即是天道之展现，没有此岸与彼岸之划分，从某种意义上说，天道就是人道，人道就是天道。但是在天主教中，天主于人有着质的不同，这是有限与无限、创造者与受造物之区别，有着此岸与彼岸的神圣划分，这样的二分与割裂在儒家之天人关系中是不可想象的，天道只能流行于人道中。具体到孝敬父母上来说，孝悌为儒家之核心或者说首要的价值；而在天主教中，爱父母只是敬爱天主的表现，是处于从属地位的，而且位于"爱近人"的行列。

（二）人情与天理的追寻：天主之义与血缘人情

首先，我们可以看出在对父母的界定上有着人情与天理的不同。对儒家来说，父母便是出于血缘亲情生身父亲母亲，这是一种自然的伦常关系，也正是儒家所坚持和认可的"君子之道，造端乎夫妇"，这是自然的人情结合，由此因自然繁衍而产生父子关系，这一切都基于人情，并且在儒家看来是最自然的，也是天道流行之表现，此处人情即是自然，即是天理。这构成了儒家伦理法则的起点和基础，若说有某种神圣性，也只是此种天理自然的神圣性，而非此岸与彼岸、创造与被造的神圣性。但是，天主教对父母的界定，如同上面我们所看到的，天主子之降生与其对父母的新规定都具有神圣性，甚至是观念上的革命性。因神圣有孕，这在儒家看来是神秘的，是不自然的，有反天道，悖乎天理，而且认为是根本不可能之事，属于怪力乱神范围。而对于耶稣所说"不论谁承行了我天父的旨意，他就是我的弟兄、姐妹和母亲"，这在儒家看来，也是属于"无父无君"之言，因为天理必然体现于自然人情之人道中，不可因为遵循"天理"而置换"父母"血气之情，否则一定是"天理"错了，人情父母之事实不可能错。但是在天主教中，正有着此种由血缘而天理的革命性更新。我们还记得《马太福音》中有着这样的记载：

> 耶稣接着被圣神带到旷野，接受魔鬼的试探。他一连四十个昼夜没有吃什么，觉得很饿。试探者就前来对他说："如果你是天主子，就叫这些石头变成饼吧！"耶稣回答说："经上写着：'人不单靠饼过日子，更要靠天主说出的每一句话。'"（太4：1-4）

在这里，我们同样看到了人情自然之"食"在面对天主之"言"时是处于第二位的，"天理之言"具有神圣性，而且更能体现人性，而出于本能之温饱只是从属性的。对于儒家来说，我们知道他们的信条是"民以食为天"，食就是天理，不存在"食"与"言"神圣二分，天理就在食色中，处于同一方时空世界。

（三）契约与身份：基于天主与基于血缘

若不限于《马太福音》与郭店竹简的文本范围，我们可以进一步看到二者的区别。在基督教经典中有多次"立约"，这与儒家身份之坚持又明显区别开来。"契约"是基于天主之圣言，具有神圣性，而且是对血缘伦理的一种打破、颠覆或者说是重构，对于人来说最重要的不是基于血缘亲情的身份关系，而是要遵守具有神圣性的"契约"。对于儒家来说，最重要的关系是造端乎夫妇的血缘身份关系，这就是天理自然之显现，不可能也不需要新的规定与契约建构，任何其他的价值原则只有在符合了此种血缘伦理准则后方具有意义和价值，否则都是有悖天理之表现。

若以上分析成立，我们可以想见正是此种区别奠定了中西传统迥异和走向不同路径的根源。

结语：孝悌伦理、子女本位与公民培育

"孝悌伦理"更多注重子女对父母兄弟的伦理规约，我们也可以换个视角，以子女为本位予以考量，这同样也是基于儒家"立己之学"的思想传统，而且"立己之学"优先于"孝悌伦理"。下面我们将以鲁迅对子女教育的看法为例予以展开。

我们知道，"救救孩子"此一呼声鲁迅最早在《狂人日记》中提出，这是鲁迅在《狂人日记》末尾针对社会、村人、兄弟对"狂人"的迫害而提出的呐喊。纵览《鲁迅全集》，他没有专门做过细致的儿童教育研究，但以他那锐利的笔锋对当时儿童教育的种种问题都予以了深刻的揭示。正如蔡元培在《鲁迅先生全集序》中对其杂文和短评的赞扬："他的感想之丰富，观察之深刻，意境之隽永，字句之正确，他人所苦思力索而不易得当的，他就很自然地写出来。这是何等的天才！又是何等的学力！"① 鲁迅对儿童教育的看法，也正可做此观。鲁迅对儿童教育的思考主要集中在《我们现在怎样做父亲》《随感录二十五》《上海的儿童》《我们怎样教育儿童的?》《花边文学·漫骂》《看图识

---

① 蔡元培. 鲁迅先生全集序［M］//鲁迅全集：卷一. 乌鲁木齐：新疆人民出版社，1995.

字》中。

鲁迅在《热风·随感录二十五》中说："中国的孩子，只要生，不管他好不好，只要多，不管他才不才。生他的人，不负教他的责任。虽然'人口众多'这一句话，很可以闭了眼睛自负，然而这许多人口，便只在尘土中辗转，小的时候，不把他当人，大了以后，也做不了人。"① 在这里鲁迅深入刻画了中国人多，孩子多，但却"只管生不管教"的愚昧与落后。在中国娶妻早是福气，儿子多也是福气，所以鲁迅毫不客气地说："所有小孩，只是他父母福气的材料，并非将来的'人'的萌芽，所以随便辗转，没人管他，因为无论如何，数目和材料的资格，总还存在。"② 在这里，我们可以很明显地看到鲁迅将生理本能上的"生"与文明传承上的"教"区分开来，人尽管可以出于本能地生并增加自己福气的材料，但是谈到"管"和"教"或"育"则并非本能可以了得。鲁迅在《花边文学·漫骂》中说："儿女成行只能证明他两口子善于生，还会养，却并无妄谈儿童的权利。"③ 这是对的，或许孩子多了，在教育上会增加些育儿经验，然而也多是本能层面的"养活"的经验，至于如何理解、指导、解放孩子，则远非粗粗的经验可以解决。这样视孩子为不需教的"蠢材"，他们长大成人之后就真成了蠢材，"和我们一样了"④。而中流家庭的教子，在鲁迅看来大抵只有两种方法，一是任其跋扈嚣张，一是使其萎缩听话。而这，在鲁迅看来都不是教育，仍属于"只管生不管教"。

---

① 随感录二十五：热风［M］//鲁迅全集：卷一．乌鲁木齐：新疆人民出版社，1995：271.

② 随感录二十五：热风［M］//鲁迅全集：卷一．乌鲁木齐：新疆人民出版社，1995：271.

③ 花边文学：漫骂［M］//鲁迅全集：卷二．乌鲁木齐：新疆人民出版社，1995：500.

④ 且介亭杂文：看图识字［M］//鲁迅全集：卷二．乌鲁木齐：新疆人民出版社，1995：585.

　　针对"只管生不管教"的问题，鲁迅甚至分父亲为"孩子之父"与"人之父"，可谓辛辣之至，他说："最看不起女人的奥国人华宁该尔（Otto Weininger）曾把女人分成两大类：一是'母妇'，一是'娼妇'。照这样分法，男人便也可以分作'父男'和'嫖男'两类了。但这父男一类，却又可以分成两种：其一是孩子之父，其一是'人'之父。第一种只会生，不会教，还带点嫖男的气息。第二种是生了孩子。还要想怎样教育，才能使这生下来的孩子，将来成一个完全的人。"①"孩子之父"与"人之父"的分法固然令许多父亲不堪，但却很明确地区分了"生理意义"上的动物本能性的"生"——种的繁衍和"文明意义"上教育传承的"育"——人的教化。所以，父亲若想摆脱"嫖男"的嫌疑，便需要"父范学堂"：对为父的学习与再教育。鲁迅在《随感录二十五》末尾说道："前清末年，某省初开师范学堂的时候，有一位老先生听了，很为诧异，便发愤说：'师何以还须受教，如此看来，还该有父范学堂了！'这位老先生，便以为父的资格，只要能生。能生这件事，自然便会，何须受教呢。却不知中国现在，正须父范学堂；这位先生便须编入初等第一年级。"②

　　如今，我们的师范大学或学院是不少了，做老师是要师范毕业或是有着相当的教师资格方可，然而，我们的父范学堂在哪里呢？进而言之，父亲需要受教育方可为"人之父"，那么母亲呢？我们的母范学堂又在哪里呢？母亲教育孩子难道就不需要学习吗？她们可以本能地喂母乳却没有教育孩子的本能。

　　针对"只管生不管教"，鲁迅提出我们："开宗第一，便是理解。往昔的欧人对于孩子的误解，是以为成人的预备；中国人的误解是以为

---

① 随感录二十五：热风［M］//鲁迅全集：卷一．乌鲁木齐：新疆人民出版社，1995：272.

② 随感录二十五：热风［M］//鲁迅全集：卷一．乌鲁木齐：新疆人民出版社，1995：272.

缩小的成人。直到近来，经过许多学者的研究，才知道孩子的世界，与成人截然不同；倘不先行理解，一味蛮做，便大碍于孩子的发达。所以一切设施，都应该以孩子为本位，日本近来，觉悟的也很不少；对于儿童的设施，研究儿童的事业，都非常兴盛了。第二，便是指导。时势既有改变，生活也必须进化；所以后起的人物，一定尤异于前，决不能用同一模型，无理嵌定。长者须是指导者协商者，却不该是命令者。不但不该责幼者供奉自己；而且还须用全副精神，专为他们自己，养成他们有耐劳作的体力，纯洁高尚的道德，广博自由能容纳新潮流的精神，也就是能在世界新潮流中游泳，不被淹没的力量。第三，便是解放。子女是即我非我的人，但既已分立，也便是人类中的人，因为即我，所以更应该尽教育的义务，交给他们自立的能力；因为非我，所以也应同时解放，全部为他们自己所有，成一个独立的人。"①　此种"理解""指导"与"解放"的提法大致是可以作为父母教育孩子总纲的，然而也只是一个泛泛的总纲而已，就当时鲁迅所处的时代来说，能提出这样的想法无疑问是一种警醒和先声。但是如何"理解"？如何"指导"？又如何"解放"呢？即便我们有了此种去"教"的意识，留待我们去解决的问题还很多，或者说如何教的问题才刚刚开始。鲁迅的视角是广大的，而且多具有社会意义，他不是告诉我们如何去教小孩的方法与技巧，而是说我们要树立"幼者本位的道德"，他说"此后觉醒的人，应该先洗净了东方古传的谬误思想，对于子女，义务思想需加多，而权力思想却大可切实核减，以准备改作幼者本位的道德。"②　那么如何确立这种"幼者本位的道德"呢，如何做一个"义务"的"利他"的父母呢？在《我们现在怎样做父亲》中鲁迅说："没有法，便只

---

①　我们现在怎样做父亲 ［M］//鲁迅全集：卷一. 乌鲁木齐：新疆人民出版社，1995：65 - 66.

②　我们现在怎样做父亲 ［M］//鲁迅全集：卷一. 乌鲁木齐：新疆人民出版社，1995：63.

能先从觉醒的人开手，各自解放了自己的孩子。自己背着因袭的重担，肩住了黑暗的闸门，放他们到宽阔光明的地方去；此后幸福的度日，合理的做人。"①

对于具体的教育儿童的方法，鲁迅主张研究"中国历来教育儿童的方法，用书，做一个明确的记录"，这样可以使我们明白我们古人一直到我们是如何被培养、熏陶出来的。然而，1934 年前后关于儿童的书多起来，这又引起了鲁迅的担忧，他说："然而我们这些蠢材，却还在变本加厉的愚弄孩子。只要看看近两三年的出版界，给'小学生'、'小朋友'看的刊物，特别的多就知道。中国突然出了这许多'儿童文学家'了么？我想，是并不然的。"② 鲁迅的长处在于他能从乐观中看出悲观，从热闹中看出病症，从太平中看出隐患。他对孩子的关爱使他对一些显而易见的繁荣中看出"虚伪"和"造作"，关于儿童的出版物增多是比过去的冷清要强的，至少是人们开始关注孩子的精神食粮了。但是，数量增加了，质量呢？是不是作为"蠢材"的大人为了谋利来"炒作"些半生不熟的冷饭喂养孩子呢？鲁迅的警惕不是庸人自扰，看看今天的出版物，此种问题又何尝不是更严重了呢？我们的儿童文学家和教育家，果然就如此多吗？

"幼者本位"道德的问题，我们今天父母的口号是"为了孩子"或"一切为了孩子"。但是，对于那种"自断母乳"再奔波买"牛乳"的办法来"为了孩子"似乎并不见得高妙。我们在"为了孩子"时，实在应好好想想，如何做才是真为"孩子好"。所以，我们还是先不要如鲁迅所说忙着建立"幼者本位的道德"，在今天看来，还为时尚早，而且我们还远远做不到。我们尚不如好好想想，如何做好一个父亲、母

---

① 我们现在怎样做父亲 [M] //鲁迅全集：卷一. 乌鲁木齐：新疆人民出版社，1995：61.

② 且介亭杂文·看图识字 [M] //鲁迅全集：卷二. 乌鲁木齐：新疆人民出版社，1995：585.

亲，如何将孩子作为一个"人"来看待，而不是"糊弄"他，不要将他作为"本位"只是将他看作一个理应尊重的"人"。爱不等于教育。所以"父范学堂""母范学堂"还是应上的，至少，我们应像必修课那样看些关于幼儿教育的书，关于儿童心理学的书，关于如何做父母的书。孩子，因为太小，是很容易被骗的，而且以大人的狡猾也很可以哄得他们的开心，但是，不要忘了，孩子是骗不得的，因为他们往往会信以为真，不但自己接受现在的教育，而且很可能将来也用相同的手段来对付他们的孩子，人的堕落或许正由此而开始吧。我们期待的是将立己之学与公民素养之培育结合起来，毕竟制度建基于公民德性培育；立己方可达人，在他者中立己，在立己中达人。由此一来，在现代社会中，一个有公民德性的自立之人，才有能力并慢慢懂得以适宜的方式对待自己的父母、兄弟、同事、朋友以及陌生人。这才是真正的现代意义的"孝悌之道"——以个体公民德性培养为前提。

第三章

认知问题

第一节 中国传统中"认识论意识缺乏"之原因

引言：为何说"中国缺乏知识论传统"

就中国学问传统分类来说，很难找出哪一门类为知识论，也很难说哪一学派专门研究"知识之所以为知识"，金岳霖先生在《中国哲学》一文中说："中国哲学的特点之一，是那种可以称为逻辑和认识论的意识不发达。"① 他接着说："中国哲学家没有一种发达的认识论意识和逻辑意识，所以在表达思想时显得芜杂不连贯，这种情况会使习惯于系统思维的人得到一种哲学上料想不到的不确定感。"② 当然金岳霖先生认为逻辑意识和认识论意识并非没有发生过，他认为公孙龙一派的"离坚白"之说便是。"可见他们已经获得了西方哲学中那种理智的精细；凭着这些学说，哲学在某种意义上变成了锻炼精神的活动。然而这种趋

---

① 刘培育选编.金岳霖学术论文选［M］.北京：中国社会科学出版社，1990：352.
② 刘培育选编.金岳霖学术论文选［M］.北京：中国社会科学出版社，1990：352.

向在中国是短命的；一开始虽然美妙，毕竟过早地夭折了。逻辑、认识论的意识仍然不发达，几乎一直到现在。"① 贺麟先生在《知行合一新论》中说："而知行问题，无论在中国的新理学或新心学中，在西洋的心理学或知识论中，均有重新提出讨论，重新加以批评研究的必要。我甚且以为，不批评地研究思有问题，而直谈本体，所得必为武断的玄学（dogmatic metaphysics）；不批评地研究知行问题，而直谈道德，所得必为武断的伦理学（dogmatic ethics）。因为道德学研究行为的准则，善的概念，若不研究与行为相关的知识，与善相关的真，当然会陷于无本的独断。至于不理会知行的根本关系，一味只知下'汝应如此''汝应知彼'，使由不使知的道德命令的人，当然就是狭义的、武断的道德家。而那不审问他人行为背后的知识基础，只知从表面去判断别人行为的是非善恶的人，则他们所下的道德判断也就是武断的道德判断。因为反对道德判断、道德命令和道德学上的武断主义，所以我们要提出知行问题。因为要超出常识的浅薄与矛盾，所以我们要重新提出表面上好像与常识违反的知行合一说。"② 贺麟先生在这里突出知识论研究的必要，我们可以看出并非单指"知行问题"，他认为无论是玄学或伦理学都应有知识论的背景与训练，否则便是武断的。在这里也可以看出贺麟先生对发展中国哲学新路向的思考，其中重视知识论便是核心内容之一。

进而言之，就中国传统学问而言，通过知识论研究或训练方能更好地把握传统学问的真精神，至少知识论训练会为我们提供一个新的研究

---

① 刘培育选编. 金岳霖学术论文选 [M]. 北京：中国社会科学出版社，1990：353.
② 贺麟. 五十年来的中国哲学 [M]. 北京：商务印书馆，2002：130 – 131.

视角。这里需要说明的是，本书讨论的知识论是指探讨知识之理的学问①。在汤一介先生给张耀南《张东荪知识论研究》所写的序言中也说："我们知道，中国哲学在西方哲学的冲击下，许多学者都意识到，在中国传统哲学缺乏系统的认识论理论。"② 其中他举出了熊十力念念不忘要做"量论"而未做的遗憾，谈到金岳霖、冯友兰、贺麟对知识论缺乏的认同与重视。这些论据大致可以证明中国传统哲学是缺乏知识论传统的③。但原因何在呢？

一、从一个"争论"谈起——中国/西方没有本体论

（一）熊十力：西方没有"本体论"

熊十力先生在与张东荪先生的论学书札中谈到"可见中西学问不同，只是一方在知识上偏著重一点就成功了科学；一方在修养上偏著重一点就成功了哲学"④，这里很明显熊先生对西方的解读偏重于科学与知识，而他所理解的中国意义上的哲学，西方甚或可以说是没有的，而且"弟素主哲学只有本体论为其分内事，除此皆多理论科学。……时

---

① 这里我借用了金岳霖先生在《知识论》一书中对"知识论"的界定（参见金岳霖. 知识论［M］. 北京：中国人民大学出版社，2010：2.）。另外，目前大多数学者认为知识论与认识论是研究相同的问题，因为 Epistemology 源自希腊文 episteme（知识）和 logos（理论），所以一般将二者等同使用，自然也有学者试图区分二者的不同。就汉语语境来说，"认识"与"知识"是两个概念，"认识"除了具有知识的一些含义外，还具有动词词性"去认知"的含义，但就"知识论"或"认识论"来讲本书不做区分，依然沿用西哲传统的用法，视二者为同义的。

② 张耀南. 张东荪知识论研究［M］. 台北：洪业文化事业有限公司，1995：汤一介作序.

③ 这里我们需要说明的是应区分知识与知识论，二者有着不同的对象与内容。说中国没有知识论传统，并不意味着中国没有知识，因为知识论是对知识本身的考察，探讨知识之所以为知识，真之所以为真，它不是某种具体的知识、具体的真、具体的理，而是一般的、普遍必然的知识之理。

④ 熊十力. 十力语要［M］. 上海：上海书店出版社，2007：61.

贤鄙弃本体论，弟终以此为穷极万化之原，乃学问之归墟"①，在此又可以看到熊先生对"本体论"的颂扬，认为哲学主要以"本体论"为分内事，而且这里的哲学也主要存于中国，因为西方成就的是科学。他可能对当时西方哲学界"拒斥形而上学"有所耳闻还颇有打抱不平之意，其实他所说的"本体论"与维也纳学派所"拒斥"的形而上学并非同一对象，在熊先生看来"本体论即是学问的，非宗教的，而科学确不能夺取此一片领土，则哲学终当与科学对立，此又不待烦言而解。弟坚决主张划分科哲领域，科学假定外界独存，故理在外物，而穷理必用纯客观的方法，故是知识底学问。哲学通宇宙、生命、真理、知能而为一，本无内外，故道在反躬，非实践无由证见，故是修养的学问"②。这便是熊先生所理解的本体论"通宇宙、生命、真理、知能而为一，本无内外，故道在反躬，非实践无由证见，故是修养的学问"，而此种"本体论"，西方是没有的。

（二）俞宣孟：中国没有"本体论"

中国到底有没有本体论？俞宣孟先生在其《本体论研究》称："本名 ontology 所指的内容是以'是'为其核心范畴的、逻辑地推论出来的范畴体系。中国哲学中并没有这样的内容。然而'本体论'这个译名却很容易将人引向另一类内容，即以为它是关于本根、本体、体用等的学说。于是人们误以为中国哲学史中也存在着类似西方 ontology 的部分，甚至把中国哲学本体论问题当作专题做肯定的研究。这真是谬种误传了。这种误解的要害是把'本体论'这个名称中所包含的西方传统哲学的特殊形态和思想方法掩盖掉了。"③ 俞先生的本意是中国没有本体论，他在《中国传统哲学中没有本体论》一文中依据沃尔夫对哲学

---

① 熊十力.十力语要［M］.上海：上海书店出版社，2007：64.
② 熊十力.十力语要［M］.上海：上海书店出版社，2007：65.
③ 俞宣孟.本体论研究［M］.上海：上海人民出版社，1999：573.

的分类，以赞同中国有"本体/根论"的张岱年先生为例说"当张岱年先生说中国古代有本体论时，他恰恰混淆了本体论和宇宙论的区别。他说：'西方传统的形而上学分为 Ontology 与 Cosmology，中国古代哲学中，本根论相当于西方的 ontology，大化论相当于西方的 Cosmology。'根据这个说法，他至少应当是意识到本体论（Ontology）与宇宙论（Cosmology）的区别的。令人惊讶的是，在他同一本书中说：'宇宙哲学本是整个的，今为方便而加以区分。本根论研究万事万物之本原，大化论研究由本根而有之大化历程之主要内容。'我们不知道这里的'宇宙哲学'与'宇宙论'有什么区别。而且，既然本根论相当于本体论，它就不应属于宇宙哲学，反之，既然本根论属于'宇宙哲学'，它就不应当相当于本体论"①。之所以会有这种误解，俞先生分析认为是"与分类上的混淆密切相关的，是对本体论本义的误解。张先生显然是把本体论理解成关于'本体'的学说，进而把'本体'当作关于世界本原的概念了。这是出于望文生义而易犯的错误。西方的本体论是研究关于以'是'为核心的范畴体系的。本体论发展到亚里士多德才出现本体范畴。即使在亚里士多德以及他以后的一些哲学家中，本体范畴在本体论中占有重要的地位，他们始终把本体看作是'是者'中之一种，从来也没有企图以本体取代过'是'"②。在这里请注意，俞先生对"本体"一词有多种含义的运用，本体论是与"是论"对应或等同的，但作为范畴的"本体"则是"是者"的一种。而俞先生对中国传统哲学的看法是"中国哲学没有本体论"他从"思想观念的象征性""系辞

---

① 俞宣孟. 中国传统哲学中没有本体论［J］. 探索与争鸣，1986（6）：5 - 6.；这里需要说明的是，俞先生所批评的是张岱年先生《中国古代本体论的发展规律》（载《社会科学战线》1985 年第 3 期）和《中国哲学中的本体观念》（载《安徽大学学报》1983 年第 3 期）两文的说法，此种说法均可参见张先生《中国哲学大纲》中关于"本根论"的表述（张岱年. 中国哲学大纲［M］. 北京：中国社会科学出版社，1982：6 - 16.）

② 俞宣孟. 中国传统哲学中没有本体论［J］. 探索与争鸣，1986（6）：6.

'是'的运用历程"以及相应的逻辑体系层面予以说明①，这里需要指出的是俞先生丝毫没有贬斥中国传统哲学的意思，他只是从学理上予以说明中国没有"本体论"以及何以如此的原因。

（三）争论之实质：以辞害义与中西"本体论"之不同

从以上二者针锋相对的"争论"，我们很可以看出熊先生所说的"本体论"不是"ontology"，同样他认为，他所说的本体论西方是没有的；我们也可以看出与俞宣孟先生声称中国没有"本体论"（ontology）一样，熊先生也认为西方没有"本体论"（生命学问），这是个很有趣的现象。只是，我们不得不说，虽然双方都用了"本体论"一词，但是二者有着不同的所指，正如金岳霖先生所指出的那样："把一些熟知的哲学用语加之于西方哲学足以引起误会，用于中国哲学则更加不妙。"② 这也是陈康先生所担忧的"以辞害义"之祸③，种种的分歧往往都是因用词不当或同名异意造成的。那么"本体论"之含义是什么呢？或者说中西哲学传统有各自不同的本体论，那么中国的"本体论"主要指的是什么？西方传统哲学中的"本体论"又是什么意思呢？进而言之此种"本体论"上的差异与中国的知识论传统缺乏有没有关系呢？这些问题我们逐渐深入展开，首先我们看一下将 Ontology 译为"本体论"的不妥。

"本体论"作为"ontology"译名的不妥。在这里我们首先要澄清一种认识，中国哲学界所常说的"本体论"与"Ontology"是不对应的，所指的对象不同，虽然依照译名习惯，二者都是"本体论"，但是内容并不同。据考证，用"本体论"一词来译西文 ontology 的最初是日

---

① 俞宣孟. 中国传统哲学中没有本体论［J］. 探索与争鸣，1986（6）：6－8.
② 刘培育选编. 金岳霖学术论文选［M］. 北京：中国社会科学出版社，1990：351.
③ 可参见陈康. 巴曼尼德斯篇序［M］//宋继杰主编. BEING 与西方哲学传统. 保定：河北大学出版社，2002：7－9.

本学者，由此影响到中国人。"但 20 世纪 30 年代以后，日本学者已逐渐放弃'本体论'而采用'存在论'一词，大约从 50 年代至今便几乎完全用'存在论'代之，'本体论'这一术语已经消失。"① 而中国人则沿用"本体论"一词直到今天，虽然已经有许多人提出这个词不能对应地翻译西方 ontology 一词，并提供了多种选择，如"存在论""存有论""是论""本是论"等，《BEING 与西方哲学传统》一书便是针对此问题展开讨论的论文合集，其中倾向较大的是译为"是论"，比如王太庆、陈康还有专门写了专著《是的哲学研究》的萧诗美，当然也有人维持"本体论"原名而要赋予它新意的，也有认为应根据语境主张"多义翻译"的。尽管"是论"最能体现原意，然而一到要一般地谈论西方的 ontology 时，往往不知不觉地顺从了原来的"本体论"的译法，反而觉得自己所提出的新译法很"别扭"。"是论"确实是个很别扭的词，汉语语境里一般不这样说，但是说法的不同正反映了不同文化基型间的思维方式。陈康先生在《巴曼尼得斯篇序》里便主张哪怕暂时忍受语词的别扭与不顺坚持"宁以义害辞，毋以辞害义"，他认为这不仅是引进一个新译名，同时也是为国人提供一种新的思维方式，传达一种本土所没有的思想②，此种心境是很值得尊重的。而关于"本体论"译名目前学界的大致看法是："从讨论的情况看，大多数人已经公认，采用'本体论'来翻译 ontology，或者把中文中'本体论'这一术语与西方作为一门哲学分支学科的 ontology 作为含义相同的概念等同起来，是完全错误的。因为在'ontology'中，作为词根的'on'根本没

---

① 此处可参看杨学功．从 ontology 译名之争看哲学术语的翻译原则［M］//宋继杰．BEING 与西方哲学传统，保定：河北大学出版社，2002：300.
② 陈康．巴曼尼得斯篇序［M］//宋继杰主编．BEING 与西方哲学传统．保定：河北大学出版社，2002：8 - 9.

有汉语或中文里'本体'的意思，至少不是它的主要的基本的意思。"① 由此可见用"本体论"来翻译西方哲学的核心概念"ontology"确实是不妥的。

但是，是否因此就可以说中国哲学没有"本体论"呢？

二、境界与方法：中西本体论的不同

（一）中国传统哲学中的本体论为一种"境界论"②

中国传统哲学中的本体论实质为一种"境界论"。20 世纪 30 年代熊十力与张东荪在友好的论学中有一个争论，正是关于本体论的，张东荪认为中国哲学中没有本体论，他说中国哲学"不是西洋哲学中的所谓本质或本体的哲学（substance philosophy），与因果原则的哲学（causality philosophy）。因为所讲的只是可能的变化与其互相关系，并不问其背后的唯一本质或本体。其互相关系是由于一定的秩序所使然，并不是一因一果的相连。所以大体上可以说略近于西洋哲学上的'函数哲学'（function philosophy）"③，而"中国人却始终有'整体'（integral whole）的思想，即主张万物一体。我们却不可把整体即认为是'本体'。须知西方人所谓本体（本质）即是指宇宙的原本的材料（ultimate stuff or substratum）而我们中国却不注重于这个材料本身与材料所造成者之分别。因此我们中国人所追求者不是万物的根底，而是部

---

① 杨学功. 从 ontology 译名之争看哲学术语的翻译原则 [M] //宋继杰. BEING 与西方哲学传统. 保定：河北大学出版社，2002：316.

② 严格来讲"境界论"与"本体论"是有区别的，但本书着重"本体"与"人生"或"天与人"之共通连贯处，在此意义上说传统哲学中"本体论"是一种"境界论"，此处多依据熊十力先生的说法。

③ 张东荪. 知识与文化 [M]. 中华民国三十五年十二月（1946）再版. 上海：商务印书馆，99.，这里需要说明的是，此处的引用不是直接引自张东荪致熊十力先生的信札而是引自《知识与文化》一书，因为此思想是张东荪先生所坚持的，而张的此封信在《十力语要》中未附录，所以暂引《知识与文化》一书为证.

分如何对应整体的适应。这就是所谓天与人的关系。所谓适应即是天人通。中国思想自始至终可以'天人关系'四字概括其问题"①。在这里，张对中国哲学的论述大致是可以的，虽然他用"整体"和"本体"来区分中西或许不太妥切，但是他对西方"本体"的解读则是错误的。他将"substance philosophy"译为"本体的哲学"，substance 一般学界都将其译为"实体"以区别于 ontology 的"本体"。而且张先生所说的"本体的哲学"其实所指的是万物的本原或本质，他将"本体"解释成"宇宙的原本的材料（ultimate stuff or substratum）"依照传统的西哲系统分类，这属于宇宙论而不是本体论，无怪乎俞宣孟先生在说张先生给他"很多启发"时又说"他所谓的本体哲学是指关于'本体'（substance）的学说，而不是关于 being 的本体论（ontology）。也许正因为他的这一偏失，致使人们误以为只要在中国哲学中找到'本''根''元''体''本体'这些概念，就算是有了本体论"②。虽然张先生对"本体论"存在着误读，但他认为中国没有本体论也是西方意义上的本体论（他所理解的实体哲学）。

熊十力先生在《新唯识论》语体文本中说"然而本体论是阐明万化根源，是一切智智"③，在这里我们可以看出为中国哲学家所称道并极为推崇的"本体论"是一种"通宇宙、生命、真理、知能而为一"，这不是关于"ontology"需要用语言的逻辑推演，而是"本无内外，故道在反躬，非实践无由证见，故是修养的学问"，是一种需要精神体悟、同情了解、身体力行的精神境界。它是我们的价值之源、大化之本，中国哲学家所说的"本体"是就其根本价值源头、精神超越意义、

---

① 张东荪. 知识与文化 [M]. 中华民国三十五年十二月（1946）再版. 上海：商务印书馆，102.
② 俞宣孟. 中国传统哲学中没有本体论 [J]. 探索与争鸣，1986（6）：5.
③ 熊十力. 熊十力论著集之一：新唯识论 [M]. 北京：中华书局，1985：248.

至真至善境界而说①的，它与"是"或"关于是的学问"没有任何关系。与此相反的是，它着重"体悟"而尽力克服"语词"包括系词"是"的束缚，要做到"不落言荃"的精神超越．而这些与冷冰冰的"是论"（ontology）是截然不同的。金岳霖先生在《论道》绪论中说："我现在要表示我对于元学的态度与对于知识论的态度不同。研究知识论我可以站在知识底对象范围之外，我可以暂时忘记我是人。凡问题之直接牵扯到人者我可以用冷静的态度去研究它，片面地忘记我是人适所以冷静我底态度。研究元学则不然，我虽可以忘记我是人，而我不能忘记'天地与我并生，万物与我为一'，我不仅在研究对象上求理智的了解，而且在研究底结果上求情感的满足。虽然从理智方面说我这里所谓道，我可以另立名目，而另立名目之后，这本书底思想不受影响；而从情感方面说，另立名目之后，此新名目之所谓也许就不能动我底心，怡我底情，养我底性"② 这里便可以看出，中国的元学是可以"动我底心，怡我底情，养我底性"的，此种功能是那种重视逻辑、需要语言严格推演而成的"是论"所能具有的吗？这是一种情感的满足、境界的追求、精神的超越，这便是中国的本体论。根据以上分析，本书将中国本体论定位为"境界论"。

（二）西方的"本体论"与"方法论"

西方本体论指的是"是论"（ontology）。邓晓芒先生在《论中西本体论的差异》中说："由此可见把'本体'一词提出来以区别于单个的'本'或'体'的必要性，它表达的是'作为根本的体'。这种思维进程颇类似于亚里士多德从各种各样的'存在'中提出一个'作为存在的存在'来。但不同的是，亚里士多德的'存在'（是）自巴门尼德以

---

① 正是基于此，《新理学》和《论道》虽然有名词上的中国味道，但其内容与推演更具逻辑气息有明显的新实在论倾向。

② 金岳霖. 论道［M］. 北京：商务印书馆，1987：17.

来就同时是与'逻各斯'、语言和表述不可分的，具有逻辑系词的超越性含义（'是'），因而'作为存在的存在'也是在作为逻辑系词这种抽象意义的基础上被理解为个别实体，中国哲学的'本体'则始终是一个经验性的隐喻。"① 中国哲学的"本体"是不是一种"经验性的隐喻"我们可以再讨论，而且关于"本体论"的中国语境的含义上面已经表达了著者的看法，不过邓晓芒先生明确地指出了西方语境下"本体论"是关注"是"或者说"是之为是"（他译为"存在之为存在"）的学问，这便是"ontology"，它需要逻辑系词"是"，自巴曼尼德以来就同时"与逻各斯、语言和表述"分不开，这确实是道出了"ontology"的本义和秘密，从这里也很可以看出西方意义上的"本体论"与现代中国哲学家对"本体论"的理解与定位是何等的不同。

在汪子嵩、王太庆先生《关于"存在"和"是"》那篇文章里，他们谈到"是"时说："最早提出'是'的重要意义的是巴门尼德，但是他还没有将它确定为最高的哲学范畴，在他的残篇中，很少用 eon 这个词，主要用的还是 estin。亚里士多德才明确地将 on 定为最高的哲学范畴，他从各种不同的角度分析'是'的各种不同含义，创造了许多有关'是'的术语，并提出了相应的学说。虽然这些最终并没有能形成一个完整的关于'是'的系统的哲学，但是他开创了研究'是'的 Ontology 即本体论这门学科。"② 二位先生通过对亚里士多德逻辑学诸篇和《形而上学》著作的考察，他们认为，亚里士多德认为哲学即"作为是的是"的学问，那么作为"是的是"这门学问到底研究什么呢？汪、王二位先生认为："因此'作为是的是'这门学问的任务不但要研究和'是'与'不是'关联的最普遍的范畴，如一和多、同和异、

① 邓晓芒. 论中西本体论的差异［J］. 世界哲学，2004（1）：18 – 19.
② 汪子嵩，王太庆. 关于"存在"和"是"［J］. 复旦学报（社会科学版），2000（1）：28.

相似和不相似、相等和不相等，以及对立、矛盾、相反、相关、有和缺失等范畴；而且要研究矛盾律和排中律这样的公理。"① 在这里我们可以清楚地看到，在传统意义上，自巴曼尼德开始，尤其是在亚里士多德那里"本体论"就是一门"作为是的是"的学问而被确定下来，而从词根角度看"ontology"也是关于"on"也即关于"是"的学问，所以严格来讲，ontology 翻译为"是论"更准确。这样便可以与中国哲学的"本体论"也即"境界论"很明显地区别开来。二者有着不同的研究方法与诉求，而且正是这种本体论层面的差异决定了两种文化基型的根本特质，种种不同便由此而生。

西方的本体论"是论"之实质可近似理解为一种方法论。"作为是的是"的学问，研究"是"自身的本质特性，它"与逻各斯、语言和表述"分不开，而且要研究的正是最一般的、普遍的范畴和公理。在这里对范畴和公理的研究，其实都是在提供一种"普遍必然性"的工具说明。它不需要夹杂任何情感，是冷冰冰的逻辑推理，语言的运用也必须在严格的形式逻辑下进行，这些对最一般的范畴、公理的推敲，最终提供给其他具体科学的便是一套严谨的方法或工具。这里不需要体悟，任何人依照此套规则与方法，都会得到必然的结论，而且每步推理都是清楚的。金岳霖先生说希腊文化是十足的理智文化，人们需要思维工具，而希腊人提供的这类工具，我们很可以称为"思维的数学模式"②。这样的哲学家"或多或少超脱了自己的哲学。他推理、论证，但是不传道"③。在此种意义上，本书谨慎并尝试性地提出西方的本体

① 汪子嵩，王太庆．关于"存在"和"是"［J］．复旦学报（社会科学版），2000（1）：35.
② 刘培育选编．金岳霖学术论文选［M］．北京：中国社会科学出版社，1990：353.
③ 刘培育选编．金岳霖学术论文选［M］．北京：中国社会科学出版社，1990：361.

论"是论"（ontology）实质上是一种方法论①。

三、由"本体论"的不同而产生"是"与"实"的思维方式

（一）"是论"与"是"的思维方式

"是论"决定了求"是"的思维方式。这里的"求是"不是我们通常所说的"实事求是"，不是为了求得规律，"求是"的思维方式是说一种"是之为是"的探讨，对"所以然"的探讨。它需要严格运用逻辑、范畴、语言对所关注的问题进行推理、论证，在这里不用考虑实用，所唯一考虑的是每一步的严谨，像几何推理那样严格进行，由此而产生的态度是"为学问而学问"，由此而产生的便是对基础"学理"的探求。方朝晖先生在《从 Ontology 看中学与西学的不可比性》一文中说：如果说西学思维方式的特点是以事实判断为前提，探究事物的实然状态，它以求"是"、求"知"等为旨归；那么中学思维方式的特点则是以价值判断为前提，探究事物的应然状态，它以求"应"（该）、求"善"等为旨归。前者把"知"（knowing）当作自己的首要任务，方法比结论具有更加优先的重要性；后者把"做"（doing，又可称之为"行"）、"修身"、"践履"、"慎独"、"做人"等当作自己的首要任务，结论比方法更加重要。如果把由前者所导致的学术称之为"科学"的话，那么由后者所导致的学术则可称之为宗教、准宗教或信仰类型的学问。这两种学问之间的不同，我们可以通过下述这样一个极其简单的事实获得更清楚的认识：我们可以把伦理学称之为一门科学，但没有人把同样是研究道德问题的宗教学说当作科学。现将这两种思维方式做如下

---

① 值得一提的是康德在《纯粹理性批判》第二版序言中说"这项批判是一本关于方法的书"（BⅩⅫ），在笔者看来西方的本体论与方法论有着难分彼此的联系，对"是"的探讨本身就是一种逻辑方法的确立，亚里士多德的一些文本被命名为"工具篇"和"范畴篇"是颇有深意的。

对比：

是	知	实然	事实判断	论证	求真	方法优先	……科学
应该	做	应然	价值判断	体验	求善	结论优先	……信仰①

由作为本体论的"是论"（或称方法论）而产生的"是"的思维方式可以给我们一把解读西方文化奥秘的钥匙，通过此种方式我们可以看出为何他们是那样的重视逻辑、语言与方法，为何他们讨论的问题总是难以离开逻辑、语言和方法。在此层面上，我们便可以理解为何他们会倡导"为学问而学问"的治学态度。由这样的治学态度，由这样的思维方式便毫无疑问会产生"认识论"传统，因为此种求"是"的思维方式必然包含了对认识的性质、起源等纯知识论问题的探讨。

（二）"境界论"与"实"的思维方式

"境界论"决定②了"实"的思维方式。中国哲学的本体论是一种"境界论"，追求一种精神超越，这在西方是要借助于上帝、宗教才能完成的，但在中国哲学家眼里，这是个人通过修养、道德实践可以自我实现的。所以中国的学问特别强调"实践""实用"，因为道德学问不在于你说的如何好，如何符合逻辑，所用的方法如何严谨，而是看你如何践行，这便可以解释为何中国人强调你是如何"做"、如例实行的而不是如何"说"的。而且此种对精神境界的追求，也伴随着体悟、伴随着情感，正像金岳霖所说它"动我底心，怡我底情，养我底性"。在这里我们可以看出某种吊诡，西方的学问重视"方法"，研究的是普遍

---

① 方朝晖．从 Ontology 看中学与西学的不可比性［M］//宋继杰主编．BEING 与西方哲学传统．保定：河北大学出版社，2002：348 - 349.

② 此处"决定"一词不可做"线性"理解，思维方式与本体论到底谁更根本，谁决定谁，很难明确下断论，毋宁认为它们是彼此交互的、难分彼此的；至于探求本体论与思维方式之中西不同，牵涉中西文明起源问题，需专文论述．非本论所能及。

必然性的东西，那是离人最远的，完全可以抛弃作为人的感情，按说是"虚"的，但是正是此种"虚"产生了"实"的效果，因为他们表面上在研究关于"是"的遥不可及的学问，实际上正给任何一门学问提供极为严谨的工具，所以必然会产生"实"的结果，因为工具或方法的精当，产生效果必然是可靠的。而中国学问在追求一种精神超越，但却很看重实效和践行，正因为此种态度反而给人以"玄谈""务虚"的特点。具体来说他们"为学问而学问"反而产生了真学问并有了真实用，我们为实用而学问反而既没有可靠的学问①也难以产生真实的效用（科技方面）。固然这是两种不同学问系统间的差异，各有优长，但在中西文化交流的今天，我们还是有借鉴、引介"为学问而学问"的必要。邓晓芒先生称中国人求实用是"渗透到血液里面的东西"，他批评徐友渔、陈嘉映尽写些政论和随笔，并坦诚自己也不愿纯粹"为学问而学问"，研究康德、黑格尔、海德格尔等因为"这些人跟中国人的命运结合得更紧密一些，他们能对我们的人生起一种指导作用"，而做分析哲学便"觉得那样献身有点划不来"②。令人感到有趣的是，邓先生正是在检讨"百年来中国西方哲学研究中的实用主义偏向"时说那番话的。这样"实"的思维方式是无法产生出认识论传统的，因为此种思维方式产生的学问态度是"为实用而学问"，道德、修养都不是空无着落的，都是为着境界的提升、精神超越而做的。

---

① 这里笔者没有任何贬低中国哲学的意味，如此说法更是出于一个对百年来中国文化转型有深切体会者对中国传统哲学的进一步反省，对传统的敬意不能代替学术上批判与反思。具体传统中的生命学问，如今看来依然是国人安身立命之极其宝贵的精神遗产，但是我们不能坐吃山空，既要整理家当、宝鼎弃瓠，又要吐故纳新、虚怀若谷。

② 邓晓芒. 哲学史方法论十四讲［M］. 重庆：重庆大学出版社，2008：323.

四、"境界论"与"实"的思维方式决定了"中国知识论传统"之缺乏

"实"的思维方式无法产生知识论。我们再回顾一下前面对知识论定义的分析，知识论是对知识本身的考察，准确来说知识论是以"知识底理为对象，也就是以真假底理为对象。它底对象不是某一方面底理，它底内容不是某一方面底知识，它底对象是知识之所以为知识，它所要得到的是真之所以为真"①。这里我们可以看出亚里士多德在《形而上学》中对"作为是的是的学问"的描述，正是有那种"是论"的本体论才会有"是"的思维方式的产生，因此才会产生对"知识之理"的研究。在这里我们看到作为一个文化系统，它的本体论、知识论和方法论是相融相含的。另一方面我们中国对本体论的定位偏向于"境界"的精神超越，那么与此的方法便多强调"体悟"或负的方法，而对于"知识之理"的探讨便不在所讨论范围之内，这不是这一文化系统要关注的问题，所以由"境界论"的本体论所产生的"实"的思维方式，由此也决定了实用的学问态度，因此那种探求知识之理的纯粹"为学问而学问"的认识论传统是不可能产生的。这里我们还可以提一下杜威先生的一次谈话："杜威教授对中山先生说：'过重实用，则反不切实用。在西方没有人相信知是一件容易的事。'"② 蒋梦麟先生也说："每一种科学都是许多为学问而学问的人们经过几百年继续不断研究所积聚的结果。"③ 在谈到人们对纯粹知识的实用态度时罗家伦先生说："科学本身是一种求真务确的精神之表现，他是一种纯粹的'知识的探求'（Intellectual persuit），他本身自有存在的价值，不必一定借应用为

---

① 金岳霖. 知识论 [M]. 北京：中国人民大学出版社，2010：9.
② 蒋梦麟. 西潮·新潮 [M]. 长沙：岳麓书社，2000：117.
③ 蒋梦麟. 西潮·新潮 [M]. 长沙：岳麓书社，2000：117.

之表彰。"① 这里罗先生要强调的也是一种"为学问而学问"的纯粹知识探求的态度，所以说那种"实用"的思维方式不可能有"纯粹知识探求"的兴趣，也不可能产生专门探求"知识之理"的知识论传统。

通过对"中国为何缺乏知识论传统"问题的提出，我们看到中西本体论的不同，认为知识论是在西方"本体论"也即"是论"的语境下产生的，这种本体论实质为一种方法论，在此本体论下产生的思维方式是"求是"的，他们有种"为学问而学问"对纯粹知识之理探求的方法与兴趣；而中国哲学的本体论是追求精神超越的"境界论"，与此相对应的思维方式是"实用"的，做学问的态度也是"为实用而学问"，由此便不看重逻辑意识和方法论意识，所以不可能产生对纯粹知识探求的兴趣，这样知识论传统在中国的缺乏便是注定的了。

第二节　对中国传统中的"认识论意识缺乏"之辩护

笔者的《中国知识论传统缺乏之原因》有幸在《哲学研究》② 刊发，该文大致思路为从现代学者关于"本体论"之争论入手探究中西本体论之异同并由此引出中西深层之思维方式不同，正是基于传统中此种"实用"的思维方式，对"知识"之探究不是中国传统思想的主题，并且不可能形成"中国知识论传统"。西安交大哲学系陆建猷教授对此文提出批评。他以《中国知识论传统是历史缺乏还是现实忽略？》为题从"本原论""理性论""证验论""知识"的关系入手，引经据典、探赜索隐，从而证明"中国知识论传统不是历史缺乏而是现实忽略"，并对笔者提出三点批评，引人深思。陆先生对此文之批评集中在两点：

---

① 罗志希. 科学与玄学 [M]. 北京：商务印书馆，1999：49.
② 张永超. 中国知识论传统缺乏之原因 [J]. 哲学研究，2012 (2)：46－53.

第一，在观点上，中国知识论传统不是"历史缺乏"而是现实忽略，探究传统问题当以传统经典文本为据；第二，在研究方法上，不可以西方哲学术语匡范中国哲学之研究，当还原中国哲学之本来面目。

本书拟从以下三方面予以回应。第一，观点批评：为何说陆先生"中国知识论传统是现实忽略"之观点无法成立。第二，论证结构批评：对陆先生论证层次、术语规范的质疑及其成因分析。第三，论证方法批评：何以说陆先生所提倡拒绝用西方哲学术语匡范中国哲学研究之方法难以实行。

一、"中国知识论传统是现实忽略"观点难以成立

陆先生不同意《中国知识论传统缺乏之原因》观点，他认为：

> 知识论是中国哲学体系内兼涉本原论、格致论、名辩论的精致论域，是历代哲人在对象世界与概念思维中探赜索隐与钩深致远的理性致思。（"摘要"）

所以，陆教授认为中国知识论传统不是"历史缺乏"而是现实忽略。应当说，陆先生提倡注重传统经典，从经典文本入手并以此为据是合理的，但是解读有误（且不说所摘文献有些并非传统经典）。我们下面就从传统经典文本入手，从"学理旨归""反知倾向"及"直觉思维"三方面论证"中国知识论传统"并未形成。

（一）传统思想旨归不在知识探究

"传统思想旨归"是个"宏大叙事"式的话题，限于篇幅，无法将从古至今各家各派之学说旨归列出，然后判断说其不在"知识探究"。自然，从理论上讲也不必要，因为作为学界大致公认的判断，儒释道共同构成了中国传统的演进，而先秦之儒、道、墨足可作为传统之发源（墨学则几成绝响而未流传开来），对其论述将具传统之代表性。

"传统思想旨归不在知识探究"，首先遇到的一个问题是学界出版的研究中国认识论史的专著，比如姜国柱《中国认识论史》① 以及夏甄陶《中国认识论思想史稿》②，自然中国认识论史的建构并不能证成"传统思想旨归"问题，但是本书将从对传统"认识论思想"的文本认定出发，一来证明传统思想旨归不在"知识探究"，二来提出将这些文本认定为"认识论"之偏颇。对《论语》中常被视为认识论思想的文本有：

> 知之为知之，不知为不知，是知也。（《为政》）
>
> 子绝四：毋意、毋必、毋固、毋我。（《子罕》）
>
> 君子有九思：视思明，听思聪，色思温，貌思恭。（《季氏》）

这里我们需要说明的是：第一，孔子对知的基本态度是"生而知之者，上也"，这有别于对知识探究的态度；第二，在孔子那里重要的是仁义孝悌之行，而非"探究知识"，"弟子入则孝，出则弟，谨而信，泛爱众而亲仁。行有余力，则以学文"。（《学而》）而且孔子的"学"也有明确的指向，不是知识探究而是"躬行君子"，"就有道而正焉，可谓好学也已"。（《学而》）第三，孔子所讲"思"也不是一种理性"思辨"，其指向在于"貌思恭，言思忠，事思敬——见得思义"（《季氏》），最后是"非礼勿视，非礼勿听，非礼勿言，非礼勿动"（《颜渊》）的"克己复礼"式旨归，这与"知识探究"无关。

我们再来看《孟子》，常被认定为认识论思想的为：

> 是非之心，智之端也。（《公孙丑上》）
>
> 心之官则思，思则得之，不思则不得也。（《告子上》）

---

① 姜国柱. 中国认识论史［M］. 武汉：武汉大学出版社，2008.

② 夏甄陶. 夏甄陶文集：第三、第四卷［M］//中国认识论思想史稿. 北京：中国人民大学出版社，2011.；另外集中讨论中国"认识论思想"的是知行观研究，比如方克立. 中国哲学史上的知行观［M］. 北京：人民出版社，1982；傅云龙. 中国知行学说述评［M］. 北京：求实出版社，1988.

尽其心者，知其性也；知其性，则知天矣。（《尽心上》）

这些固然出现了"是非""思""知"等用语，但不可作为"认识论"的论证材料。第一，在孟子那里对"知"的认知态度是对"良知良能"的推崇，"人之所不学而能者，其良能也；所不虑而知者，其良知也"（《尽心上》）。此种"良知良能"说一来是对孔子"生而知之为上"思想的继承，二来恰恰是对"知识探究"态度的反对。第二，固然在《孟子》中有"是非之心，智也"的论述，但这里的"是非"有着明确的所指，"仁之实，事亲是也；义之实，从兄是也；智之实，知斯二者弗去是也……"（《离娄上》）。这里讲的还是仁义孝悌的问题，与知识论上的是非探究无关。第三，"思"的问题，与孔子类似，固然有"耳目之官不思""心之官则思"之类的话，但也不是对知识问题的探究，而是"从其大体为大人，从其小体为小人"（《告子上》）。"思"要落实到劳心劳力之事上，"有大人之事，有小人之事……或劳心，或劳力。劳心者治人，劳力者治于人"（《滕文公上》）。而且我们还知道，孟子对自己学问之道的归属"学问之道无他，求其放心而已矣"（《告子上》）。之所以将"放逐之心"求回来，是因为"性善"及"良知良能"，这些都不是知识探究的路径。至于"尽心知性知天"的问题，我们不要忘了后半句"存其心，养其性，所以事天也；夭寿不贰，修身以俟之，所以立命也"（《尽心上》）。此种"事天立命"的路子实在与"知识探究"无关。

而对于《荀子》，固然有：

大天而思之，孰与物畜而制之。（《天论》）

心有征知。征知，则缘耳而知声可也，缘目而知形可也。（《正名》）

凡以知，人之性也，可以知，物之理也。（《解蔽》）

《荀子》里类似上面的材料被"中国认识论史"之类著作广为引

用，相比于孔孟来说，荀子似乎更具有"认识论倾向"，但是若深入文本，探赜索隐，我们会发现：第一，重在人事之实用而反对"思天"，"故错人而思天，则失万物之情"（《天论》）；第二，心固然可以知，但"学也者，固学止之也"，因为"以可以知人之性，求可以知物之理，而无所疑止之，则没世穷年不能遍也。其所以贯理焉虽亿万，已不足以浃万物之变，与愚者若一"（《解蔽》）。由此可见此种"反知"态度。第三，学、知贵在行，止于行。"学至于行之而止矣。行之，明也。明之为圣人。圣人也者，本仁义，当是非，齐言行，不失毫厘，无它道焉，已乎行之矣。"（《儒效》）

　　由此我们可以看出儒家原典思想，至少在孔孟荀那里其学说旨趣不在知识探究而在仁义孝悌；不在于如何求知，而在于如何践行；践行的内容很明确，那便是仁义孝悌之道，这既是"立己成人之学"也是"治国安邦之道"。任何"思""知""心"的论题都被引向了此种"内圣外王"学说之上，此种学说作为知识形态固然丰富，但是对于"知识"自身去做专门之反思、研究则没有任何探讨。一句话"知识论"不是先秦儒家的学说旨趣所在，其学说旨归在于"立己成人"（内圣方面，具体表现为孝悌仁义）和"治国安邦"（外王方面，具体表现为仁政王道）。限于篇幅，若仔细探究道家、墨子、韩非等文本，或许他们"内圣"之途径不同（比如，老庄不同于孔孟），或许他们外王之治道殊异（比如，墨子、韩非之不同）。但是可以认同的是他们都不将"探究知识之理"作为自己的学术旨趣，而更多在于给当时君王诸侯提出"治国安邦、富国强兵"之道。中国传统学问与政道的紧密而又实用性的结合自先秦以来便一直延续下来，至于"探究知识之理"的纯学问探究，愚以为着实没有发生，勉强的特例比如说后期墨家，再比如说名学诸派，但是第一，他们成了史学上的绝响，第二，在当时他们的学说是作为"奇技淫巧"之类被蔑视和淡化，存在尚且困难，遑论形成传统？第三，即便是类似于逻辑、名词辨析（如后期墨家及名学），但仔细探究那些文本，也不是作为一种独立之学问而去"探究知识"，只是以另种形式来"正名"以合王道，从而完成强国富民之理想而已，这与"知识论"无关，即便如此还是绝响于传统主流。

（二）论证言说上之反语言/知倾向

知识论注重运用语言合乎逻辑地对"知识之理"予以探究，而中国传统恰恰是"重行轻知"，甚或是"反对、轻视语言论说的"。邓晓芒先生曾做过一篇有趣的文章《苏格拉底和孔子的言说方式比较》，他从对话标准（是否在语言自身而不依情境而变）、对话性质（是否平等对话而非教训的权力话语）以及对话效果（开放心态与至圣先师)①进行分析。若这些分析可以成立，孔子的言说方式并非知识论的"合乎逻辑运用语言的理性论证"形式。就文本分析上，考虑到上一主题对孔孟荀之文本已引用不少，我们将以老庄之原典文本为例予以分析。

首先，看《老子》文本：

> 道可道，非常道。名可名，非常名。（第一章）
>
> 是谓无状之状，无物之象，是谓恍惚。（第十四章）
>
> 致虚极，守静笃，万物并作，吾以观其复。（第十六章）

就道家之核心范畴"道"来说是不可言说的，其可贵与高妙处也正在于其不可言说、不可名状性，而那种智慧、分别恰恰是失道之表征"大道废，有仁义；智慧出，有大伪；六亲不和，有孝慈"（第十八章）。在老子看来理想的状态不仅是不去言说，而且要"绝圣弃智，民利百倍；绝仁弃义，民复孝慈；绝巧弃利，盗贼无有。此三者以为文不足，故令有所属。见素抱朴，少私寡欲"（第十九章）。可以看出此种论道方式实在与"知识论"传统处于不同的系统，而且可以看出在理

---

① 邓晓芒．哲学史方法论十四讲［M］．重庆：重庆大学出版社，2008：57 - 282．（本书中《中国哲学中的反语言学倾向》一文（第74页）亦值得参看）

论旨归上尽管他们与儒家之仁义王道不同，但在最终理论旨归上无论是"民利百倍"还是"民复孝慈"，实在可以说是殊途同归的。

其次，我们再看《庄子》文本：

> 夫道有情有信，无为无形；可传而不可受，可得而不可见；自本自根，未有天地，自古以固存。（《大宗师》）

> 自其异者视之，肝胆楚越也；自其同者视之，万物皆一也。（《德充符》）

> 道不可闻，闻而非也；道不可见，见而非也；道不可言，言而非也。知形形之不形乎？道不当名。（《知北游》）

类似于这些言论在《庄子》里还有不少，限于篇幅，不可多引。从以上文本可以看出"道"之不可言说、不可经验性自老子而庄子被一贯地保留下来。而且对于"言"的态度，在庄子文本里明确提出"言者，所以在意，得意而忘言"（《外物》）。对于老子"绝圣弃智"之说法，《庄子》的直接表述是"堕肢体，黜聪明，离形去知，同于大通，此谓坐忘"（《大宗师》）。"心斋""坐忘"之说根本殊异于"知识探究"的路径，尽管老庄是儒家传统主干外的主要补充，但是考虑其理论旨趣以及对于"智""言"的态度，知识论不可能成为其言说主题。我们不要忘了庄子的名言"吾生也有涯，而知也无涯，以有涯遂无涯，殆矣"（《养生主》）和他那"日凿一窍，七日而混沌死"（《应帝王》）之寓言。

最后，需要说明的是此种对于语言的淡漠，对于"圣""真"的追寻不仅仅限于老庄道家一派，对于儒家来说同样更看重"行"而非"言"，更看重"良知良能"而非"探究追问"。再考虑到后起从印度而来之佛教，固然佛教义理之精细确实可以补充儒道传统反语言分析之不足，但是随着佛教之中国化，恰恰是暗合于孔孟老庄之禅宗、净土一派势力大盛，传播且广且远，以禅宗为例，那种"不立文字""教外别传"的路数实在是对原有儒道传统的强化而非补充，"担水砍柴无非妙道"恰恰是对儒道传统学说旨趣的某种迎合，相反那种优长于辨名析理、逻辑探讨的因明学、唯识宗则逐渐式微，反而不受中国人欢迎，在儒释道传统中所占分量也极为有限。

原因何在？为何那种"探究知识之理"对"人性认知能力反省"的学问没有在中国传统中产生？除却上述传统学理旨趣不在知识探究、不重视语言论述说明外，深层次的原因，笔者以为，根结于中国人的思维方式。

（三）重实用直观的思维方式

在《中国知识论传统缺乏之原因》一文中笔者试图提出中西本体论之差异以及中国知识论传统缺乏之根本原因在于"实用"的思维方式①，此种观点笔者至今坚持。其实学界关于思维方式的研究很是不少，比如蒙培元先生《中国哲学主体思维》②、高晨阳先生《中国传统思维方式研究》③、刘长林先生《中国系统思维》④ 等。

在给刘长林先生《中国系统思维》一书所写序言中，田盛颐先生认为中国传统文化观念有三个特点："第一是'天人合一'的宇宙整体观。认为主体和客体是统一的。""第二是整合的系统思维方式。""第三是以社会和谐为本位的人文主义精神。"⑤ 应当说此种概括不是一家之言，而是大多数学者的共识。蒙培元先生在他的《中国哲学主体思维》中也谈道：

① 张永超. 中国知识论传统缺乏之原因 [J]. 哲学研究，2012（2）：52.
② 蒙培元. 中国哲学主体思维 [M]. 北京：人民出版社，1993.
③ 高晨阳. 中国传统思维方式研究 [M]. 北京：科学出版社，2012.
④ 刘长林. 中国系统思维 [M]. 北京：中国社会科学出版社，1990.；刘先生关于中国思维方式之研究最近几年又有该书之修订版，另社科院王树人、武大赵林教授都有此方面专著可参考。
⑤ 刘长林. 中国系统思维 [M]. 北京：中国社会科学出版社，1990：7 - 8.

传统思维的整体模式即"大全"，既不能用概念分析，也不能用语言表达，无论是庄子的"道"，玄学家的"自然"（无），还是理学家的"太极"，以至理、气、心、性，都是如此，因此对整体的把握，只能靠直觉顿悟。它既不同于柏格森的生命哲学的直觉，也不同于笛卡儿的理性主义直觉，它是中国人所特有的超理性的体验式的直觉①。

传统思维的一个根本特点，是主体以自身为对象的意向性思维，而不是以自然为对象的认知思维，它从"天人合一"的整体模式出发，导向了自我反思而不是对象性认识。因此，它是内向性而不是外向的，是收缩的而不是发散的②。

应当说蒙先生的分析是妥当的，而且对前辈学者成果的引用实在不是陆先生所说"跟随虚无趋势轻发否和之声"，而是对现有成果的汲取与基本学术规范已有积累的认同。每一代人都不能从头做起，需要"接着讲"，而且对中国近现代哲学学者略有所知的人，上述蒙先生的言论实在是百年来大多学者的共识，研究中国哲学或中国传统思想的学者如冯友兰、胡适、牟宗三、金岳霖、余英时等对此都有大致近似的论述。而至于当代研究中国传统思维方式的学者，固然他们对传统思维方式有不同的命名如蒙培元先生"主体内向性思维"、高晨阳先生"直觉思维"以及刘长林先生"系统思维"，但是那种注重实用、注重直觉而轻视纯理性探求、淡薄主客体分析（恰恰是认识论的）的思维特质则是共同认定的。

现在的问题是为何中国人的思维方式是非认知型的（重视实用直觉），而自古希腊以来的西方人思维方式则是认知型的（重视理性探究），这恐怕才是问题的症结所在，才是值得深思的话题。恐怕需要专

---

① 蒙培元．中国哲学主体思维［M］．北京：人民出版社，1993：187.
② 蒙培元．中国哲学主体思维［M］．北京：人民出版社，1993：191.

文讨论。就上述而言，学术旨趣上的认知淡化（重践行效用）、论说方式上的反语言倾向（重体悟去分别）、思维方式上的重实用直觉（轻视理性探究），三个因素共同构成了中国传统的文化形态与思想特质，而这些恰恰是对知识论传统的背离。就中国思想传承而言，那种对知识之理探究的学问及其讨论问题，不是没有形成传统延续下来，而是根本没有产生。

> 知识史学，当然也不是知识论史学，显而易见，知识底史不是知识论底史。假如从前的人对于知识底理从来没有发生兴趣过，知识论从来没有产生，那么知识底史也许非常之丰富，而知识论根本还没有史。总而言之，知识论不是记载学，它底对象不是特殊的事实，是知识底理。①

金岳霖半个多世纪前所言，放在此处，颇为合适。

二、对陆先生论证结构、论证层次的质疑与批评

（一）对陆先生用语规范、论证结构等问题的质疑

第一，语词上"本原论""知识论""理性论""证验论"具体为何意？"本原论""理性论""证验论"与"知识论"是何种关系？据陆先生的意思他是不用西哲术语匡范中国哲学研究的，但是"本原论""理性论""证验论"等名词若与西哲界定不同，又非传统文献所有，陆先生用这些词汇是何种意义？另外，为何说"本原论是知识论的究极形式"？又为何说"理性论是知识的原理形式"？传统理学更多谈"性理"，如今提出"理性论"若不同于西哲语境界定，那么此种"理性论"又何所指？又如何成了"知识"的原理形式？"知识"与"知识论"在陆先生语境中有无区分？又如何界定呢？

---

① 金岳霖. 知识论［M］. 北京：中国人民大学出版社，2010：7.

第二，问题讨论上，既然要证明"中国知识论传统是现实忽略"，那么传统的知识论形态是如何体现又如何传承的呢？依据现在讨论在"本原论"部分列举《管子》《庄子》等种种"本原说"，或称太极为本原，或称道为本原，或称玄为本原，或称理为本原，如此多元之本原具有何种关系？是否构成了中国传统？又是否对应支撑了"中国知识论传统"？对于"理性论"之言说宋明理学之"理"是否为支持中国知识论传统的"理性法则"？《墨子》中"行理性于染当"的语境是旨在善政强国还是在支撑"中国知识论传统"？对于"证验论"部分"三表""参验""符验"之说其语境是在做"知识之批评"探究还是在"为政国家""富国强民"和"隆礼重法"？

第三，论证结构上，用历史文献的平列陈述以作"中国知识论传统"存在之明证，实在显得乏力。依照此种论证方式，用相反意思的文献就可做相反结论的证明了。同样，只要有足够丰富的文献数据库，便可以做任何结论的证明了。就所引具体文献材料来看，除却误读之不说，比如墨子"三表法"等，若这些可以代表"中国知识论传统"之存在，那么实在说明"中国知识论传统"的夫肤浅与短命。

（二）陆先生语词欠规范、论证结构混乱的原因：问题域不明确

探究"中国知识论传统是历史缺乏还是现实忽略"，首要的问题是"知识论是什么"。而陆先生在没有明确定义和问题域的情况下从"本原论""理性论""证验论"与"知识论"的关系出发来论证"知识论传统之存在"是无效的，而且显得逻辑层次混乱，用语不规范，论证乏力。我们先看知识论及其问题域。

知识论的定义。如同"哲学""本体论"一样，"知识论"也并非传统经典固有范畴而是从西学中翻译得来。在汉语语境中，"认识"与"知识"有着不同的词性与含义，但是基于西语语境，"认识论"（epistemology）与"知识论"（theory of knowledge）等同使用①，epistemology 正是来源于希腊文"episteme"（知识）和"logos"（理论）。由此可知知识论主要探究知识的性质和范围，"我们要讨论的不是知识的对象是什么，知识的种类有多少，而是要问知识本身是什么，知识具有什么样的性质"②。金岳霖先生在谈及知识论底对象时说："知识论底对象是知识底理。知识论即研究知识底理底学问。""以知识底理为对象，也就是以真假底理为对象。它底对象不是某一方面底理，它底内容不是某一方面底知识，它底对象是知识之所以为知识，它所要得的是真之所以为真。"③ 这里我们可以清楚地看出"知识论"有着明确的论域和定义：第一，"知识论"不同于"知识"，"知识论"是对"知识"之理（性质、范围等）的探究；第二，"知识论"不同于历史记载与文献学，丰富的历史记录与文献陈述并不能代表知识论对知识的探究。丰富的知识积累与以知识为对象对其探究不是同一层面的问题，不可代替论说。

知识论的主要议题。知识论是探究知识底理的学问，那么知识分门别类，它是探究何种知识呢？"哲学家重新整理我们所拥有的知识，将知识区分为熟念知识、个物知识、命题知识以及能力知识；接着，再将命题知识进一步区分为经验知识以及先验知识。"④ 而知识论主要探讨"命题知识"（propositional knowledge）⑤，其主要讨论的问题为"知识是什么""我们能知道什么""知识与信念有何区别""知识来自哪里"

① 尼古拉斯·布宁 余纪元. 西方哲学英汉对照辞典［M］. 北京：人民出版社，2001，Theory of knowledge, another name for epistemology p993.

② 胡军. 知识论［M］. 北京：北京大学出版社，2006：46.

③ 金岳霖. 知识论［M］. 北京：中国人民大学出版社，2010：2, 9.

④ 彭孟尧. 知识论［M］. 台北：三民书局，2009：5.

⑤ "Epistemology is primarily interested in this third kind of knowledge, propositional knowledge", Louis P. Pojman, What Can We Know? Wadsworth Publishing Company, 1995. 另参见 Dan O'brien, An Introduction to the Theory of Knowledge, Polity Press, 2006, p5.

"真信念如何证实"①。台湾学者彭孟尧教授将知识论的重大课题归纳为"一、知识的本质；二、知识的来源；三、知识的可能性；四、认知证立；五、认知理性"②。这里我们可以看出，对知识自身的探究便是"知识论"的主要旨趣，此种理论旨趣也决定了知识论诸议题的讨论方法主要是合乎逻辑地运用语言进行论证而非依靠直觉体悟。

由以上讨论我们可以看出"知识论"有着明确的定义和议题，讨论知识论传统是否成立将要看此传统是否在讨论这些问题（不限于何种语言），是否有探究知识的理论旨趣（不限于何种民族），是否注重合乎逻辑的理性论证方法（不限于何种地域）。而这样的知识论及其所讨论的问题，中国经典文本很少去探讨，更不可能形成"知识论"传统，如第一部分所分析中国传统思想有自己独有的"学理旨归""知行模式"以及"思维特质"。自然，有学者会对本书的理论预设提出质疑，比如用西方哲学家（Pojman、Chisholm 等）以及有着西哲训练的中国学者（如金岳霖、胡军等）所界定的"知识论"定义及议题来框架"中国知识论传统"是否成立，是否是一种理论成见，而失去讨论的公平性。这里的说明有三：第一，"中国知识论传统"是待证明的结果，它不可以作为前提或原因来论证，否则将会产生循环论证的无效证明；第二，不用西方哲学框架、理论以及翻译来的哲学术语，问题将无法讨论（下面将进一步说明）；第三，知识论问题以及中国哲学的合法性问题都是在中西比较背景下产生的，无论是对中国知识论传统的承认与否都是在西方哲学框架（尤其是中西对比语境）下的讨论。所以，讨论"中国知识论传统"问题，在没有另种论域确立之前，西方知识论之定义及议题是唯一可以参照的体系。

---

① Roderick M. Chisholm，"Theory of Knowledge"，1989 by Prentice - Hall，Inc，pl.

② 彭孟尧. 知识论［M］. 台北：三民书局，2009：15.

三、为何"用西方哲学概念匡范中国哲学"之法难以拒绝

陆建猷教授出于学术真诚与热情展开学问讨论是可贵可敬的，他对于笔者不可只投注现当代几位哲学工作者而应当深入传统经典文献来论证"知识论"传统之建议与批评是恳切的，当然不能忽略对经典文献的诠释问题。他对于我的第二点批评认为不可"绕开本体论范畴任意解说"，这一点笔者也大致接受。在《中国知识论传统缺乏之原因》发表后，笔者也在做自我批评，其中一点便是笔者将传统之"本体论定位为境界论"，将西哲之本体论定位为"方法论"颇觉不妥，当时虽然加了注释，但此种说法至今看来依然不严谨。如今陆教授对笔者的批评，固然与笔者自己的反思不完全相同，但是，他的提醒，笔者大致表示接受。但是陆先生对笔者的另一点批评：是否要用西方哲学词汇、框架匡范中国哲学，哲学要不要保留自身的民族特质，这是个很值得深究的问题，这不仅仅是我遇到的困境，可以说是自中国哲学这一学科诞生之日起就面临的难以解答的难题，从胡适先生对中国哲学史"系统的研究"到金岳霖先生"中国底哲学"与"哲学在中国"之区分，从冯友兰先生中国哲学的"民族化"到"中国哲学的合法性问题"，始终贯穿的一个问题便是是否需要用西方哲学框架中国哲学。

（一）是否应用"西方哲学匡范中国哲学研究"

自然，陆教授认为不当用西方哲学匡范中国哲学，应保留文化的民族特质。除此外的原因还有：第一，用西方哲学匡范中国哲学可能性后果是"邯郸学步"或者"削足适履"，西方范式解读下的中国哲学可能面目全非了；第二，西哲只是哲学之一支，它不具备同化、规范其他哲学分支之可行性与有效性；第三，思想世界的趋同一律可能是权力话语的另一种显现，理论研究走向了民族自身的异化。这些都是比较严重的后果，所以从策略上讲，我们不应当用西方哲学匡范中国哲学；或者

说，若有可能我们便不用西方哲学匡范中国哲学。但是，笔者以为，就如今学界研究语境看，此种可能性是没有的。

（二）为何无法拒绝"用西方哲学概念匡范中国哲学研究"

就中国哲学史这一学科诞生至今近百年的历程演进来看，我们没有选择的余地，用西哲词汇、理论、分类来匡范中国哲学研究不仅仅是中国哲学诞生时的必要因素，而且也是百年来研究中国哲学的大部分学者所共同坚持的路径，包括当今学人，我们在研究中国哲学都在自觉不自觉地用西哲语境框架中国哲学。对"知识论传统"来说，无论是"有"或"无"，都是在西哲语境下的，词汇、哲学分类、论说语境，尽管我们可以用经典文本作为论证材料，也可用现代哲学工作者论述作为论证材料，但总体论证框架都是在西哲语境下的。以下是原因分析。

第一，从中国哲学学科产生来看，用西方哲学框架对中国哲学做系统之研究便是当时的公认做法。无论是开山之作胡适的《中国哲学史大纲》还是后来居上影响颇大的冯友兰先生两卷本的《中国哲学史》。依照西哲对哲学子学科的分类从中国传统经典文献中选取重构"中国哲学史"，实在是当时学者心照不宣的做法。自此以来，种种哲学史之研究写法，或有意识形态及时代痕迹之加入，但此种套路没有改变；或有反对此种套路之声音，但是，很难运用传统学案式的写作以匹敌学界已形成的更为成熟的"哲学史"研究。所以，从起源上看，中国哲学史自诞生起，便与西方哲学范畴、理论结下了不解之缘。

第二，从汉语思想界哲学术语来看，翻译来的西哲词汇成为学术界的规范用法。毋庸讳言，"哲学""本体论""原因""形式""质料""理性""存在"等哲学词汇大都非传统术语，大多是从西哲（有些是根于希腊文）翻译而来，而且日本学者充当了主要角色。如今要讨论哲学问题，用的大多就是这些自西方经日本学者翻译而来的词汇，若想抛开西哲语境来讨论哲学问题，如何可能？而且传统的词汇如"气""理""心"等大多是在纳入西哲语境下进行讨论的，独立成学，似乎很难说是在讨论哲学问题，而且不用翻译来的西方哲学术语几乎很难讨论问题，自觉不自觉都在使用着。

第三，从哲学讨论的问题来看，主要是西方哲学界所提出的。比如哲学上讨论的"本体论""认识论""形而上学"以及"唯物唯心""本质存在"等问题基本上都是西哲语境下的问题。我们固然可以用中国哲学材料作为回答的参考资源，但基本上是处于西方哲学大框架下的。而传统的命题比如"心性""天人"等不是主动的框架西方哲学，而多是在西哲语境下论述其新的含义。

第四，更深层次的问题是如何界定"传统哲学面目之还原"。其一，自20世纪初以来中国之言说书写习惯（由文言而白话）、字体形式（由繁而简）已经发生了变化，许多语词、言说方式都是西化的，如今百年后试图进入"传统语境"，而且是以现代的语言习惯与思维方式，何以可能？其二，百年来的教育模式逐渐由传统的经学而演化为西学（以及苏联影响）之"分科治学"模式，无论所学习之科目还是所培养之思维方式、问题意识都与传统多有隔膜，如今要还原"传统哲学本来面目"何以可能呢？其三，诠释问题，任何经典文本都是在现代学者的中介解释下得以理解的，而现代学者的诠释无论是哲学范畴还是问题意识都难免摆脱"西学"的影子与影响，那么此种"还原"如何说是"本来面目"？其四，判断的标准问题，今日已不同"民国"，那种经学宿儒式人物几乎没有，都是在西方"分科治学"教育模式下训练出来的当代中国学者，何以判断陆先生所理解是以"中国哲学解中国哲学""还中国哲学本来面目"而其他学者不是呢？自然，这个困境是研究中国哲学的同人共同面对的，只不过不像陆先生那样自信和乐观。

　　这样中国哲学史学科本身就是依照西方哲学建立的，所用的语言大多是西方哲学翻译而来，所讨论的问题又大都是西方哲学学者所提出的，思维方式和问题意识是在西化之"分科治学"传统下培养出来的，那么，固然用西方哲学框架中国哲学之研究有种种不妥，用中国哲学研究中国哲学有种种优长，问题是何以可能？而且自希腊以来的西方哲学传统其优长就在于探究知识、理性论证、逻辑分析，而中国传统思维特质则在于"天人合一"的直觉整合，那么要做研究，参照运用西方哲学范畴、理论、方法来匡范中国哲学可谓理有必然、势所必至。或许，我们还有另种探究学问的框架、方法、论域，但是在没有提出更好的替代者之前，用西方哲学匡范中国哲学研究的路径无法改观。

　　总之，讨论问题的前提是要有明确共同的论题域。知识论问题的定义是探究知识之理，其论域集中在知识的性质、来源与范围。以此为前提可以看出中国知识论传统从未建立：一来传统思想之特质不在知识探究上；二来传统思想之论述方法具有反语言倾向，而且重"行"轻"知"；其三中国传统的思维方式偏于直觉型的内向性思维而不注重主客分立的对外界对象之探究，而后者正是"知识论"的思维方式。基于上述缘由，本书认为"中国知识论传统"在中国历史上从未建立。对于陆建猷教授的批评，他重新提出了"西方哲学是否匡范中国哲学研究"的问题，本书的观点很明确，从中国哲学学科之成立、哲学术语使用以及哲学问题域来讲，用西方哲学匡范西方哲学势所难免。而陆建猷教授或许正是此种忽略，其作显得层次不清、诠释语境混乱、论证结构乏力。

第三节　由"认识论意识缺乏"到认知模式探讨

引言："认识论意识缺乏"之再检讨与认知模式转型

（一）"知识之理"定位下的"认识论意识缺乏"

金岳霖先生在《中国哲学》一文中说："中国哲学的特点之一，是那种可以称为逻辑和认识论的意识不发达。"他说："中国哲学家没有一种发达的认识论意识和逻辑意识，所以在表达思想时显得芜杂不连贯，这种情况会使习惯于系统思维的人得到一种哲学上料想不到的不确定感。"当然金岳霖先生认为逻辑意识和认识论意识并非没有发生过，他认为公孙龙一派的"离坚白"之说便是。"可见他们已经获得了西方哲学中那种理智的精细；凭着这些学说，哲学在某种意义上变成了锻炼精神的活动。然而这种趋向在中国是短命的；一开始虽然美妙，毕竟过早地夭折了。逻辑、认识论的意识仍然不发达，几乎一直到现在。"①在汤一介先生给张耀南《张东荪知识论研究》所写的序言中也说："我们知道，中国哲学在西方哲学的冲击下，许多学者都意识到，在中国传统哲学缺乏系统的认识论理论。"② 笔者的《中国知识论传统缺乏之原因》③ 接续此思路从现代学者关于"本体论"之争论入手探究中西本体论之异同并由此引出中西深层的思维方式不同，正是基于传统中此种"实用"的思维方式，对"知识"之探究不是中国传统思想的主题，并

---

① 刘培育选编. 金岳霖学术论文选［M］. 北京：中国社会科学出版社，1990：352 - 353.
② 张耀南. 张东荪知识论研究［M］. 台北：洪业文化事业有限公司，1995：汤一介序.
③ 张永超. 中国知识论传统缺乏之原因［J］. 哲学研究，2012（2）：46 - 53.

且不可能形成"中国知识论传统"。此文有幸得到西安交大哲学系陆建猷教授的批评，他以《中国知识论传统是"历史缺乏"还是"现实忽略"?》为题从"本原论""理性论""证验论"与"知识"的关系入手，引经据典、探赜索隐，从而证明"中国知识论传统不是历史缺乏而是现实忽略"①。在回应文章中，笔者进一步指出中国知识论传统从未建立，一来传统思想之特质不在知识探究上；二来传统思想之论述方法具有非语言倾向，而且重"行"轻"知"；三来中国传统的思维方式偏于直觉型的内向性思维，而不注重主客分立的对外界对象之探究，而后者正是"知识论"的思维方式。基于上述缘由，得出结论为"中国知识论传统"在中国历史上从未建立②。

毋庸讳言，上述思路建基于：知识论的定义是探究知识之理，其论域集中在知识的性质、来源与范围。我们知道，在汉语语境中，"认识"与"知识"有着不同的词性与含义，但是基于西语语境，"认识论"（epistemology）与"知识论"（theory of knowledge）等同使用③，epistemology正是来源于希腊文"episteme"（知识）和"logos"（理论）。由此可知知识论主要探究知识的性质和范围。"我们要讨论的不是知识的对象是什么，知识的种类有多少，而是要问知识本身是什么，知识具有什么样的性质。"④ 金岳霖先生在谈及知识论的对象时说："知识论底对象是知识底理。知识论即研究知识底理底学问。""以知识底理为对象，也就是以真假底理为对象。它底对象不是某一方面底理，它底内容不是某一方面底知识，它底对象是知识之所以为知识，它所要得

---

① 陆建猷．中国知识论传统是"历史缺乏"还是"现实忽略"?：兼与张永超博士商榷［J］．学术月刊，2013（5）：13－19.

② 张永超．中国知识论传统是"历史缺乏"而非"现实忽略"：对陆建猷教授批评之回应［J］．学术月刊，2013（5）：20－26.

③ 尼古拉斯·布宁 余纪元．西方哲学英汉对照辞典［M］．北京：人民出版社，2001，Theory of knowledge, another name for epistemology p993.

④ 胡军．知识论［M］．北京：北京大学出版社，2006：46.

的是真之所以为真。"① 知识论主要探讨"命题知识"（propositional knowledge)②，其主要讨论的问题为"知识是什么""我们能知道什么""知识与信念有何区别""知识来自哪里""真信念如何证实"③，尤其是关于"命题知识"（propositional knowledge)，其对象主要涉及对外物的认识所形成的命题④。在此语境下笔者认为"中国知识论传统"在中国历史上从未建立⑤。

（二）由"知识之理"到"认知模型"之思路转换

另一方面，近些年关于"中国知识论"研究也值得留意，比如最近读到宗超博士的论文《先秦儒家知识论研究》⑥ 和刘克兵博士的《朱熹知识论研究》⑦，若坚持"中国知识论传统从未建立"的话，又如何评价上述研究？记得前些年讨论"本体论问题"，随后中国学界有种种"中国本体论"的说法，但是俞宣孟、邓晓芒赶紧出来澄清"ontology"本义，连汪子嵩、王太庆老先生都出来说话⑧。若坚持"知识

---

① 金岳霖. 知识论 [M]. 北京：中国人民大学出版社，2010：2, 9.

② "Epistemology is primarily interested in this third kind of knowledge, propositional knowledge", Louis P. Pojman, What Can We Know? Wadsworth Publishing Company, 1995. 另参见 Dan O'brien, An Introduction to the Theory of Knowledge, Polity Press, 2006, p5；

③ Roderick M. Chisholm, Theory of Knowledge, 1989 by Prentice – Hall, Inc, p1.

④ "Our primary concern will be with factual knowledge. I can know that Glasgow is in scotland, that it was Descartes who wrote the *Meditations*, and that Bernice bobs her hair. Such knowledge is sometimes called 'knowledge that' or 'propositional knowledge'; 'propositional' because it's expressed in terms of the knowledge I have of certain true propositions or thoughts：I know that the proposition Glasgow is in scoltland is true." Dan O'Brien. An Introduction to the Theory of Knowledge [M]. Polity Press, 2006：4.

⑤ 张永超. 中国知识论传统是"历史缺乏"而非"现实忽略"：对陆建猷教授批评之回应 [J]. 学术月刊，2013（5）：26.

⑥ 宗超. 先秦儒家知识论研究：以性道之学位中心 [D]. 济南：山东大学，2017.

⑦ 刘克兵. 朱熹知识论研究 [D]. 长沙：湖南大学，2010.

⑧ 类似讨论集中收录于宋继杰. BEING 与西方哲学传统 [M]. 保定：河北大学出版社，2002.

论"只是研究一般知识之理的学问，并且明确提出中国传统是"认识论意识缺乏"（金岳霖的说法），这些"先秦知识论""朱子知识论"何处安放？有趣的是成中英就写了《中国哲学中的知识论》①，主要也是先秦部分（"《周易》本体知识论"与"孔子心性知识论"），另外崔宜明教授还出版了《先秦儒家知识论体系研究》，他们在华东师大还专门召开了研讨会②。对这些似乎都不可袖手旁观。在原有的研究中，笔者曾尝试从思维方式角度化解"认识论意识缺乏"问题，当时引用蔡培元先生《中国哲学主体思维》中的说法：

> 传统思维的整体模式即"大全"，既不能用概念分析，也不能用语言表达，无论是庄子的"道"，玄学家的"自然"（无），还是理学家的"太极"，以至理、气、心、性，都是如此，因此对整体的把握，只能靠直觉顿悟。它既不同于柏格森的生命哲学的直觉，也不同于笛卡儿的理性主义直觉，它是中国人所特有的超理性的体验式的直觉。③ 传统思维的一个根本特点，是主体以自身为对象的意向性思维，而不是以自然为对象的认知思维，它从"天人合一"的整体模式出发，导向了自我反思而不是对象性认识。因此，它是内向性而不是外向的，是收缩的而不是发散的④。

但是感觉无论是"意向性思维"还是"认知思维"都是在上述认识论语境下得出的，若坚持"知识之理"的定位，无论是"认识论意识缺乏"还是"意向性思维"的化解，都略显隔膜，好比用外在标准

---

① 成中英．中国哲学中的知识论：上、下［J］．安徽师范大学学报，2000（4），2001（2）．（据编辑注释：本文原文为英文未刊稿，由曹绮萍译为中文，潘德荣、彭启福校订，首发于本刊）．

② 张立恩．知识、存在与担当：《先秦儒家哲学知识论体系研究》研讨会综述［J］．哲学分析，2015（4）．

③ 蒙培元．中国哲学主体思维［M］．北京：人民出版社，1993：187.

④ 蒙培元．中国哲学主体思维［M］．北京：人民出版社，1993：191.

就判了"死刑"而不顾及"事实本身"是什么，这恰恰是有悖于知识论求真传统的。更重要的是，先秦文献确实有"心之官则思"（《孟子·告子上》），"凡以知，人之性；可以知，物之理。"（《荀子·解蔽篇》）等说法，类似于认识论表述，如何解释呢？另外，若暂时抛开"知识之理"的定位，回到文本自身，看他们所表述的"心有征知"（《荀子·正名篇》）到底在知什么，"心之官则思"（《孟子·告子上》）到底在思什么，"凡以知，人之性；可以知，物之理。"（《荀子·解蔽篇》）如何知"物之理"的，由此而尝试建构其认知模式，或许比基于外在标准草草判其"死刑"更能接近先秦的思想世界及其知识谱系。对上述问题的探究，本书将以《荀子》"解蔽篇"作为文本中心依据。

（三）选择《荀子》"解蔽篇"作为文本依据的缘由

第一，荀子明确提出了"人之性"与"物之理"的对应。先秦儒家思想体系中，关于认知模式的讨论，荀子最为典型，倒不是因为"荀卿最为老师""齐尚修列大夫之缺，而荀卿三为祭酒"（《史记·孟子荀卿列传》），而是因为他明确提出了"凡以知，人之性；可以知，物之理"（《荀子·解蔽篇》）"心有征知"（《荀子·正名篇》）"治心之道""心术之患""解蔽"（《荀子·解蔽篇》）等种种确实很类似于知识论的表述。陆建猷教授在对笔者的批评文章中便特地引用了荀子"凡以知，人之性也；可以知，物之理也"（《荀子·解蔽篇》）的说法①。而胡军教授在《知识论》"前言"中也特地发挥荀子此句以与亚里士多德"求知是人的本性"（《形而上学》）相互印证，来凸显人性的特质。

第二，荀子明确提出"天人之分"，而且也自觉提出"心有征知""心之蔽""心术之患"和"治心之道"。

---

① 陆建猷. 中国知识论传统是"历史缺乏"还是"现实忽略"？：兼与张永超博士商榷 [J]. 学术月刊，2013（5）：15.

第三，荀子进一步提出"不求知天"，由"物之理"而走向了"君之道"。心有征知，但是，其关键不在于知"物"而是知"道"。求知"物理"是逐末之"愚"，所学所知在于人伦之事、礼乐之治及成圣成贤，这才是真正的知"道"。此种思路在孔孟那里皆有散论，而《荀子》文本最为集中典型。

文本依据以《荀子》"解蔽篇"为主，同时基于论证需要旁涉其他诸篇。首先，我们要处理的是荀子如何处理"人性"与"求知"的关系。

一、何以知：认知的人性论依据

（一）"凡以知，人之性也"

在《荀子》中，我们看到"凡以知，人之性也；可以知，物之理也"（《荀子·解蔽篇》），这确实是令人兴奋的表述（我还是要提醒不要兴奋得太早）。胡军教授将其与亚里士多德"求知是人的本性"相互印证，他对此评论道："这两位哲学家生活在完全不同的文化环境中，但却表达出了如此惊人相似的思想。这难道是无意的巧合？不！应当承认，这是对人性深刻的共识促使他们表达出了这一共同的观念。"①尽管胡军教授看到了荀子此思想"并没有得到应有的重视"而略显惋惜，但是，我们还是要追问，荀子所讲"凡以知，人之性也；可以知，物之理也"到底是否可得出"求知是人的本性"的结论。因为，在荀子文本中，他对"人性"多有讨论，但是除却"凡以知，人之性也"之外，从未提出"求知是人的本性"的说法，而且，关于人性论的界定，他的说法是"人之性恶，其善者伪也"（《荀子·性恶篇》）。

更需要留意的是，接续"凡以知，人之性也；可以知，物之理

---

① 胡军. 知识论［M］. 北京：北京大学出版社，2006：1.

也"，随后他的表述是"以可以知人之性，求可以知物之理，而无所疑止之，则没世穷年不能无也。其所以贯理焉虽亿万，已不足浃万物之变，与愚者若一。学、老身长子，而与愚者若一，犹不知错，夫是之谓妄人。故学也者，固学止之也。恶乎止之？曰：止诸至足。曷谓至足？曰：圣王。圣也者，尽伦者也；王也者，尽制者也；两尽者，足以为天下极矣。故学者以圣王为师，案以圣王之制为法，法其法以求其统类，以务象效其人"（《荀子·性恶篇》）。由此我们可以看出，尽管我们看到荀子提出"凡以知，人之性也"，但是，他明确将追求"物之理"视同"与愚者若一"，并进一步引向"圣王之道"的学习上来。进而言之，他固然看到"凡以知"是人之性，但是要求知的却不是"物之理"而是"君之道"（圣王之道）。

这一切是如何发生的？为何由"物之理"转向了"君之道"？我们首先回到荀子对"人性"的讨论上来，他是否真的如同亚里士多德那样提出了"求知是人的本性"那样的说法。

（二）荀子是否以"求知"界定人性

1. "性"之界定："天之就也"

荀子关于"性"的表述如下："凡性者，天之就也，不可学，不可事。"（《荀子·性恶篇》）"生之所以然者谓之性。"（《荀子·正名篇》）"性者、本始材朴也；伪者、文理隆盛也。无性则伪之无所加，无伪则性不能自美。性伪合，然后成圣人之名，一天下之功于是就也。"（《荀子·礼论篇》）由此我们可以看出，荀子对"性"的界定侧重其"天生""本始材朴"之原初含义，类似于告子所说"食色性也"或"生之谓性"（《孟子·告子上》）。那么进一步，他如何界定"人性"呢？

2. "人性"之界定："人之性恶，其善者伪也"

荀子提到"人之性恶，其善者伪也。今人之性，生而有好利焉，顺是，故争夺生而辞让亡焉；生而有疾恶焉，顺是，故残贼生而忠信亡焉；生而有耳目之欲，有好声色焉，顺是，故淫乱生而礼义文理亡焉"
（《荀子·性恶篇》）。基于性恶的说法，因此圣王之道成了"化性起
伪"而走向善的引导。"故圣人化性而起伪，伪起而生礼义，礼义生而
制法度；然则礼义法度者，是圣人之所生也。故圣人之所以同于众，其
不异于众者，性也；所以异而过众者，伪也。"（《荀子·性恶篇》）这
里还需要说明的是，"性恶"为普遍的人性论，也即所有人都一样，不
存在人性善恶混或者有人性恶有人性善的说法，荀子讲："材性知能，
君子小人一也；好荣恶辱，好利恶害，是君子小人之所同也；若其所以
求之之道则异矣。"（《荀子·荣辱篇》）"凡人有所一同：饥而欲食，
寒而欲暖，劳而欲息，好利而恶害，是人之所生而有也，是无待而然者
也，是禹桀之所同也。"（《荀子·荣辱篇》）此种人性唯一论承继了孔
子"性相近"（《论语·阳货》）的说法，孟子持"性善论"只是与其
定性不同，但都是人性唯一论。而且，我们可以看出，都是从"善恶"
这一伦理角度界定人性而非从求知角度界定，这一点与亚里士多德基于
功能论证①而提出"人是理性的动物"（亚里士多德《尼各马可伦理
学》，1098a3）完全不同。

荀子关于人性的伦理定位其他旁证可以参考："人之所以为人者何
已也？曰：以其有辨也。饥而欲食，寒而欲暖，劳而欲息，好利而恶
害，是人之所生而有也，是无待而然者也，是禹桀之所同也。然则人之
所以为人者，非特以二足而无毛也，以其有辨也。今夫狌狌形状亦二足
而无毛也，然而君子啜其羹，食其胾。故人之所以为人者，非特以其二
足而无毛也，以其有辨也。夫禽兽有父子，而无父子之亲，有牝牡而无
男女之别。故人道莫不有辨。"（《荀子·非相篇》）"以其有辨"之
"辨"固然可有"思辨"的解释，但是，依照荀子的文本，其"辨"主

---

① 余纪元. 德性之镜：孔子与亚里士多德的伦理学［M］. 林航，译. 北京：中国人
民大学出版社，2009：97－98.

要在于"人伦"之辨，论域依然限定于"父子男女""君臣上下"这一礼教秩序中。在与水火草木禽兽之对比中，荀子更突出这一点："水火有气而无生，草木有生而无知，禽兽有知而无义，人有气、有生、有知，亦且有义，故最为天下贵也。力不若牛，走不若马，而牛马为用，何也？曰：人能群，彼不能群也。人何以能群？曰：分。分何以能行？曰：义。"（《荀子·王制篇》）

如上分析我们可以看出：第一，荀子对"性"之界定侧重其"本始材朴"之本能含义；第二，对人性之界定，固然与孟子"性善论"不同，但是荀子依然从伦理角度界定人性"人之性恶，其善者伪也"，与孟子可谓殊途同归；第三，就人性论角度无法推出荀子主张以"求知"来界定"人性"的说法，并且与亚里士多德基于灵魂功能论证提出"人是理性的动物"截然不同。

那么，很自然的问题便是，如何理解"凡以知，人之性"的说法，人有求知能力，但是在求知什么呢？鉴于荀子论"知"主要从"心"而非"性"上讲，我们将以围绕"心有征知"展开论述。

二、知什么："物之理"与"君之道"

（一）自觉放弃求知"物之理"

之所以放弃"知物之理"，在于"以可以知人之性，求可以知物之理，而无所疑止之，则没世穷年不能无也。其所以贯理焉虽亿万，已不足浃万物之变，与愚者若一"（《荀子·解蔽篇》）。此种思路与庄子"吾生也有涯，而知也无涯，以有涯随无涯，殆已！已而为知者，殆而已矣！"（《庄子·齐物论》）之思路相同。

尚需要留意的是"物"之含义，在《荀子》文本中出现 156 次①，

---

① 此为初步检索结果，非本书主题，对"物"之含义当专文讨论。

但是其含义集中在"万物""财物""物事"之含义中,更多是对"万物"秩序之安排,"财物货用"之分配均衡,而且侧重"物事"而人伦之含义,此种思路在后来宋明理学中还可以看到影子,朱子讲"物,犹事也。穷至事物之理,欲其极处无不到也"①。具体而讲便是"明明德之事""新民之事","物之理"更多应放在"事物之理"语境下去讲,而"事物之理"对应的是"明明德之事""新民之事"。荀子固然注重礼法之教、圣王之道,但是其思路与朱子是相同的。对于"外物"不是纳入认识对象中,而是纳入活动使用中:"假舆马者,非利足也,而致千里;假舟楫者,非能水也,而绝江河。君子生非异也,善假于物也。"(《荀子·劝学篇》)

在荀子文本中,没有用"物"这一名词作为认识对象,但是其含义比较接近并且自觉将人与物二分的思想体现在"天人相分"表述中:"天行有常,不为尧存,不为桀亡。应之以治则吉,应之以乱则凶。……故明于天人之分,则可谓至人矣。(《荀子·天论篇》)另外他还讲"星坠木鸣""雩而雨"(《荀子·天论篇》)这些很明显是具有认识对象的"外物",但是,其语境并非为了认识外物,只是为了"解惑",劝人看到这些只是自然现象不必惊恐,仅此而已,不必进求:"列星随旋,日月递照,四时代御,阴阳大化,风雨博施,万物各得其和以生,各得其养以成,不见其事,而见其功,夫是之谓神。皆知其所以成,莫知其无形,夫是之谓天功。唯圣人为不求知天。"(《荀子·天论篇》)

真正值得关注的是"人事""人妖",要回到礼义王道秩序上来,这样才能去除"人妖":"物之已至者,人妖则可畏也:楛耕伤稼,楛耨失岁,政险失民;田薉稼恶,籴贵民饥,道路有死人:夫是之谓人妖。政令不明,举错不时,本事不理,勉力不时,则牛马相生,六畜作妖:夫是之谓人妖。礼义不修,内外无别,男女淫乱,则父子相疑,上

---

① 朱子.四书章句集注·大学章句 [M].北京:中华书局,2011:5.

下乖离，寇难并至：夫是之谓人妖。妖是生于乱。三者错，无安国。其说甚尔，其菑甚惨。勉力不时，则牛马相生，六畜作妖，可怪也，而亦可畏也。传曰：'万物之怪书不说。'无用之辩，不急之察，弃而不治。若夫君臣之义，父子之亲，夫妇之别，则日切瑳而不舍也。"（《荀子·天论篇》）

对于各种学说、事理也以王道秩序为中心展开："凡事行，有益于理者，立之；无益于理者，废之。夫是之谓中事。凡知说，有益于理者，为之；无益于理者，舍之。夫是之谓中说。"（《荀子·儒效篇》）对于"坚白""同异"之说，也即上面金岳霖所说类似于知识论萌芽，荀子恰恰予以自觉摒弃："不知无害为君子，知之无损为小人。工匠不知，无害为巧；君子不知，无害为治。王公好之则乱法，百姓好之则乱事。而狂惑戆陋之人，乃始率其群徒，辩其谈说，明其辟称，老身长子，不知恶也。夫是之谓上愚，曾不如相鸡狗之可以为名也。"（《荀子·儒效篇》）那么，荀子反复强调的"知"在知什么呢？

（二）"心有征知"在于知"道"

我们确实看到，荀子提出"心有征知。征知，则缘耳而知声可也，缘目而知形可也"（《荀子·正名篇》），这比较近似于认识心的感官功能，但是，固然荀子看到了心的"认知功能"，其认知对象则不是外物而是知"道"。

首先他谈到"心术之患""心之蔽"这类似于认识心认知外物时现象与实在的隔膜，但是，语境不同。荀子的语境不在"现象—外物"中而在"学说—王道"中。他说："昔宾孟之蔽者，乱家是也。墨子蔽于用而不知文。宋子蔽于欲而不知得。慎子蔽于法而不知贤。"（《荀子·解蔽篇》）这些可谓"心之蔽"不明王道而谄于一理。"圣人知心术之患，见蔽塞之祸，故无欲、无恶、无始、无终、无近、无远、无博、无浅、无古、无今，兼陈万物而中县衡焉。是故众异不得相蔽以乱其伦也。"因此用"道"来均衡、评判是非："何谓衡？曰：道。故心不可以不知道；心不知道，则不可道，而可非道。……故治之要在于知道。人何以知道？曰：心。心何以知？曰：虚壹而静。"（《荀子·解蔽篇》）因此，我们固然看到"心有征知"的说法，但是不要误以为是强调"认识—外物"模式，而是"认识—王道"模式，不是知"物"，而是知"道"，并且进一步要行"道"。

与此同时我们也看到"心者，形之君也，而神明之主也，出令而无所受令。"（《荀子·解蔽篇》）"心也者，道之工宰也。"（《荀子·正名篇》）何谓道呢？"道者，何也？曰：君之所道也。"（《荀子·君道篇》）"先王之道，人之隆也，比中而行之，曷谓中？曰：礼义是也。道者，非天之道，非地之道，人之所以道也，君子之所道也。"（《荀子·儒效篇》）那么，君子所知、所学便是确定的了："君子之所谓知者，非能遍知人之所知之谓也……若夫谲德而定次，量能而授官，使贤不肖皆得其位，能不能皆得其官，万物得其宜，事变得其应，慎墨不得进其谈，惠施、邓析不敢窜其察，言必当理，事必当务，是然后君子之所长也。"（《荀子·儒效篇》）此书思路与上述人性论的伦理本位界定、求知上对"物之理"的自觉放弃是一致的，最终是为了回到人伦这一王道秩序的"大事业"上来：知"道"为本，逐"物"为末；行"道"为重，知"物"为轻。

三、由"物之理"而"君之道"所建构的认知模型

（一）人性的伦理定位与心有征知

固然荀子有"凡以知，人之性也；可以知，物之理也"（《荀子·解蔽篇》）之说法，但是，通过上面对其人性论考察，可以看出：第一，荀子之人性论界定以伦理本位从善恶展开"人之性恶，其善者伪也"，人之所以为人者也在于人伦秩序之自觉；第二，荀子讲"知"主

要是从心的功能上讲，所以无法得出"求知是人的本性"的说法，与亚里士多德的理性定位不同；第三，荀子讲"心有征知"，但是很自然地摒弃了知"物之理"而回到了知"君之道"上来，这与他的人性论伦理定位是一致的；第四，"心术之患""解蔽""虚壹而静"皆是为了知"道"而非知"物"。

（二）对"外物"之认知模式：假物而进于"道"

荀子对于"人与物"的关系有着自觉的区分，具体表现为"天人相分"的思想，但是他对于外物之看法并不侧重"认识—外物"模式：第一，外物是使用对象，君子要做的是"善假于物"而非知"物"；第二，对于"星坠木鸣""雩而雨"之事其辨伪在于不可以怪力乱神视之，因此不可依赖鬼神卜筮，而是要回到人事上来；第三，"物"之含义更多是"万物"秩序、"财务"货用和"物事"人伦，"观物"都引向了知"道"上来。

（三）对"君道"之认知模式：化性而止于"圣"

由上述之人性之伦理定位、"物之理"而转向"君之道"，通过"解蔽""治心"一方面可以"行道"安排秩序："谲德而定次，量能而授官，使贤不肖皆得其位，能不能皆得其官，万物得其宜，事变得其应。"（《荀子·儒效篇》）另一方面可以成圣成贤："故学也者，固学止之也。恶乎止之？曰：止诸至足。曷谓至足？曰：圣王。……故学者以圣王为师，案以圣王之制为法，法其法以求其统类，以务象效其人。"（《荀子·解蔽篇》）甚至，对于何以成圣贤，荀子也有明确论证："涂之人可以为禹。何谓也？曰：凡禹之所以为禹者，以其为仁义法正也。然则仁义法正有可知可能之理。然而涂之人也，皆有可以知仁义法正之质，皆有可以能仁义法正之具，然则其可以为禹明矣。"（《荀子·性恶篇》）这里我们可以看出，荀子再次运用了"可知之质"和"可以知之理"的说法，再次印证了其"知"在圣王之道，而其"理"也并非"物之理"。

基于上述分析，本书可以得出如下结论：第一，荀子固然看到人有求知功能，但其人性论定位则以伦理善恶为本位与亚里士多德的理性定位不同；第二，荀子明确区分了人与外物，其"物"不侧重作为认识对象，而是侧重其"万物"秩序、"财务"货用、"物事"人伦，与此同时他也明确提出"不求知天"不求知"物之理"的主张；第三，荀子强调心有"征知"的功能，但是，其知在于"君之道"而非"物之理"，所谓"解蔽""心术之患""虚壹而静"都是为了知"道"而非知"物"；第四，此"知—道"认知模式杜绝了"知—物"模式，因此无法衍生知识论问题（知识之理语境上的），但是，此种"知—道"模式所建构的认知模型是值得留意的，关乎理解先秦思想世界乃至于传统思想之关键，对于"知—物"之认识论模型亦可形成某种启示。同时参照"知—物"之认识论模型亦可反观此种"知—道"之认知模型之不足，比如"为何中国没有科学"（冯友兰所发问的），亦可由此得到某种解释。

第四节 传统认知模式之尝试性建构：
欲望、秩序与幸福

引论：欲望是否可以作为研究秩序与幸福的起点

从知识论上来讲，人性为善或恶都只能是一种基于行为的推测，我们能够判断的只是行为，而且是对他者有所影响的行为，所以善恶只能就人的行为立论，而无法推测人性本然如何。简而言之，人性本然如何，都不影响行为的善恶判断。这意味着若人性是善的，行为同样可以有善有恶；人性是恶的，亦然。所以，人性是个来路不明的假定，无法作为探究秩序与幸福的起点。与此相比，人欲则更具优先性。欲望优先于人性。荀子讲"人生而有欲"，这是个普遍的人情事实，而且是人能够存在并继续存在的动力，欲望存在并无善恶可言，实现生存（欲望）的方式导致善恶问题的产生，所以，欲望优先于善恶。基于此，我们可以将欲望作为探究人类问题的起点。欲望自身并无善恶界定性，但是实现欲望的方式导致善恶问题的产生，对个体来讲欲望生存自然会触及他者生存的边界，因此对于不同人的生存欲望而言便有"组群"（对外竞争）和"明分"（对内协调）的必要，欲望导致了人类社会和社会秩序的产生，可以说秩序是欲望之争的衍生品。欲望使秩序成为必要。秩序如何建构，如何引导欲望，这成为人心的任务。人心使秩序成为可能。人心可以知道，人心有辨可以思虑，这样人心对于欲望之争建构了礼义秩序予以引导和限制。

这是荀子的基本思路，但是，欲望就其自身而言并无善恶之分，秩序基于欲望而建构，自身亦无善恶可言，任何秩序都可以产生善或恶，善恶只能就行为实现及其影响立论，那么问题就在于，基于欲望之争建立的社会秩序，是否能够导致幸福。欲望可以作为研究秩序的起点，但是秩序却无法导致幸福，幸福问题依然要回到欲望上来，所以说，欲望正是幸福问题的起点，同时也是幸福问题的终点。本书旨在阐明"人生而有欲""礼义以养欲"的荀子观点合理性，同时指出他的"养欲"思想无法导致幸福的缘由何在，因为"欲望"不限于耳目口腹之欲，欲望是动态的、不断生发的……

一、人生而有欲：欲望导致善恶

（一）欲望作为人的存在论证明

如何来界定人的存在？如何界定人的特殊性？我思故我在的困境在于，思想是否可以推出存在或者能否将我思等同于我在，严格来讲我思只能推出我在思或"思在"，而不能推出我在。而且这个思路有个假定：可以思考的人（这意味着婴儿、智力障碍者、植物人等都不在范围内）。而通过道德证明人的存在，无论是先立乎其大还是万物皆备于我，似乎都是第二位的事情，先立乎其大的主体是什么？万物皆备于我，很明显"我"的存在更具优先性。问题在于，我们正要证明我存在的依据。所以，可以尝试提出欲望作为存在论证明的依据。

就个体而言，理性未启，道德模糊，但是"生而有欲"，如荀子所说："凡人有所一同：饥而欲食，寒而欲暖，劳而欲息，好利而恶害，是人之所生而有也，是无待而然者也，是禹桀之所同也。目辨白黑美恶，耳辨声音清浊，口辨酸咸甘苦，鼻辨芬芳腥臊，骨体肤理辨寒暑疾养，是又人之所常生而有也，是无待而然者也，是禹桀之所同也。"（《荣辱》）由此看来，欲望优先于理性和道德。而且，固然在人类生活中，理性和道德发挥着无微不至的影响，但是在最后的判断上，其标准不是为了理性和道德，而是对存在的欲望，是一种"善在"的欲望，理性和道德只是对存在欲望的实现以及对于实现方式的规范。无论是个体还是社会，最终的判断标准都不是为了理性和道德理想，而是为了一种"共在—善在"之意欲的实现。就这点看来，欲望不仅可以作为个体存在的证明，而且可以为人类社会种种行为做最后的判断。欲望与存在是个同实异名的问题两面。没有欲望就无所谓存在，同样，没有存在便不会有任何欲望。欲望很复杂，但最原初的欲望是存在，这构成了欲望的边界，存在是欲望的指向，同时存在也是欲望的边界。就个体而言，追求存在，并无善恶可言，这是一个本能的无可厚非的追求，但是，若存在是欲望的边界可以成立，那么便意味着有突破边界和侵扰他者边界的危险，这是善恶问题产生的源头，欲望之争导致了善恶问题的产生。同时，欲望之争也造成了团结和人类文明秩序的产生，这是后话。从这点来看，欲望是个最初的问题，无所谓善恶，其最根本指向是存在。所以，欲望可以作为人的存在论证明。

（二）欲望的实现方式导致善恶问题产生

若认可欲望是人存在的依据，而且就原初指向而言是为了人的善在，那么我们理应培植欲望，并实现存在或继续存在或善在的意图。其实个体或人类也正是朝这个方向在做的。但是，一旦欲望走向实现，问题便出现了，复杂性不可预测。首先是欲望的边界问题，对于人类与自然而言，人要考虑资源的取用，要考虑与其他物种的生存之争；就人类与万物关系而言，人类的生存欲望只遇到障碍，但是任何实现方式并不产生善恶问题。所以，人对待自然万物野兽可以无所不用其极。问题还来自人类自身，问题的复杂性也同样来自人类自身。首先是个体生存欲望与其他个体生存欲望遇到重叠和冲突怎么办？为了争夺猎物，是否可以把对方杀掉？对方是陌生人也就罢了，若是自己族群的人呢？即便是陌生人，是否可以杀掉对方？杀了之后，是否会心安理得？

与其他物种的欲望之争首先导致了"组群"的必要，组群增强了生存能力和安全感。但是，问题很快来了，个体间的联系紧密了，彼此的生存边界冲突的机会更多，不同族群间的冲突也更加明显而且更加剧烈，因为人类因组群其实现欲望的能量剧增，因此冲突变得更加血腥。欲望存在或善在自身并无善恶可言，但是实现欲望的方式导致了善恶问题的产生。具体来讲，人类与其他物种的欲望之争并不产生善恶问题，但是人类自身的欲望之争导致了善恶问题的产生。对人类自身而言，存在是欲望的边界，欲望不断要去实现存在，问题在于不同个体间对存在的欲望导致了欲望之争，这便产生了善恶问题。判断善恶的标准依然是"存在"，可能由个体扩大至族群以至于邦国。善恶判断的最初情形大约是这样：对一己存在有利为善，否则为恶；慢慢扩大至对一族群存在有利为善，否则为恶；慢慢扩大至对一邦国存在有利为善，否则为恶。此种思考模式以及对善恶观念的界定沿用至今。由此看来，善恶观念不是绝对的，其判断的依据在于对"存在"（"个体存在""共在"）或

"善在"的理解。

所以，大致可以得出如下结论：对存在的欲望自身并无善恶可言，但是人类内部的欲望之争导致了对他者存在边界的冲突，因此衍生了善恶问题，而善恶的判断标准依然在于是否有利于个体或某群体的继续存在或善在。基于此，对欲望实现方式衍生了善恶问题，而善恶问题催生了秩序的需要；秩序最终还是为了欲望的实现，是一种"善在"或"共在"的实现方式。

二、礼义以养欲：善恶催生秩序

（一）欲望之争呼唤秩序

荀子在《礼论篇》讲道：

> 礼起于何也？曰：人生而有欲，欲而不得，则不能无求。求而无度量分界，则不能不争；争则乱，乱则穷。先王恶其乱也，故制礼义以分之，以养人之欲，给人之求。使欲必不穷于物，物必不屈于欲。两者相持而长，是礼之所起也。故礼者养也。刍豢稻粱，五味调香，所以养口也；椒兰芬苾，所以养鼻也；雕琢刻镂，黼黻文章，所以养目也；钟鼓管磬，琴瑟竽笙，所以养耳也；疏房檖貌，越席床第几筵，所以养体也。故礼者养也。

这里荀子提出了一个很有趣的问题，欲望如何走向了自身的反面，追求欲望的实现，若没有度量分界如何导致了"争乱""穷乏"以及"危险"。这里面我们再次看到，欲望的无善恶规定性，无边界自觉性，若欲望不加以引导度量分界，那么求生正所以赴死。这是在人群中的情境，若只有个体，其边界冲突便比较模糊，不是个问题，其问题主要在于人与自然资源、人与其他物种竞争之间，那只有生死问题，没有善恶问题，只有在人类社会内部才有善恶问题，所以争乱的实质在于善恶问题的规范所引发的生死问题。礼义秩序产生并不能完全杜绝争和乱，但是在礼义秩序规范下的争和乱恰恰间接回避了冲突带来的生死问题。秩序作为中介，大家彼此妥协共在取代你死我活的境遇，这是一种通过秩序维持生存的底线欲望的实现。但是，在人与动物之间，似乎没有公认的秩序，其边界只是在于自然资源的争夺以及生死问题的面对，所以人和其他物种无法通过立法来回避生死问题维持生存欲望，人与动物之间的斗争是你死我活（或者驯服利用）的。但是，人与人之间却由于欲望之争催生了人类文明，通过公认的秩序来回避生死冲突，维持最基本的求生欲望。这是一种进步。

这里我们可以顺带反思一下人们对待欲望的方式：节欲、禁欲、纵欲、养欲。欲望是复杂的，除了求生欲望还有人类文明自身建构起来的新欲望、荣誉感、审美创造欲望等，但是，最终追溯的话都要回到"存在"这一底线上来，这也是对其他任何欲望及其实现判断的底线标准。由此我们可以看出，对于"生存"欲望来讲，最合理的方式不是节欲，更不是禁欲，因为这有悖于人类自身的存在，有悖于人类自身的求生目的。从理论上来讲，纵欲，若理解为欲望充分实现的话，可能是人类自身生存的最佳状态，但是，从现实上来讲，纵欲可能会走向自身的反面而最终突破存在的底线，因此不是最优对待欲望方式。至少两个方面纵欲是错误的：第一，欲望是复杂的，个体自身不同欲望的放纵恰恰导致了存在的危险；第二，欲望是无限的，但是不同个体的自我存在是其最终底线和边界。某个体的欲望放纵，或许对他自己来讲是生存的最佳状态，但是恰恰导致了其他个体存在边界的侵扰或破坏，因此纵欲导致自身处于四面为敌的境遇，因此也是危险的。所以，纵欲是个看似直接但是却危险重重的选择。因此，养欲便是对待欲望的最佳方式，荀子提出"礼者养也"，是个令人深思的命题。

但问题在于，为何礼义秩序可以养欲？如何养欲？进一步追问，为何秩序可以在人类之间建立？为何不同个体，不同群体有此种秩序认可遵循的共同性？这要回到人心上来。

(二) 心之有辨能知建构秩序

可贵的是，荀子对心的论述更多不是从"道德心"入手而是凸显了"认知心"的层面，这是从认知、理性角度来理解人的思路，他说：

> 人之所以为人者何已也？曰：以其有辨也。饥而欲食，寒而欲暖，劳而欲息，好利而恶害，是人之所生而有也，是无待而然者也，是禹桀之所同也。然则人之所以为人者，非特以二足而无毛也，以其有辨也。今夫狌狌形状亦二足而无毛也，然而君子啜其羹，食其胾。故人之所以为人者，非特以其二足而无毛也，以其有辨也。夫禽兽有父子，而无父子之亲，有牝牡而无男女之别。故人道莫不有辨。辨莫大于分，分莫大于礼，礼莫大于圣王。（《非相》）

正是此种"辨"别导致了区分，区分导致了秩序的规范化。自然催生秩序的原初动力依然在于人的生存欲望，尤其是欲望之争凸显的时候，分别、角色定位以及角色规范才是必要的，而此种对秩序的需要由于人心的认知分辨功能而实现了此种可能。很明显的是，人心此种辨知功能是人所共有的，这是人之所以为人的所在，这意味着基于人心建构的礼义秩序存在某种先天的"共度性"，人们或许不直接参与建构秩序，但是人心可以理解秩序并且参与秩序的维护与实现。如何知道？"夫何以知？曰：心知道，然后可道；可道然后守道以禁非道。以其可道之心取人，则合于道人，而不合于不道之人矣。以其可道之心与道人论非道，治之要也。何患不知？故治之要在于知道。人何以知道？曰：心。心何以知？曰：虚壹而静。"（《解蔽篇》）

另有两则补充材料可以强化如上的论证：

> 心者，形之君也，而神明之主也，出令而无所受令。自禁也，自使也，自夺也，自取也，自行也，自止也。故口可劫而使墨云，

形可劫而使诎申，心不可劫而使易意，是之则受，非之则辞。
(《解蔽篇》)

生之所以然者谓之性；性之和所生，精合感应，不事而自然谓
之性。性之好、恶、喜、怒、哀、乐谓之情。情然而心为之择谓之
虑。心虑而能为之动谓之伪；虑积焉，能习焉，而后成谓之伪。正
利而为谓之事。正义而为谓之行。所以知之在人者谓之知；知有所
合谓之智。(《正名篇》)

如上我们可以看出：欲望之争导致秩序需要，而人心的认知功能使
秩序建构成为可能；并非人人都可以参与秩序建构，但是，基于人心，
人人都可以理解秩序的规范性，而且，人人都可以因遵守秩序而实现欲
望之争的调节。这在荀子看来是一种"养欲"的思路。至少从存在底
线角度来讲，秩序回避了争乱，化解了生死冲突，而维持和保养了生存
欲望，具体表现为心对欲的调节。

(三) 天性有欲心为之制节

荀子在"正名篇"集中提到关于欲和心的论述：

凡语治而待去欲者，无以道欲而困于有欲者也。凡语治而待寡
欲者，无以节欲而困于多欲者也。有欲无欲，异类也，生死也，非
治乱也。欲之多寡，异类也，情之数也，非治乱也。欲不待可得，
而求者从所可。欲不待可得，所受乎天也；求者从所可，所受乎心
也。天性有欲，心为之制节。(此九字久保爱据宋本增)① 所受乎
天之一欲，制于所受乎心之多，固难类所受乎天也。人之所欲生甚
矣，人之恶死甚矣；然而人有从生成死者，非不欲亡而欲死也，不
可以生而可以死也。故欲过之而动不及，心止之也。心之所可中
理，则欲虽多，奚伤于治？欲不及而动过之，心使之也。心之所可

---

① 冯友兰. 中国哲学史：上 [M]. 上海：华东师范大学出版社，2011：168.

失理，则欲虽寡，奚止于乱？故治乱在于心之所可，亡于情之所欲。不求之其所在，而求之其所亡，虽曰我得之，失之矣。（《正名篇》）

这里有三点值得留意。

1. 心之制节

"天性有欲心为之制节"虽然是据宋本添加，但其意思在本段是可以充分看到的，比如"故欲过之而动不及，心止之也。心之所可中理，则欲虽多，奚伤于治？欲不及而动过之，心使之也"，这里可以看到心对欲的制节。另外类似提法有："君子乐得其道，小人乐得其欲；以道制欲，则乐而不乱；以欲忘道，则惑而不乐。"（《乐论篇》）"见其可欲也，则必前后虑其可恶也者；见其可利也，则必前后虑其可害也者，而兼权之，孰计之，然后定其欲恶取舍"。（《不苟篇》）心的思虑功能为欲望及其实现指引了方向。

2. 心与欲交互影响

心的思虑功能对于原初的生存欲望有所选择和实现，事情还没有完，问题的复杂性在于，人心不仅实现欲望，而且人心也制造欲望，即心之欲。人心使欲望变得复杂和不可思议。正如荀子所说"所受乎天之一欲，制于所受乎心之多，固难类所受乎天也"。在原初的"饥而欲饱，寒而欲暖，劳而欲休"欲望中，从某种意义上讲，欲望是可以满足的，是有限的，但是人心的参与，此种思辨虑知功能，逐渐超越了原初的生存语境，由生理性存在走向精神性善在，财物不再仅仅是满足口腹之欲，同时也成为一种富贵荣誉权力的象征。口腹之欲是有限的，如庄子所说"鹪鹩巢于山林不过一枝，偃鼠饮河不过满腹"（《逍遥游》），但是，富贵荣誉权力的欲望则是无限的。最初的欲望之争是为了生存活命，后来出现的欲望之争往往走向了存在的反面。人们为了追求存在的非必需品背叛了自我，这是人心对欲望的误导，因此现世的种种纷争错乱悖谬还要回到问题的起点方可找到真正的解决方向。人心制造欲望，但是，人心并非故意指向恶，就人心的思虑辨知功能来讲也无善恶可言，只有当其制造的欲望及其实现与他者造成冲突的时候才产生善恶。人欲和人心的可贵在于都是非定向，彼此融合相互为用，这意味着无数可能，包含了无数希望，同时也蕴含了无数危险。人世间纷争的源头便来源于此。

3. 治乱在于心之所可与否不在于欲之多少

荀子提出："心之所可中理，则欲虽多，奚伤于治？欲不及而动过之，心使之也。心之所可失理，则欲虽寡，奚止于乱？故治乱在于心之所可，亡于情之所欲。不求之其所在，而求之其所亡，虽曰我得之，失之矣。"这是一个睿智的判断。欲望问题的关键不在于是否多少，而在于其是否"当理"。若合乎"心之所可"，那么多多益善；若"失理"，即便是少，依然是动乱之源。这也间接证明了上面本书的判断，欲望自身是没有善恶的，不可以欲多为恶也不可以寡欲为善。若进一步追问如何是"中理"，如何是"心之所可"，判断标准不在人心上，还要回到人自身的存在上来，只不过不同语境此种存在或是指的个体、族群、邦国，因此有不同的"合理性"标准产生。人心可以建构标准，但是人心自身不是标准。

总括上述，欲望之争导致了善恶问题的产生，善恶问题引发了建构秩序调节欲望的必要，而人心的思辨虑知功能使建构秩序和调节人欲成为可能。与此同时，人心与人欲融合又制造了新的欲望，一种不仅仅是维持温饱的生存欲望，而是一种"求好"的欲望。如果说秩序可以维持生存欲望的话，那么秩序对于人心制造的"求好""善在"欲望变得无能为力。换句话说，秩序可以保证安全但却无法承诺幸福。欲望太多，超越了秩序的初衷和承付，这是不可承受的重负，所以说欲望催生秩序，但是欲望却无法给予幸福。但是，问题在于，若一个秩序无法导致幸福或无助于幸福，那么这是一个坏秩序。若秩序只能维持生存温饱，那么这个秩序将很快被取代，因为一旦生存不是问题，人们之间的欲望之争非但不会减轻，而会更加剧烈。为了争夺资源、荣誉、权力、享受，新的欲望之争很快会让秩序变得危机重重，这样，人们原初的设想维持安全温饱的底线也无法保证。所以，只能不断改良秩序，使其功能不仅能维持安全温饱底线，而且可以"养欲"走向幸福。这可能吗？

三、改良秩序走向幸福的可能性

（一）欲不穷于物

上面我们看到荀子在《礼论篇》谈及礼义起源时说："礼起于何也？曰：人生而有欲，欲而不得，则不能无求。求而无度量分界，则不能不争；争则乱，乱则穷。先王恶其乱也，故制礼义以分之，以养人之欲，给人之求。使欲必不穷于物，物必不屈于欲。两者相持而长，是礼之所起也。"从理论上来讲，通过秩序安排，人们各得其所，不至于过度使用资源而"穷"，但是问题并不这么简单。第一，若物能大致满足欲望总和，那么通过秩序分配，可以达到"欲不穷于物"，但是，问题在于物是有形有限，有些也是不可再生的，具有一次消耗性，而欲望则是无形的无限的，持续性需求。从原初状态来讲，"欲不穷于物"就无法实现，或者说早晚要达到其"穷于物"的临界，争乱一定再起。当然，可以考虑"再生产"，不断制造"物"，这是个化解方法，但是"物"的有限性永远无法满足"欲"的无限性，所以这个问题终归难以化解。第二，其他的情况，若本来物就不足于欲，那么再好的秩序也无法无中生有达到"欲不穷于物"的状态。荀子在《富国篇》中提道："夫天地之生万物也，固有余，足以食人矣；麻葛茧丝、鸟兽之羽毛齿革也，固有余，足以衣人矣。夫有余不足，非天下之公患也，特墨子之私忧过计也。"只是一个初民状态的想象，一来这是个无法统计比量的问题，另外，从本体论角度讲有形物的有限性永远无法穷尽无形欲的无限性。

那么着手处何在？"节流"固然是一种方案，但是"开源"可能才是真正的希望。此处开源不是对物质性的再生产或制造，生产再多，物质性的有限性永远无法改变。问题的关键在于要培养新的欲望对象——无形物，无形无限的对象对应无穷无尽的欲望，这是唯一"欲不穷于物"的方案。

（二）建构新欲望

"饥而欲饱，寒而欲暖，劳而欲休"自然是一种欲望，而且是人维持生存不可少的欲望，但是欲望是否限于此？权力荣誉利益是否也是欲望？审美创造是否也是欲望？第一个层次，耳目口腹之欲，难免有欲望之争，需要秩序调节，但是争乱的危险一直存在，因为"穷于物"的资源分配永远都是乱源；第二个层次，权力荣誉利益之欲，依然会有欲望之争，而且更多表现为群体、政府间需要秩序调节，但是争乱冲突会永远存在，无法终结，因为其对象不具有无限性，具有垄断性，因此便有争的理由和吸引力；第三个层次，审美创造欲望，诸如思想创造、艺术创造，这是无限的，学无止境，并且不会造成他者存在边界冲突的欲望。不仅不会造成冲突，而且其创造足以养成他者欲望，是对他者的成全。一方面大家可以无限共享，另一方面彼此可以无限分享；因为分享而增多，因为创造而满足。

只有在第三个层次的欲望上，我们才可以说"欲不穷于物"。第一，欲不穷于物。这个"物"是无止境的，无形的，无限的，所以永远无法穷尽，而且正因为人们的使用而增多，因为人们欲望的满足而丰富。第二，吸引人心。人心的思虑辨知功能，若一心痴迷于声色权力荣誉，那么只能背叛自我而颠覆存在自身，但是，人心若关注创造（思想、审美、艺术等），一来可以成全人心，二来可以满足欲望。只有当人心所向合乎生存之道，才会迷途知返，才会从迷障中自省。第三，走向幸福。在维持温饱的存在底线基础上，只有走向"养欲"之途，任何努力都是"合理"的充分实现而且同时共享于他者欲望的实现，那么人们才是安全的、幸福的。这便是"从心所欲"的状态。

（三）从心所欲不逾矩

无知无欲似乎是个无法体验的状态，只能是一种揣测或者是一种遁词。从理论上来讲，只要存在一定有欲望，所以说禁欲一定是个违背存在的不当选择。若"无欲"一定存在的话，那一定是在欲望充分满足实现的状态下实现的。对于耳目口腹之欲、权力利益之欲因其本体性质，永远没有"充分实现"的可能，得到了便欲望更多，所以没有穷尽。从这点来讲，耳目口腹之欲即便暂时实现，也是浅层次的满足，谈不上幸福；权力利益之欲，暂时满足与否都是个危险重重之路，永远无幸福可言；只有思想创造、艺术创作之欲，虽然永远无法实现，但是创造历程就是实现过程，不断实现又不断提升，不断体验又不断共享，因此是个极其自由从心所欲的状态。有理由认为，只有这种状态才是幸福的；有理由认为从心所欲是幸福的，因为除了此种幸福，对人类危险重重的欲望之争而言，我们还看不到其他幸福之路的可能性何在。

荀子有个旁证可以参考："故浊明外景，清明内景，圣人纵其欲，兼其情，而制焉者理矣；夫何强！何忍！何危！故仁者之行道也，无为也；圣人之行道也，无强也。仁者之思也恭，圣者之思也乐。此治心之道也。"（《解蔽篇》）

圣人状态是"纵其欲兼其情"，可以想象这是一种"从心所欲"的状态。回到上面的问题，秩序不再仅仅是对温饱问题的调节，不仅仅是对利益欲望的节制，当且仅当秩序是引向思想创造之欲的时候，这个秩序才是健康的，才是有生命的。换句话说，这样的人类秩序走向幸福才是可能的。

结语：欲望—人心—礼乐秩序—幸福所建构的认知模式

　　基于上面论证，我们看到，欲望优先于理性和道德，因此可以作为探究秩序合理性以及幸福问题的起点。"人生而有欲"，从起源角度讲欲望自身无善恶，但是实现欲望的方式产生了善恶，欲望之争导致了礼义秩序的必要，而人心的思虑辨知功能使秩序建构成为可能。欲望之争催生了礼义秩序，但是礼义秩序却无法保证幸福，因为秩序无法保证"欲不穷于物"这一乱源。物质性的耳目口腹之欲因物质有限性和欲望无限性无法永久和解，培养新欲望（思想创造、艺术创作）成为"养欲"的新方向，此种欲望的建构为秩序和人心规定了方向，其因分享而丰富，因创造而满足的特性使"随心所欲"成为现实，幸福成为可能。

第四章

生死问题

引言：为何要探讨生死问题

我们常常引用苏格拉底所说的"未经审视的人生不值得过"，但是，事实上大多数情况下，任何一种人生无论是否自觉去"审视"都会照样过下去。中国有一句俗语叫"好死不如赖活着"。人生的残酷性正在于此，即便我们感到空虚、无聊，甚至自己感觉"不值得过"，但是，对大部分人而言，还是要"活着"。这是一种"生"的无奈，也是一种对"生"的迷恋，说不清道不明的"迷恋"。研究生死问题的知名学者波伊曼在《生与死：现代道德困境的挑战》中提到一则笑话：

我经常在我的哲学课堂上问学生："你们有多少人相信死后有来生？"通常百分之九十九的人举手，尤其是在我教书的诺特丹大学和密西西比大学。然后我问他们："有多少人（和虔诚的犹太教和基督教信徒一样）相信你们死后会上天堂？"大约有同样数目的人会举手。然后我问："有多少人相信天堂里有无限的幸福，而不像这个腐败的世间？"所有的手都举起来了。"有多少人愿意现在就去这个美妙的地方？"我问。这通常没有人会举手①。

这不仅仅是一则笑话，毋宁说是一种真实的人生表达。但是，问题就在于，生的"迷恋"永远无法回避一个事实——"凡人皆有死"。正是"死"的不可拒性，让我们看到"生"的有限与审视人生的必要。

从出生到死亡构成了一个完满的人生历程。在过去，"出生"与"死亡"似乎没有太多的方式选择，甚至在很长一段时间内"出生"都是极为简单的。但是，步入现代社会，随着医疗科技手段的改进，"生"与"死"的方式都变得令人不可思议。生物科技使人们对于生命有着更多的了解，这也意味着人们变得有更多的选择权，不仅仅性别可以选择、干预，而且可以做试管婴儿、代孕母亲，或许有一天我们还要面临"克隆人"。由此而来产生了新的伦理问题，父母的角色如何确定？父母子女的伦常关系如何规范？"克隆人"与正常人如何相处共存？对于"死"同样面临种种困惑。由于现代医疗科技的发达，植物人可以数十年维持"生命"，器官移植变得比较普遍，安乐死不再是技术难题。但是，伦理难题却出现了：是否可以允许安乐死，自杀是否是对于伦理律令的侵犯，器官移植的次序与选择，等等。伴随着医疗技术的成熟带来的却是法律和伦理问题的新考验。

伦理学不仅仅要关注其基本理论问题，更需要回应现代科技给人类生活带来的问题。伦理学不仅仅是一种由上而下政治"教化"的手段，更多是一种人伦日用中审视人生的"智慧"。任何时代，无论科技多么发达，只要人活着，都是一种伦理的存在。人的"出生"决定了种种"伦理关系"的产生，而个体的"去世"却并不代表"伦理问题"的结束，因为此种与在世者的"伦理关系"依然存在，正是此种"伦理关系"构成了任何个体"审视人生"的先决条件。在此种意义上来讲，

①　波伊曼．生与死——现代道德困境的挑战［M］．江丽美，译．台北：桂冠图书股份有限公司，1997：45.

"审视人生"不仅仅是寻求个人幸福的手段，更是对伦理相关者的责任；"审视人生"不仅仅是一种生活智慧，更是一种"做人责任"。

第一节 生死问题探讨的五个维度

目前学界①对"死亡"问题的研究主要体现在五方面。

一、以探究"死亡本质""濒死体验"的死亡学

"死亡学"一词最早由出生在俄国的法国动物学及细菌学家爱列梅其尼可夫（Elie Metchnikoff，1845—1916）于 1903 年提出。美国纽约水牛大学外科医学教授罗威柏克（Roswell Park）于 1912 年在美国医学协会期刊中，开始介绍"死亡学"的概念。Kastenbaum 在他编著的《死亡百科全书》中指出"死亡学"是"研究与死亡相关的行为、思想、情感及现象的学科"②。而对于死亡学具有标志性的专著则要推 Herman Feifel 于 1959 年出版的 *The Meaning of Death*③，其基本可作为"区别近代死亡与濒死学问的分水岭"④。随后关于死亡学的研究大量出现，比如 1959 年 Cicely Saunders 出版的《照护濒死者》（*Care of the Dying*）、1961 年 C. S. Lewis 出版《关注丧亲悲伤》（*A Grief Observed*）。1969 年 Elisabeth Kubler Ross 出版了《死亡和濒死》（*On Death and Dying*），此书极为畅销，成为经典之作。随后关于死亡与濒死的书籍风起云涌，而

① "学界"范围侧重于华人学界（主要涉及大陆和台湾部分），只是对于"死亡学"的论述追溯其源头，这有助于对傅伟勋教授所开创的"生死学"背景予以了解。

② Charles A. Corr, Clyde M. Nabe, Donna M. Corr. 当代生死学 [M]. 杨淑智，译，丁宥允，校，吴庶深，审定. 台北：洪叶文化有限公司，2004：1.

③ Herman Feifel, ed. The Meaning of Death. New York：McGraw - Hill. 1959.

④ Lynne Ann Despelder, Albert Lee Strick land. 死亡教育 [M]. 黄雅文，等，译. 台北：五南图书出版公司，2006：34.

关于这方面的杂志也有数种，比如，*Journal of Death and Dying*、*Death Studies*、*Journal of Personal and Interpersonal Loss*、*Loss*、*Mortality Illness* 等①。

二、以探究"死亡的终极性、形而上学"的死亡哲学

以段德智教授为代表，他的《死亡哲学》于 1991 年出版②，他自己的定位是"死而上学"。据其导师陈修斋先生称段德智教授于 1989—1990 年在武汉大学哲学系开"死亡哲学"选修课，他认为"似乎还是破天荒第一遭的事"③。这部书出版后好评如潮、获奖多次，1996 年修订再版；台北洪叶版则于 1994 年出版④。但是，本书的探讨则基本上属于"西方死亡哲学史"的梳理。而且，作者承认对于"死亡"问题可以有宗教学、生物学、医学、心理学、伦理学的讨论，"但是，死亡哲学作为哲学的一个分支，却既明显地有别于这些具体科学或精确科学，也明显地有别于罗斯维尔帕克所开创的'死亡学'（thanatology）……死亡哲学作为哲学的一个分支，是对于死亡的哲学思考……它是以理论思维形式表现出来的关于死亡的'形而上学'，或曰'死而上学'"⑤。这一段话比较典型地反映了"死亡哲学"的问题意识，段德智教授沿此思路认为"死亡哲学是一种形而上学"，也是"一种世界观和本体论"⑥。

三、以探究"医学生物科技引发的生死伦理问题"的生命伦理学

美国《生命伦理学百科全书》将"生命伦理学"（bioethics）定义

---

① Lynne Ann Despelder, Albert Lee Strick land. 死亡教育 [M]. 黄雅文，等译. 台北：五南图书出版公司，2006：36.
② 段德智. 死亡哲学 [M]. 武汉：湖北人民出版社，1991.
③ 段德智. 死亡哲学 [M]. 台北：洪叶文化有限公司，1994：序言.
④ 段德智. 西方死亡哲学 [M]. 北京：北京大学出版社，2006：后记.
⑤ 段德智. 西方死亡哲学 [M]. 北京：北京大学出版社，2006：7-8.
⑥ 段德智. 西方死亡哲学 [M]. 北京：北京大学出版社，2006：11.

为：运用伦理学的方法，在跨学科和跨文化的条件下，对生命科学和医疗保健的伦理学，包括道德见解、决定、行为、政策等进行的系统研究。在邱仁宗先生《生命伦理学》中，他将"生命伦理学"的议题归结为"生殖技术""生育控制""遗传和优生""有缺陷的新生儿""死亡和安乐死""器官移植""行为控制""政策和伦理学"等主题①。我们可以看出，"生命伦理学"重点在"生命医学科技"所带来的种种困惑，比如对于死亡的认定，对于临终患者的安宁疗护，当然也包括对于"安乐死"的伦理争议。需要留意的是"生命伦理学"的生物科技背景，如同邱仁宗先生所说：生物医学技术大大增强了专业人员的力量和知识。据沈铭贤教授分析，"生命伦理学的范围相当广泛，通常分为五个研究领域：理论生命伦理学、临床伦理学、研究伦理学、政策及法制生命伦理学、文化生命伦理学。理论生命伦理学可以理解为生命伦理学概论，侧重于理论层面的阐释。临床伦理学包括临床各科和护理的伦理问题及规范。研究伦理学指生命科学和医学研究中的伦理学，包括药物临床试验规范，同时拓展到生命科学前沿研究的伦理。政策及法制生命伦理学属于管理和制度层面的伦理学，不仅政策和法律要符合和体现伦理，而且伦理的传播和实施要有政策和法律的保障。文化生命伦理学研究文化和生命伦理的关系，以及不同的文化和宗教对生命伦理的不同理解与沟通。"②

四、以发掘生死智慧并落实到生命教育的生死观探究

在大陆学界，更多依据中国儒释道哲学智慧而慢慢走向一种"生死智慧""善死与善终"，由"穿透死亡"而"感悟生死""学会生死"

---

① 邱仁宗. 生命伦理学 [M]. 北京：中国人民大学出版社，2009.
② 沈铭贤. 生命伦理飞入寻常百姓家：解读生命的困惑 [M]. 上海：上海科技教育出版社，2011：42.

的"生死教育"思路则首推大陆的郑晓江教授①，他对"死亡观"的梳理近似于段德智教授"死亡哲学"的思路。但是，郑晓江教授的着眼点不在哲学，而试图基于传统生死智慧给出现代人一种认识死亡、平静看待死亡从而珍惜人生、善待生命的引导。他通过"生死互渗"原理、"三重生命"原理来化解人们对"死"的恐惧心理，试图达到一种"善生优逝"的现代生死智慧。不得不说，数十年来郑晓江先生的此种努力与耕耘对于大陆学界的生死教育与当代中国人的生死观建构功不可没，只是很遗憾的是：郑先生的努力随着他富有争议性的辞世而让人感到不可思议。但是，他对于华人生死智慧的建构以及对于今人树立健康的生死观依然是首屈一指的人物。段德智教授的研究侧重于形而上学，是曲高和寡的，尽管获奖很多。但是，郑晓江先生的努力则是生命教育，有着更多的受众和影响。除此以外，郑晓江教授关于生死问题的研究与台湾学者有着较好的互动，他是比较早就应邀赴台讲生死问题的大陆学者，他的著作与思想在台湾也有着广泛的影响②（虽然说台湾生死学的来源更多依据西学引进）。台湾学者钮则诚教授在《生死学》中提

---

① 我们以他的书名为例。郑晓江. 生命与死亡：中国生死智慧［M］. 北京：北京大学出版社，2011.；郑晓江. 中国生死智慧［M］. 南昌：江西人民出版社，2013.；郑晓江. 生命教育演讲录［M］. 南昌：江西人民出版社，2008.；郑晓江. 穿透死亡［M］. 南昌：江西教育出版社，2000.；郑晓江. 学会生死［M］. 郑州：中州古籍出版社，2007.；郑晓江主编. 感悟生死［M］. 郑州：中州古籍出版社，2007.；郑晓江主编. 生命忧思录：青少年生命教育刻不容缓［M］. 福州：福建教育出版社，2011.；郑先生笔耕不辍，书很多，以上只是部分举例。

② 郑晓江关于生死学的专著在台出版的有：郑晓江. 生死智慧：中国人对人生观及死亡观的看法［M］. 台北：汉欣文化出版，1997.；郑晓江. 叩问人生——中西方哲人的人生智慧［M］. 台北：汉欣文化出版，1997.；郑晓江. 祸福之门：中国人的生存智慧与生活艺术［M］. 台北：汉欣文化出版，1997.；郑晓江. 超越死亡［M］. 台北：正中书局，1999.；郑晓江. 中国死亡智慧［M］. 台北：三民书局，1994.；郑晓江. 生命终点的学问［M］. 台北：正中书局，2001.；郑晓江. 中国生命学——中华贤哲之生死智慧［M］. 台北：杨智文化出版，2005.；郑晓江. 生死学［M］. 台北：杨智文化出版，2006.；这些专著难免有重复，但是一个学者于短短几年内出版这么多专著，用功之勤，仍觉不可思议。

到他时说："大陆哲学学者郑晓江，是少数长期有系统探讨中国生死哲学有所成就者。"①

五、以探究"死亡以及生和爱"的"生死学"

与大陆学界不同，台湾学界的生死问题研究，不是接续西方哲学史和中国传统，他们是直接从西方新兴的"死亡学"引进的，这不得不首推傅伟勋教授。他将西方的"死亡学"略加改造，试图加进"爱"和"生"的元素进而变为饱含生死智慧的"生死学"（Life-and-Death Studies），而"生死学"由傅伟勋教授于 1993 年提出②。

傅伟勋教授对于台湾的生死学研究有着开创性的影响，他将西方的"死亡学"略加改造，他说："以'爱'的表现贯穿'生'与'死'的生死学探索，即从'死亡学'（亦即狭义的生死学）转到'生命学'，面对死的挑战，重新肯定每一单独实存的生命尊严与价值意义，而以'爱'的教育帮助每一单独实存建立健全有益的生死观与生死智慧。"③随后钮则诚教授、尉迟淦教授等则主要沿着"生死教育"这一应用与管理维度展开④，杨国枢教授则认为"死亡教育"或可改为"生死教育"⑤。简而言之，台湾学界的脉络基本是这样：从西方引进死亡学，

---

① 钮则诚，等. 生死学［M］. 2 版. 台北："国立"空中大学出版社，2005：6.
② 傅伟勋. 死亡的尊严与生命的尊严：从临终精神医学到现代生死学［M］. 台北：正中书局，1993：20 – 21.
③ 傅伟勋. 论人文社会科学的科际整合探索理念及理路［J］. 佛光学刊，1996（1）：126.
④ 参见钮则诚，等. 生死学［M］. 2 版. 台北："国立"空中大学出版社，2005.；钮则诚. 殡葬与生死［M］. 台北："国立"空中大学出版社，2007.；尉迟淦. 生死学概论［M］. 台北：五南图书出版公司，2000.
⑤ 傅伟勋. 死亡的尊严与生命的尊严——从临终精神医学到现代生死学［M］. 台北：正中书局，1993：序言.

进而改为生死学，落实为生死教育与管理①，而且无论是从大专院校课程还是安宁疗护机构设立，无论是悲伤辅导还是殡葬礼仪，加之他们与西方学术互动的便捷与频繁，推广之快、努力之多，许多方面都走在了大陆前列。傅伟勋教授对于"生死学"之开创功不可没，而且不限于台湾学界，可视为"华人生死学"之初创。

第二节　生死问题的当代面向及其重建可能

引论："生死学"之重建何以可能

"生死学"（Life-and-Death Studies）由傅伟勋教授于 1993 年提出。傅伟勋教授对于台湾学界乃至整个华人学界的生死学研究有着开创性的影响。一方面他对西方的"死亡学"有着广泛的了解，另一方面他对于现代以来的生命医学伦理问题有着较敏锐的把握，但是他在将原有的"死亡学"称之为"生死学"的时候则是自觉的。他将西方的"死亡学"略加改造，试图加进"爱"和"生"的元素进而变为饱含华人智慧的"生死学"②。这可以视为一种"华人生死学"的初创。

然而，二十多年来，伴随着国内外学界对于"生死"问题的多维度展开研究，生死问题也面临新的挑战：第一，生物医学科技新背景下的生死问题的凸显，比如说生命维护技术、安乐死、器官移植等所带来的生死困顿；第二，现代性反思背景下的"主体死亡"问题，这带来

---

① 台湾学界也有关于死亡哲学的讨论，但基本是西方死亡学的思路，比如，冯沪祥.中西生死哲学［M］.台北：学生书局，2005.，这部书更多的是对西方"死亡学"专著的讨论。

② 傅伟勋.死亡的尊严与生命的尊严——从临终精神医学到现代生死学［M］.台北：正中书局，1993：20－21.

了对生死问题新的反思；第三，后现代意义下人生意义迷失、人生荒谬感、醉生梦死的问题，这是对传统生死问题的颠覆。如上三个面向为学界对"生死问题"的研究带来了新的挑战，同时也为华人生死学的重建提供了新的可能。它们一方面不断建构着人们对生死问题的新看法；另一方面，"生死学"的进一步思考重建有待吸纳这些新的学科因素。生死问题本来就是跨学科的，所以这也预示着"华人生死学"将处于不断建构中。

基于上述三重困境，当代"华人生死学"之重建将遵循以下三个维度予以展开：第一，基于生死伦理学视角重建生物科技面向带来的生死困顿；第二，基于建构实在论对"主体性"的研究，回应"主体死亡"的困境；第三，基于传统儒家、道家生死智慧回应后现代意义迷失问题。因为有死，面对、理解死亡能让我们更好地发掘"生命"和"仁爱"的意义。因为死亡，我们需要重新回到"生命"的起点。在这个层面讲，我们看到"未知生焉知死"的深刻意义，探究死亡最终是为了更好地回归"生命"。因此"华人生死学"之重建是可能的，这是对华人学者傅伟勋教授所开创的"生死学"的进一步发扬，基于此为华人提供新的"安身立命"是可能的，而此种可能性也同时彰显着人类智慧对于生死问题探讨的可普性意义。

一、对傅伟勋教授所开创的"生死学"之批判与反省

毋庸讳言，固然傅伟勋教授天不假年，虽然在实际学术推动上无力进一步展开他的"生死学"，但是，他的开创性对于台湾生死学界影响深远，后继者以南华生死学研究所为中心接续遗志使台湾"生死学"独树一帜，既有别于欧美学界过于注重死亡问题的"死亡学"，同时也有别于过于侧重生死智慧的大陆生死观研究，而且此种融合了"爱"与"生"因素的"生死学"逐渐为华人社会所认可，不再限于台湾一隅，逐渐成为名副其实的"华人生死学"，而且具有生死问题探究领域独特的方向。此种路径影响了台湾的生死实务方面，比如，安宁疗护、殡葬管理、临终服务等。同时也影响了台湾的"死亡教育"①，这逐渐打破了华人社会忌讳言"死"，并逐渐形成在学校开设"生死学"与"死亡教育"② 等课程的局面。

大陆和台湾学者虽然对于生死问题探索有着不同的线索、起源和进路，但是，殊途同归，最终都指向了"生死智慧"，通过对"死亡"的体认逐渐达到理性地看待"死亡"，并更加珍惜"生命"的意义。其不足在于，两岸学者对"生死"问题的研究有着较强的实用化倾向，对于"生死"本质的学理性探讨缺乏，没有此种深层次的探讨，过早转入"生命教育"将使实践层面的生死教育缺乏理论支撑。而此种问题随着哲学界对于"现代性"的反思以及后现代问题的彰显让我们看到"华人生死学"在理论方面的捉襟见肘，过于偏重实务显得没有根基。

考虑到"生死问题"的时代性与复杂性，我们应在现代性反思的意义上来看待当代人的生死问题。生死问题的当代面向表现在三方面：第一，生物医学科技新背景下的生死问题的凸显，比如说生命维护技术、安乐死、器官移植等所带来的生死困顿；第二，现代性反思背景下的"主体死亡"问题，这带来了对生死问题新的反思；第三，后现代意义下人生意义迷失、人生荒谬感、醉生梦死的问题，这是对传统生死问题的颠覆。如上三个面向为学界对"生死问题"的研究带来了新的挑战，同时也为华人生死学的重建提供了新的可能。

---

① 其实就台湾学界而言关于死亡教育的著作在傅伟勋之前即有出版，比如，黄天中 . 死亡教育概论 I——死亡态度及临终关怀研究 [M]. 台北：业强出版社，1991.；黄天中 . 死亡教育概论 II——死亡教育课程设计研究 [M]. 台北：业强出版社，1992.；但是，其影响远远无法与傅伟勋的著作相比。

② 张淑美 . 死亡学与死亡教育 [M]. 高雄：复文书局，1996.

二、基于生死问题的当代面向试论生死学之重建可能

对生死问题的探究是必要的，因此华人学者傅伟勋教授所开创的"生死学"有待于继续发扬，但是由于生死问题的现代三个面向，对生死问题的探究需要遵循以下三个维度予以重建：第一，基于生死伦理学视角重建生物科技面向带来的生死困顿；第二，基于建构实在论对"主体性"的研究回应"主体死亡"的困境；第三，基于传统儒家、道家生死智慧回应后现代意义迷失问题。

（一）基于生死伦理学视角重建生物科技面向带来的生死困顿

基于"生死学"的第一个面向关于生物科技因素，我们尝试提出"生死伦理学"①，这可以作为"生死学"的伦理维度。其研究对象为现代社会中基于生物医学科技的进步，面对"生"与"死"的种种新现象（比如，试管婴儿、代孕母亲、克隆人、安乐死、自杀、遗体捐赠等），审视"生""死"的新的行为方式对传统人际关系的挑战与影响，通过研究讨论形成新的合理的"生死伦理"价值观念与行为规范，并使现代人受其规范与引导，从而以符合现代新伦理的行为方式对待处理人类的生死问题。其处理方式区别于"死亡教育""生命教育""生命伦理学"等，"生死伦理学"定义可尝试界定为：以现代人生活行为中的"出生"（方式）与"死亡"（方式）为研究对象，探究现代人新的人伦关系及其合理性，回应"试管婴儿""代孕母亲""克隆人""自杀""安乐死""遗体捐赠"等现代生物医学所带来的伦理挑战，由此建构一种善生优逝的生死观与彼此敬重的现代人际伦理关系。

---

① 详见笔者为中国人民大学教育部重点基地重大项目"日常生活伦理学研究"（11JJD720017，已结项）所撰写的"生死伦理"章节。

（二）基于建构实在论对"主体性"的研究回应"主体死亡"的困境

关于"主体死亡"的反省与超越，大陆学者段德智教授提出了"主体生成论"① 予以回应。但是，更值得留意的是对建构实在论有所创新并基于建构实在论立场反思现代性并提出创造性推进的沈清松教授，他基于前人研究对现代性的经典表述为"主体性""表象文化""理性化""宰制性"②。面对这一现代性现象，可贵的是，沈清松教授并没有像有些西方学者批判现代性走向后现代，没有批判主体性而解构主体，而是努力评判保存现代性的优点并试图克服其缺点。而且，他对于法国哲学家列维纳斯、德勒兹、德里达等提出的"他者"概念有种基于华人思想资源的推进，比如说他在批判前者基础上进一步提出的"多元他者""可普性""外推理论"等都令人耳目一新③。而且，沈清松教授还在试图建构"中华现代性"的独特表达，由此他提出"开放主体性与多元他者相互丰富""学习表象创新拟象而不忘怀与生活世界联系""注重整全理性而非制物狭隘的理性"。他说："基于上述对于主体、表象和理性的态度，中华文化所发挥的，不但不是宰制，而且要反宰制的王道精神；不但不以科学理论与科技去宰制万物，而且要以尽性的方式待之。"④ 这在我们看来是"华人生死学"亟待汲取的思想成果，若"生死学"没有这些原创性哲学探究作为思想来源，那么生死学将徒有其名，将成为无源之水、无本之木。

① 段德智．主体生成论——对"主体死亡论"之超越 ［M］．北京：人民出版社，2009.
② 沈清松．探索与展望：从西方现代性到中华现代性 ［J］．南国学术，2014（1）：105－107.
③ 沈清松．从利玛窦到海德格：跨文化脉络下的中西哲学互动 ［M］．台北：台湾商务印书馆，2014.
④ 沈清松．探索与展望：从西方现代性到中华现代性 ［J］．南国学术，2014（1）：114.

（三）基于传统儒家道家①生死智慧回应后现代意义迷失问题

面对现代世界人类的意义碎片化、无聊、烦等意义迷失问题，李泽厚先生曾基于中国思想资源提出"情本体"理论。在谈到"情本体"时，李泽厚说："我的哲学构想，和国内的思潮，好像没有太大的关系；但和世界的思潮有关系。没有海德格尔，没有现在这种世界性的难题，也不会有情本体。就是我前面说过的，人类走到这地步了，个人也走到这地步了，人不能不把握自己的命运了。人的孤单、无聊，人生的荒诞、异化，都达到空前的程度，在这样的时候，面对种种后现代思潮，我提出情本体，也可以说是世界性问题使然吧……这是一种世界的视角，人类的视角，不是一个民族的视角，不只是中国视角。但又是以中国的传统为基础来看世界。所以我说过，是'人类视角，中国眼光'。"②

对于人生意义建构，我们知道中国传统思想资源中儒家、道家有着丰富的矿源有待发掘，比如对于逝者之祭礼说"祭者，志意思慕之情也"（《荀子·礼记》），"志意思慕之情"基本上反映了中国人对亡者的一种缅怀和情感寄托，同时，也是对于生者的一种"民德归厚"式的教化。中国人的礼乐是为了生者而不是为了死者，所以荀子说："君子以为人道也，其在百姓以为鬼事也。"实际上，即便在民俗人伦中，对于丧葬祭礼也基本上遵循此种"慎终追远民德归厚"和"志意思慕之情"的生死智慧。冯友兰先生说："依上所引，则儒者，至少一部分的儒者，对于人死之意见，不以为人死后尚有灵魂继续存在。然灵魂不死之说，虽为理智所不能承认，而人死之不可不即等于完全断灭，则为

---

① 限于篇幅侧重论述儒家思想资源部分，但是道家关于生死智慧融汇其间，比如李泽厚"情本体"理论不限于儒家，而"慢慢走欣赏啊"之说法更多是道家立场的表达。

② 李泽厚，刘绪源. 该中国哲学登场了？——李泽厚2010谈话录［M］. 上海：上海译文出版社，2011：79-80.

事实。盖人所生之子孙，即其身体一部之继续存在生活者；故人若有后，即为不死。"① 子孙后代的传承便是一人一家"不死"的象征，由此我们也可以看出传统社会"传宗接代"的超越性含义，不仅仅是子孙肉体的繁衍，更多是一种文化价值意义的传承。基于此种语境，我们也可以看出，为什么中国人那么注重孝悌观念，而且有"百善孝为先"的说法。除了此种"不死"的观念之外，我们知道另外一种"不朽"的说法是在《左传》里提出的"大上有立德，其次有立功，其次有立言"。中国人的文化心理正是通过此种"世间"的尽伦尽职，通过此种德行修养、功利建构、言语智慧来达到一种精神性的不朽。此种不朽不是通过灵魂不灭或者来世复活，而是通过此世间对他人的正面影响而发生的，对他人的仁爱善待、对这个社会的功业建立以及对任何人的智慧劝诫便是一种"不朽"。

面对有死的事实，因为此种生的价值，因为此种"有生命承载的不朽"，让我们看到，死，不再是可怕的离开，而是一种心灵宁静后的休息。如同《荀子·大略》所载，子贡言："大哉！死乎！君子息焉，小人休焉。"所以李泽厚在谈及中国人的死亡意识时说："在中国人的意识里时间首先是与人的生死存亡联系在一起的。孔子和儒家没有去追求超越时间的永恒，正如没有去追求脱去个性的理式（idea）、高于血肉的上帝一样。……与现代存在主义将走向死亡作为生的自觉，将个体对死亡的把握作为对生的意识近似而又相反，这里是将死的意义建筑在生的价值之上，将死的个体自觉作为生的群体勉励。在儒家哲人看来，只有懂得生，才能懂得死，才能在死的自觉中感觉到存在。"②

此种强调"生"强调"情"的思想智慧，一方面是承继了传统儒

---

① 冯友兰. 中国哲学史：上［M］. 上海：华东师范大学出版社，2011：202.
② 李泽厚. 华夏美学［M］//李泽厚十年集：第一卷. 合肥：安徽文艺出版社，1994：260－261.

家精神，另一方面与傅伟勋教授开创的注重"生""爱"的"生死学"是一脉相通的，李泽厚说"慢慢走欣赏啊"，在品味人生中融化情感充实此在，"只有这样，才能战胜死亡，克服'忧''烦''畏'。"① 而且通过"让哲学主题回到世间人际情感中来吧，让哲学形式回到日常生活中来""以眷恋、珍惜、感伤、了悟来替代那空洞而不可解决的'畏'和'烦'，来替代由它而激发的后现代的'碎片''当下'。不是一切已成碎片只有当下真实，不是不可言说的存在神秘，不是绝对律令的上帝，而是人类自身实存与宇宙协同共在，才是根本所在。"② 或许李先生的某些论证有待细化和明确，但是，此种构想在我们看来对于现代人的生死困顿而来的"意义迷失"不啻为一剂良药。基于此，笔者认为"华人生死学"当汲取此种基于华人传统思想资源而开创的意义建构理论。

三、结语："生死学"之重建及其可普性意义

现代学术训练承继的是"分科治学"传统，其好处在于对于问题的精细化定位以及实证性研究，其劣处在于画地为牢，把任何问题都看死了。然而，人的问题是动态的、关联的而且趋于复杂化。关键在于问题是不分科的，分科只是处理问题的一种权宜之计，若停留并自守于某一隅，以分科自限，那么对于许多问题的研究便会流于窠臼不能自拔。以生死学为例，生死问题固然是人类始终面对的，所以有其确定性一面，但是，具体到某个时段，人类面临的生死问题则是复杂的、独特的，比如现代以来，人们的生死问题严重受到"生物科技""主体哲学""意义迷失"等因素深度介入，这不但改变了人们的生死观，而且

---

① 李泽厚. 李泽厚哲学文存：上下编［M］. 合肥：安徽文艺出版社，1999：526.
② 李泽厚，刘绪源. 该中国哲学登场了？——李泽厚2010谈话录［M］. 上海：上海译文出版社，2011：5.

给人们带来了前所未有的生死困顿。有鉴于此，承继华人前辈学者的开拓性研究，基于生死问题的现代三个面向，本书认为对生死问题的探究需要遵循以下三个维度予以重建：第一，基于生死伦理学视角重建生物科技面向带来的生死困顿；第二，基于建构实在论对"主体性"的研究回应"主体死亡"的困境；第三，基于传统儒家、道家生死智慧回应后现代意义迷失问题。

这让我们看到，因为有死，面对、理解死亡能让我们更好地发掘"生命"和"仁爱"的意义。因为死亡，我们需要重新回到"生命"的起点，从这个层面讲，我们看到"未知生焉知死"的深刻意义，探究死亡最终是为了更好地回归"生命"。由此，"华人生死学"之重建是可能的，基于此为华人提供新的"安身立命"是可能的。其针对的问题是世界性的，其理论诉求是"人类自身实存与宇宙协同共在"，因此"华人生死学"之探讨具有普世性意义。由此也可以看出，基于傅伟勋教授所开创的"生死学"，通过发掘传统华人思想资源，承继华人思想家的理论原创，"华人生死学"之重建将在世界人类精神重建事业中居于重要地位。

第三节　向死而生——比较视阈下以"不朽"为中心之重建尝试

引言："死亡"作为生命之镜——审视人生的另一种可能

众生皆有死，这是中西文化共同认可的一个现象，同时也是任何一个自觉的个人所要面临的处境。然而，"有死"是个现象，如何看待这一现象则蕴含着一种意义寻求。以华人学界为例，对"死亡"问题之研究以多重维度展开，举其要者：其一，探究"死亡以及生和爱"的

"生死学"，这由华人学者傅伟勋教授于 1993 年提出①，他将西方的
"死亡学"（以探究"死亡"本质为主旨，标志性的专著为 Herman Feif-
el 于 1959 年出版的 *The Meaning of Death*②）略加改造，试图加进"爱"
和"生"的元素进而建构为饱含生死智慧的"生死学"（Life-and-Death
Studies）；其二，探究"死亡的终极性、形而上学"的死亡哲学，大陆
学者以段德智教授为代表，他的《死亡哲学》于 1991 年出版③，他自
己的定位是"死而上学"；其三，发掘生死智慧并落实到生命教育的生
死观探究，代表人物为郑晓江教授④；其四，探究"医学生物科技引发
的生死伦理问题"的生命伦理学，以邱仁宗教授为代表，他将"生命
伦理学"的议题归结为"生殖技术""生育控制""遗传和优生""有
缺陷的新生儿""死亡和安乐死""器官移植""行为控制""政策和伦
理学"等主题⑤。对"死亡"问题的多重维度⑥（不限于上述四种）展
开说明了此问题的跨学科性质⑦（还包括心理学、考古学、人类学等领
域以及业界如殡葬业的关注⑧），因此这一领域有着丰富的多学科成果

---

① 傅伟勋．死亡的尊严与生命的尊严：从临终精神医学到现代生死学［M］．台北：
正中书局，1993：20 – 21．

② Herman Feifel, ed. *The Meaning of Death*［M］．New York：McGraw-Hill，1959．

③ 段德智．死亡哲学［M］．武汉：湖北人民出版社，1991．

④ 我们以他的专著为例：郑晓江．生命与死亡：中国生死智慧［M］．北京：北京大
学出版社，2011．；郑晓江．中国生死智慧［M］．南昌：江西人民出版社，2013．；
郑晓江．生命教育演讲录［M］．南昌：江西人民出版社，2008．；郑晓江．穿透死
亡［M］．南昌：江西教育出版社，2000．；郑晓江．学会生死［M］．郑州：中州
古籍出版社，2007．；郑晓江．感悟生死［M］．郑州：中州古籍出版社，2007．；
郑晓江主编．生命忧思录：青少年生命教育刻不容缓［M］．福州：福建教育出版
社，2011．

⑤ 邱仁宗．生命伦理学［M］．北京：中国人民大学出版社，2009．

⑥ 关于此问题可参考张永超．20 年来两岸学界关于"生死问题"的不同进路及其比较
［J］．福建江夏学院学报，2015（4）：80 – 85．

⑦ 刘君莉，张永超．"第一届中国当代死亡问题研讨会"会议综述［J］．医学与哲
学，2017（3A）：96．

⑧ 胡宜安．现代生死学导论［M］．广州：广东高等教育出版社，2009．

以资借鉴和融汇；同时也说明进一步对"死亡"问题的探讨，自觉限定问题区域与聚焦主题是必要的，否则将泛滥无归而难以有所推进。本书之研究路径更近于上面傅伟勋教授所开创的"生死学"以及郑晓江教授所凸显的"生死观"研究，在问题聚焦、研究方法、思路建构上则尝试有所推进。

"死亡"作为"生命"①之镜的新视角，具体来讲，接续上述学界对"死亡"问题的探讨，本书的侧重在于回到中西文明的经典文本中（以儒耶为例）探究其如何看待"死亡"问题，对"死亡"又是如何超克的，又如何以"死亡"为镜，来反观、建构"生命"的意义。由此以"死亡"为镜，在比较视域下，以经典文本为据，我们会看到中西不同的"死亡"观及其超克路径。在研究方法上本书主要运用比较哲学的方法，借鉴了亚里士多德"朋友如镜"（《大伦理学》，1213a20 – 26）之理论②。中国人有"讳言死"的说法，然而，以"死亡"为镜，却可以彰显"生命"的意义。在上述问题意识下，我们看到在先秦经典文本中有提到"死亡"为"休息"以及"三不朽"的说法；而在西方文明经典文本《圣经》中则有"永生""复活"的表述，那么如何理解这些"不朽"方案？其产生歧义的原因何在？比较语境下不同的"不朽"观对"人生"之意义又有何种建构？

关于中国传统思想中对"死亡"问题的探讨，康韵梅博士认为可以从四方面考虑：第一，基于神话传说中的变形神话而揭示的"死生相继"；第二，基于道家道教思想中长生久视而成仙思想；第三，基于

---

① 需要说明的是，在不同研究者那里对于"生命"有类似于"社会生命""精神生命""生理生命"等界定，对于"死"也有"心死""身死"的说法。为避免词语上的歧义，本书对"生命"与"死亡"之界定主要就生理性'身体'立论，涉及"灵性"层面意义的"生命"会单独注释标明。

② 对此问题之分析可参考余纪元. 德性之镜：孔子与亚里士多德的伦理学［M］. 林航，译. 北京：中国人民大学出版社，2009：5 – 6.

民俗传统中丧祭墓葬中的"死而不亡"信仰；第四，基于儒家实用理性的生命价值不朽①。西方传统思想关于"死亡"问题之讨论同样可以有多重路径，如"死亡哲学""死亡学"等。为了集中论题，我们将自觉聚焦在儒家与基督教经典文本对"死亡"之看法尤其是对"死亡"之超克上，选取儒耶文本是考虑到其对中西文明塑造的典型性，基督教对西方文明之影响自不待言，陈寅恪论及儒家之影响时说："故二千年来华夏民族所受儒家学说之影响最深最巨者，实在制度法律公私生活之方面。"② 围绕"死亡"及其超克这一主题，以下从三方面展开：对"死亡"之看法及其超克；比较中西不同超克路径之原因；"不朽"对于"向死而生"的意义。文献依据也自觉集中在先秦儒家经典，以《论语》为中心，旁涉《荀子》《左传》《礼记》等；基督教经典以《圣经》中的《马太福音》为中心，旁涉《创世纪》《约翰福音》等其他章节③。

一、以生观死：死的意义建筑在生的价值之上

（一）"归土"与"追远"：先秦儒家对"死亡"问题之见解

1. "众生必死，死必归土：此之谓鬼"

我们知道儒家对于生死的态度，自孔子开始基本形成一种"实用理性"的思路，比如在《论语·先进》篇中季路问事鬼神。子曰："未能事人，焉能事鬼？"曰："敢问死。"曰："未知生，焉知死？"这种通

---

① 康韵梅. 中国古代死亡观之探究［D］. 台北：台湾大学中国文学研究所，1992：238-240.

② 陈寅恪. 审查报告三［M］//冯友兰. 中国哲学史：下册. 上海：华东师范大学出版社，2011：336.

③ 考虑到此问题的复杂性、学界研究的跨学科特点以及涉及文本的广泛性，为了避免偏离主题，首先做出研究路径、问题聚焦、方法选择、文本依据上的自觉限制是必要的，这并不否认其他研究路径的合理性以及其他文本的有效性。

过"生"来面对或者超越"死"的思路一直影响着中国人的文化心理。此种心理认知并没有回避众生皆有死的事实，但是，又不停留于这种事实，不恐惧于这种事实，而是试图通过某种自己可以把握的努力来超越它。此种可以把握的努力不是通过超越的上帝救赎，也不是长生久视的得道成仙，更不是涅槃寂静，而是在人间世的尽伦尽职。对生的价值彰显便是对死的超越，这样的死才是有意义的。至于人死后怎样，鬼神是什么，延续孔子的实用理性思路，并不做抽象玄虚的形上建构。

在《礼记》和《说苑》中我们看到如下记载：

> 宰我曰："吾闻鬼神之名，而不知其所谓。"子曰："气也者，神之盛也；魄也者，鬼之盛也；合鬼与神，教之至也。众生必死，死必归土：此之谓鬼。……因物之精，制为之极，明命鬼神，以为黔首则。百众以畏，万民以服。"（《礼记·祭义》）

> 子贡问孔子："死人有知无知也？"子曰："吾欲言死者有知也，恐孝子顺孙妨生以送死也；欲言无知，恐不孝子孙弃不葬也。赐欲知死人有知将无知也，死徐自知之，犹未晚也！"（《说苑·辩物》）

这里我们基本上可以看出孔子对于鬼神的唯物论解释，用气来解释"神"，用"鬼神"来解释"教"，众生必死，死后归土就是"鬼"了。"因物之精，制为之极，明命鬼神，以为黔首则。百众以畏，万民以服。"这是神道设教的思路，关键在于教化众人。第二则文献，我们看到了同样的思路，死人是否有知？死后是否有知？孔子的说法很巧妙，他立论的重点不在于死者身上而在于生者的反应，即便是面对"问死"其回答还在于"此生"。这里，我们可以看到孔子的智慧，对于无法探知的"死后"问题，不武断、不回避，只是将问题引导到可以认知、可以努力、可以把握的现世此生中。至于死人是否有知无知，自己死后自然知道，"犹未晚也"；对于人生来讲，"死"不是优先考虑的问题；面对有死的事实，"善生"才是优先的考虑，否则就会"后悔"，就会

"晚";对于死后问题那是不会晚的,死后自然知道。所以,儒家的所有努力劝勉都放在可以把握的此生此世,面对死,生是优先的。生命价值的彰显,此生的尽伦尽职,便是人生的意义所在,人生的意义赋予了,死,便不再可怕;死亡便是一种归宿和休息,这时候,死的意义便产生了。此生的努力赋予了死后意义的存在。这一思路,我们能在相关的祭丧礼中进一步看到。

2. "祭者志意思慕之情也"

儒家的祭丧礼并非基于死后世界的信仰,而是基于一种人情考虑。孟子在《滕文公》篇中说:"盖上世尝有不葬其亲者,其亲死,则举而委之于壑。他日过之,狐狸食之,蝇蚋姑嘬之。其颡有泚,睨而不视。夫泚也,非为人泚,中心达于面目,盖归反虆梩而掩之。掩之诚是也,则孝子仁人之掩其亲,亦必有道矣。"(《孟子·滕文公上》)此可以看出对于"亲死"的丧葬之礼主要是基于一种人情考虑。再比如我们在《礼记·问丧》中看到孝子要扶杖,为什么要扶杖呢?(或问曰:"杖者以何为也?")"曰:孝子丧亲,哭泣无数,服勤三年,身病体羸,以杖扶病也……此孝子之志也,人情之实也,礼义之经也,非从天降也,非从地出也,人情而已矣。"(《礼记·问丧第三十五》)这里我们可以看出,此种丧祭之礼主要是基于一种人情考虑,人情之外没有"上帝""鬼神""灵魂"之预设。后来,在荀子那里,进一步凸显了这一主题:"礼者,谨于治生死者也。生、人之始也,死、人之终也,终始俱善,人道毕矣……事生,饰始也;送死,饰终也。"(《荀子·礼论》)荀子的思路与孔子是一致的,而且他更明确地凸显了此种"礼"的人文含义和神道设教的含义。孔子弟子中以"孝"著称的曾子说"慎终追远,民德归厚"(《论语·学而》),这也是荀子所表达的主题:"祭者,志意思慕之情也。……圣人明知之,士君子安行之,官人以为守,百姓以成俗;其在君子以为人道也,其在百姓以为鬼事也。"(《荀子·礼论》)

"志意思慕之情"基本上反映了中国人对亡者的一种缅怀和情感寄

托，同时，也是对于生者的一种"民德归厚"式的教化。中国人的礼乐是为了生者而不是为了死者，所以荀子说"君子以为人道也，其在百姓以为鬼事也"。实际上，即便在民俗人伦中，对于丧葬祭礼也基本上遵循此种"慎终追远，民德归厚"和"志意思慕之情"的生死智慧。对死者的怀念是为了勉励生者，对先祖父母辈的纪念更多是为了给后代子孙做个表率。世俗的人伦道德智慧正是在这种丧葬祭礼中得以传承实行的。然而，这样的人生毕竟是短暂的，除却这些德化教育意义之外，人是否还可以有不朽的追求？如果一切都是暂时的，人们还有永恒追求的动力吗？人一生辛辛苦苦的意义何在？面对众生皆有死的时候，什么是可以不朽的？什么是可以作为永恒追求的？

（二）"不朽"与"绵延"："死后"之传承

如上面我们所看到的孔子对"人"之理解侧重"气"（物质性）层面之界定，而无"灵魂""神不灭"的设定，那么，对于"可朽"的物质性身体，人们是否还可以有"不朽"的追求？在儒家的思想语境中影响较大的"不朽"论述有两种，其一为"子孙绵延意义上的不朽"，其二为"三不朽"。冯友兰论及前者时明确提出："至少一部分的儒者，对于人死之意见，不以为人死后尚有灵魂继续存在。然灵魂不死之说，虽为理智所不能承认，而人死之不可不即等于完全断灭，则为事实。盖人所生之子孙，即其身体一部之继续存在生活者；故人若有后，即为不死。"① 子孙后代的传承便是一人一家"不死"的象征，由此我们也可以看出传统社会"传宗接代"的超越性含义，不仅仅是子孙肉体的繁衍，更多是一种文化价值意义的传承；基于此种语境，我们也可以看出，为什么中国人那么注重孝悌观念，而且有"百善孝为先"的说法。除了此种"不朽"的观念之外，我们知道另外一种"不朽"的

---

① 冯友兰. 中国哲学史：上［M］. 上海：华东师范大学出版社，2011：202.

说法是在《左传》里提出的：

> 二十四年，春，穆叔如晋，范宣子逆之问焉，曰，古人有言曰，死而不朽，何谓也……豹闻之，大上有立德，其次有立功，其次有立言。虽久不废，此之谓不朽，若夫保姓受氏，以守宗祊，世不绝祀，无国无之，禄之大者，不可谓不朽。（《左传·襄公二十四年》）

以《左传》为例除了"三不朽"说法之外，论及"不朽"的还有四处：其一为孟明归秦时说"使归就戮于秦，寡君之以为戮，死且不朽"（《左传·僖公三十三年》）；其二为知罃归晋时说"累臣得归骨于晋，寡君之以为戮，死且不朽，若从君之惠而免之，以赐君之外臣首，首其请于寡君，而以戮于宗，亦死且不朽"（《左传·成公三年》）；其三为楚师败后子反说"君赐臣死，死且不朽"（《左传·成公十六年》）；其四为季平子随君归国时说"不绝季氏，而赐之死，若弗杀弗亡，君之惠也，死且不朽，若得从君而归，则固臣之愿也"（《左传·昭公三十一年》）。关于此四则材料（主要是前三则，第四则疑有"错简"），陈来分析道："这些讲法都是说，若在自己的国家被国君赐死，则死而不朽。死在本族的宗庙，亦死而不朽。但如果死在异国，不能归骨于家族，就不能死而不朽了。根据这样的讲法，所谓'死而不朽'的意思似乎是死在自己的国、家，死后可以享祀，死后的精神魂魄可以与宗族祖先的精神魂魄在一起。"[1] 此种分析是公允的。这里我们可以看出此种"不朽"理想与上述"子孙繁衍意义上的不朽"以及"立德立功立言三不朽"是对应的，而以"三不朽"为核心。此种思路影响深远，我们以对现代学界思潮影响遍及文史哲领域的胡适为例，他便自

---

[1] 陈来. 古代思想文化的世界：春秋时代的宗教、伦理与社会思想 [M]. 北京：生活·读书·新知三联书店，2002：124.

觉批评了"神不灭"层面的不朽，认为"三不朽""好的多了"，但认为传统"三不朽"说有三层缺点："真能不朽的只不过那极少数""没有消极的制裁""范围很含糊"，因此他又接续此种思路提出"社会的不朽论"①。由此可看出"三不朽"所塑造的中国人文化心理正是通过此种"世间"的尽伦尽职，通过此种德行修养、功利建构、言语智慧来达到一种精神性的不朽。此种不朽不是通过灵魂不灭或者来世复活，而是通过此世间对他人的正面影响而发生的，对他人的仁爱善待、对这个社会的功业建立以及对任何人的智慧劝诫这便是一种"不朽"。人都会死，但是此种"德行仁爱、功业恩泽、道德智慧"却活在生者心中，因此这是一种有生命承载的不朽。面对有死的事实，因为此种生的价值，因为此种"有生命承载的不朽"，让我们看到，死，不再是可怕的离开；而是一种心灵宁静后的休息。

（三）"死"之意义与生之价值

在《荀子》"大略篇"我们看到孔子与弟子的如下对话：

> 子贡问于孔子曰："赐倦于学矣，愿息事君。"孔子曰："《诗》云：'温恭朝夕，执事有恪。'事君难，事君焉可息哉！"……"然则赐无息者乎？"孔子曰："望其圹，皋如也，颠如也，鬲如也，此则知所息矣。"子贡曰："大哉！死乎！君子息焉，小人休焉。"（《荀子·大略》）

从对"死亡"之解释及其"不朽"之定位中，我们看到儒家所建构的文化心理与价值追求，在世时要尽伦尽职，去世时则宁静休息。此种生前的"尽伦尽职"便表现为个人德行的培养，具体的领域便是在

---

① 胡适. 不朽——我的宗教［M］//欧阳哲. 容忍比自由更重要：胡适与他的论敌. 北京：时事出版社，1999：406－414.（原载 1919 年 2 月《新青年》六卷六号，后收入《胡适文存》卷四）.

君臣、父子、夫妇、兄弟、朋友中完成君子人格的养成。此种人伦关系至今或许名称有所变换，但是上下级的关系、父子、夫妇、兄弟、朋友等人伦维度依然存在，这也表明，儒家此种人伦智慧是亘古弥新的。在世时的尽伦尽职，临至终年，死去，便是一种归宿，一种休息，一种心灵的安宁，而不仅仅是一种生命的停止和结束。这种死，可怕吗？在儒家看来，这样的死是不可怕的，因为生的价值赋予了死的意义和宁静。后来张载在自勉格言中称"存吾顺事，没吾宁也"（《西铭》末句），正是此种宁静智慧的写照。李泽厚在谈及中国人的死亡意识时说：在中国人的意识里时间首先是与人的生死存亡联系在一起的。事物在变迁，生命在流逝，人生极其有限，生活何其短促……那么，有没有可能或如何去超越它呢？去构造一个永恒不变的理念世界吗？去皈依上帝相信灵魂永在吗？在神的恩宠和灵魂的不朽中去超越这个有限的人生、世界和时空吗？有这种超越、无限、先验的本体吗？对此，李泽厚先生回答道："中国哲人对此是怀疑的……孔子和儒家没有去追求超越时间的永恒，正如没有去追求脱去个性的理式（idea）、高于血肉的上帝一样。……这里是将死的意义建筑在生的价值之上，将死的个体自觉作为生的群体勉励。在儒家哲人看来，只有懂得生，才能懂得死，才能在死的自觉中感觉到存在。"①

　　李先生的论述可以作为中国人对于生死观念的一个小结，同时下面我们也可以去反观西方的死亡观念，他们也承认"有死"，也承认"不朽"，也勉励此生的辛苦努力，但是，其依据不是人情自身，而是基于超越性的理念、至高的上帝。

---

　　① 李泽厚．华夏美学［M］//李泽厚十年集：第一卷．合肥：安徽文艺出版社，1994：
　　260－261.

二、向死而生：超越有限的人生

本节在文本依据上持续文首坚持的原则，以基督教经典《圣经》中《马太福音》①为中心文本，同时会参引"对观福音"其他三部、《创世纪》等其他章节。

（一）基督教经典对"死亡"之看法：以"耶稣之死"为中心

以《马太福音》文本为中心，对死亡问题有所论列的涉及四处："屠杀男孩"（太2：16－18）②、"施洗约翰的死"（太14：1－12；另见可6：14－29；路9：7－9）、"犹大的死"（太27：3－5；另见徒1：18－19）、"耶稣的死"（太27：45－50；另见可15：33－41；路23：44－49；约19：28－30）。精审上述对"死亡"的讨论，我们可以看出：

第一，《马太福音》在论及死亡问题上，固然有"男孩之死""约翰之死""犹大之死"，但是，从内容上看都围绕"耶稣之死"展开，前三者都是辅助、铺垫性的。因为"男孩之死"正是由于希律王对耶稣之诞生不安，起了杀心，"凡两岁以里的，都杀尽了"（太2：16）。而"犹大之死"则是因为出卖耶稣"就后悔""把那银钱丢在殿里，出去吊死了"（太27：3－5）。"约翰之死"的具体死因为"起先希律为他兄弟腓力的妻子希罗底的缘故，把约翰拿住锁在监里"，"因为约翰曾对他说，你娶这妇人是不合理的"。但直接死因则是希罗底女儿为希律王跳舞赢得欢心，被母亲所使就说："请把施洗约翰的头，放在盘子里，拿来给我。"（太14：3－10）不过，我们需要留意《马太福音》

---

① 参考的圣经版本《圣经》，中国基督教三自爱国运动委员会中国基督教协会出版发行，2009；香港圣经公会和合版，1999；思高圣经学会译本，1991香港20版；New International version，Zonderevan Bible Publishers，1984。

② 具体引用格式上依照同行惯例，以篇名简称随后附章节数，下同。

第14章第一、第二节"那时分封的王希律，听见耶稣的名声，就对臣仆说这是施洗的约翰从死里复活，所以这些异能从他里面发出来"（太14：1-2）。而耶稣在论施洗约翰时也说："我告诉你们：是的，他比先知大多了。经上记着说'我要差遣我的使者在你前面预备道路。'所说的就是这个人。"（太11：9-10）同时可参看"耶稣受洗"（太3：13-17；另见可1：9-11；路3：21-22）。可以看出施洗约翰作为先知是为了"预备道路"，在此意义上，我们可以看出"施洗约翰之死"相对于"耶稣之死"而言也是辅助性的、预备性的。

第二，《马太福音》在死亡问题上对"耶稣之死"有着较为详细集中的论述。首先，在"对观福音"文本比较上"耶稣之死"全部涉及（太27：45-50；可15：33-41；路23：44-49；约19：28-30），而"男孩之死""约翰之死""犹大之死"则只是"对观福音"之一二部提及。其次，在《马太福音》文本内部，我们看到在"耶稣的死"章节前有着浓厚的预言与铺垫："耶稣预言受难和复活"（太16：21-28；另见可8：31-9：1；路9：22-27）、"耶稣第二次预言受难和复活"（太17：22-23；另见可9：30-32；路9：43-45）、"耶稣第三次预言受难和复活"（太20：17-19；另见可10：32-34；路18：31-34）。关于"耶稣之死"则从"祭司长图谋杀害耶稣"开始用26、27两章详尽描述，而且"对观福音"全部有涉及，从文献角度可以看出"耶稣之死"浓墨重彩背后的蕴意与重量：救赎。进而言之，如果说"耶稣之死"有着浓重的分量，那么我们看到"死亡"不是终点，"复活"才是升华。这一点在前面讨论儒家对"死亡"及其超克时是没有看到的。而且，需要留意的是"耶稣之死"前的三次预言都是"受难和复活"相连，可以看出"受难"只是救赎过程之一环而非终点，死后的"复活"才是"对观福音"文本中精彩和独特的部分（参见文本：太28：1-10；可16：1-10；路24：1-12；约10：1-10），我们将在下面详细讨论此种"死"而"复活"的原因。

（二）“复活”：基督教对“死亡”之超克及其依据

《马太福音》文本中关于“复活”问题之记载除了“耶稣三次预言受难与复活”以及“耶稣复活”章节外，在第22章耶稣与撒都该人专门讨论了“复活的问题”（太22：23－32；另见可12：18－27；路20：27－40），具体论述如下：

> 撒都该人常说没有复活的事。那天他们来问耶稣说：“夫子，摩西说：‘人若死了没有孩子，他兄弟当娶他的妻为哥哥生子立后’。从前在我们这里，有弟兄七人，第一个娶了妻，死了，没有孩子，撇下妻子给兄弟。第二第三直到第七个都是如此。末后，妇人也死了。这样，当复活的时候，他是七个人中哪一个人的妻子呢？因为他们都娶过他。”耶稣回答说：“你们错了。因为不明白《圣经》，也不晓得神的大能。当复活的时候，人也不娶也不嫁，乃像天上的使者一样。到死人复活，神在经上向你们所说的，你们没有念过吗。他说‘我是亚伯拉罕的神、艾萨克的神、雅各布的神’。神不是死人的神、乃是活人的神。”（太22：23－32）

依照《马太福音》文本我们可以看出耶稣明确提出“当复活的时候，人也不娶也不嫁，乃像天上的使者一样”以回答撒都该人的问难，但是，我们还可以问，此种复活仅仅是“灵性”层面的（不娶不嫁如同天使）还是有肉体的部分。在“耶稣复活”章节我们看到：有提到耶稣“向抹大拉的玛利亚显现”（太28：9－10；可16：9－11），包括向门徒显现（太28：16－20；路24：36－49；约20：19－23；徒1：6－8）。这里值得留意的是，“对观福音”之一《约翰福音》记载向玛利亚显现时耶稣说：“不要摸我，因我还没有升上去见我的父。”（约20：17）而且，在“解除多马的疑惑”一节中多马说：“我非看见他手上的钉痕，用指头探入那钉痕，又用手探入他的肋旁，我总不信。”而耶稣复活向他们显现时真的请多马“伸出你的手来，探入我的肋旁”

（约 20：25 - 28）。由此我们可以看出，就"对观福音"之记载"耶稣复活"实例是有肉体的复活①。对于最终经历"审判"而"复活的时候"，依据"不娶也不嫁，乃像天上的使者一样"更多是灵性意义上的。《哥林多前书》专门讨论了"复活的身体"，称"复活的是灵性的身体"（林前 15：44）。谨慎起见，对于"复活"当区分不同层次，但都将以"耶稣之受难与复活"为中心和最终依据（无论是大能还是最终审判都依据其神性）。需要说明的是，"死后"之"复活"成为可能与"人之生"及"灵性"有关。

我们在《创世纪》第 1 章里看到，上帝在创世的第六天"神就照着自己的形像造人"（创 1：26），在第 2 章，更具体地描述了亚当的诞生："耶和华神用地上的尘土造人，将生气吹在他鼻孔里，他就成了有灵的活人，名叫亚当。"（创 2：7）这里我们可以看到，在人的界定上，基督教对人的塑造与儒家的核心区别在于"有灵"上面。在源头上人为上帝所创造，而且人是上帝依照自己的形象所造，因此，人的可贵便不在于他的肉体，如《约翰福音》所说"叫人活着的乃是灵，肉体是无益的"（约 6：63），而在于他被赋予了"神灵"的形象。亚当固然来自"尘土"，但是，神将"生气吹在他的鼻孔里"（需要留意的是此处灵性意义上的"气"与前面提到孔子所言物质性意义的"气"截然不同），这样他就不仅仅是"尘土"，而成了"有灵"的活人。这意味着，人的肉体依然会死亡、会朽坏，但是，人的灵魂却是不朽的、永生的。正是在"灵性"层面，为最终"复活的时候"提供了依据和判准。若说"创世纪"针对一般人之"降生"，对于"耶稣基督降生"有着同样的"灵性"依据，我们熟知的"玛利亚就从圣灵怀了孕"（太 1：

① 还有类似的两个例子：《路加福音》"使寡妇的儿子复活"（路 7：11 - 15），《约翰福音》"拉撒路复活"（约 11：38 - 44）。这里的复活，严格来讲是耶稣行使大能救死扶伤，当与"耶稣复活"区别考虑。

18)，对于施洗约翰之降生有着类似的记载，"从母腹里就被圣灵充满了"（路 1：15）。因此我们可以说"对观福音"所提的"复活"与"永生之道"主要是就"灵性"层面讲的，生理性的肉体要归于尘土，这与儒家"死必归土"类似，但是"灵性"生命则是可以永生的、不朽的。

（三）"复活"之意义与生之价值

此种对于有灵的活人的塑造，并不影响劝勉人在此世的努力。并不因为人的灵魂是不朽的，人在此生此世便可以吃喝玩乐，因为"天国是努力进入的"（太 11：12）。同样正因为人的灵魂是不朽的，而且，最后都要回到天父那里去，所以此生此世更需要努力和倍加珍惜。这是因为基督教信仰里面，人正因为是有灵魂的，所以有最后审判的面临；而且正因为人是有灵魂的，人有在最后复活的机会；善恶福报的判断在天父那里，但是，善恶福报的依据则在于人此生的努力和言行。我们在《马太福音》中读道：

> 耶稣又用比喻对他们说天国好比一个王，为他儿子摆设娶亲的筵席。就打发仆人去，请那些被召的人来赴席，他们却不肯来。王又打发别的仆人说："你们告诉那被召的人，我的筵席已经预备好了，牛和肥畜已经宰了，各样都齐备。请你们来赴席。"那些人不理就走了，一个到自己田里去，一个做买卖去，其余的拿住仆人，凌辱他们，把他们杀了。王就大怒、发兵除灭那些凶手、烧毁他们的城。于是对仆人说："喜筵已经齐备，只是所召的人不配，所以你们要往岔路上去，凡遇见的，都招来赴席"……因为被召的人多，选上的人少。（太 22：1 – 14）

这里我们可以看出，基督教也强调人的在世努力，但是努力的方向、源头和依据都在于上帝爱的诫命；也强调对他人的爱，但是此种源头不是基于一种人性情感，而是基于一种神性依据。此种在世的努力，不是儒家意义上的"尽伦尽职",而是一种对天主"召叫"的感恩与回应。人的不朽也不仅仅在于此世的努力,而在于此世努力对于神的感恩,因此在最后审判时,人的复活才会得到"永生"。此种永生固然与人的努力是分不开的,但是在最终依据上却来自上帝。同时,由于人是"有灵"的缘故,人肉体的死亡便不是"休息"而是"眠于主怀",不是一种离去而是一种"蒙主宠召"。儒家对"死"的超越在于凸显此生的"人生价值"而赋予死的意义,而在基督教那里,此种意义的源头只有一个,那便是上帝。基督徒需要辛辛苦苦孜孜不倦地工作,但不是一种世俗性的"尽伦尽职",而是一种"天职观"(如马克斯·韦伯所强调的)的践行,因此辛苦自身就是有意义的,如经文所说"神的国就在你们心里"(路17:21)。临至赴死,不是一种离开,而是一种回归,这同样是值得期待的,这同样也是一种对"死"的超越,只是此种"超越"不源自人自身,而源自超越的至上神。

三、认同"有死"事实之不同超克:"不朽"与"复活"

基于上面儒耶经典文本对"死亡"之不同看法,我们看到对于"有死"的事实儒耶是共认的,但超克路径则不同,儒家侧重"知生"而"不朽",基督教则强调"复活"与"永生"。《论语》文本里提到"颜渊死,子哭之恸"(《论语·先进》)"死生有命富贵在天"(《论语·颜渊》)可以为证,尽管孔子称"未知生,焉知死",但这并不否认"有死"的事实,而只是一种"向死而生"之人生智慧。面对"有死",儒家将问题引向了"知生",因此注重此生的"立德立功立言",这便是"不朽"了,只是其"德功言"有着对象和次序限定,比如"亲亲而仁民,仁民而爱物"(《孟子·尽心上》)之自觉。但是,此种对于"知生"的努力,无形中赋予了生命的意义,其他层面"死在故国"之"不朽"以及"子孙繁衍祭祀不绝"意义上之不朽便以此为中心展开。就此层面来讲,"知生"之努力便具有某种超越性,由此之"死亡"只是一种宁静之安息。"生理性身体"终将"归土"，但是，其精神层面则是"不朽"的，这里没有"灵魂""上帝"的设定。先秦儒家"向死而生"进而侧重"知生"而达到"不朽"的思路是圆满自足的，在传统社会提供了一种理想的富有意义的人生之道。

基督教在此问题上则围绕"受难与复活"展开。《马太福音》等经典文本向我们展示了"男孩之死""约翰之死""犹大之死"等实例，对于肉体之死亡同样得到认可，但是，与儒家不同，这些"死亡"都以"耶稣"为中心展开，贯穿"降生—领洗—传道—受难—复活"。此一路径是独特的，肉体之死亡在基督教语境里不是重点，死后之复活，尤其是"复活"之依据才是重点。我们看到经文明确说"叫人活着的乃是灵，肉体是无益的"（约6：63）"身体没有灵魂是死的"（雅2：26）。这里明确将人由"肉体"拉向了"灵魂""复活"，此一路径与儒家将人由肉体的"死亡"拉向"知生"不同。固然基督教也强调"知生"与"此世"的努力，但是，很明显"此世"之努力都有其背后的神性依据。我们可以进一步追问此种对于"死亡"之超克路径，为何一者是"不朽"而一者是"复活"。如同上面我们所分析的，这与儒耶两家对"生命"的界定不同。

四、不同超克路径之深层原因：对"生命"的不司界定

对"死亡"问题的探讨，固然儒耶两家有着不同的路径，但是，二者都共同回到了"生命"问题上来，由此可以看出"向死而生"的深层蕴意：死亡作为生命之镜，最终将人拉向此生的意义寻求，尽管二者有着不同的依据。

儒家对"生命"之界定，如同上面孔子所言："气也者，神之盛也；魄也者，鬼之盛也；合鬼与神，教之至也。众生必死，死必归土：此之谓鬼。"（《礼记·祭义》）主要是从物质性的"气"来解说人之神、魄。参照其他文本，我们可以发现先秦经典对于"生命"之产生

论述甚少，其侧重在于既有生命的"知生"努力，有限的文本涉及此问题的有"天生蒸民，有物有则"（《诗经·大雅·蒸民》），"天地氤氲，万物化醇。男女构精，万物化生"（《易经·系辞下》）。《管子·枢言》编云："有气则生，无气则死，生者以其气。"乃至于后来周敦颐说："阳变阴合，而生水火木金土，五气顺布，四时行焉。……二气交感，化生万物，万物生生而变化无穷焉。"（《太极图说》）这里也基本延续先秦儒家的思路由天之"氤氲"之气而"化生"天地人，后来则将阴阳五行学说融汇进来，由此而产生"元气—阴阳—五行—天地人"的演化模式①。由此可以看出，此种基于物质性的"气"所孕育的"生命"没有"灵性"或"神性"依据，因此物质性的"气"之死亡便为"归土"，没有彼岸世界之追寻，但是，儒家自觉的由"知生"通过"德功言"之努力而赋予了"不朽"之意义。

但是，基督教方面对"人之生"包括"天地"之生，都有着明确的记载，如同上面我们所看到的"神就照着自己的形象造人"（创1：26），在第2章，更具体地描述了亚当的诞生："耶和华神用地上的尘土造人，将生气吹在他鼻孔里，他就成了有灵的活人，名叫亚当。"（创2：7）在此种"创生"模式中，人蕴含了"尘土—灵性"两个维度，而且二者地位不同，这形成了"肉体—灵魂"之间的某种张力，如同上面看到的"叫人活着的乃是灵，肉体是无益的"（约6：63）和"身体没有灵魂是死的"（雅2：26）。但是，我们需要留意，正是"灵魂"的设定使后来的"复活"成为可能，如同经文称"复活的是灵性的身体"（林前15：44），而且正是"灵性"层面赋予了人性的尊严和意义。由此我们可以看出，基督教在对"死亡"之超克上，提出"复活"的路径，有别于儒家，其深层缘由则在于"灵性生命"的设定，

①　关于中西天地人产生方式可参考张永超. 创生与化生：从起源角度探究中西文明融合的困境及其可能 [J]. 哲学与文化月刊, 2016（3）：171-188.

这一层面先秦儒家少有论及。因此，在"生"的问题上，中国文化基于物质性的"气"进而彰显其人道意义，突出"造端乎夫妇"（《中庸》）的人间事实，并强调在"人间世"的"知生"努力，因此而追求"不朽"；而在西方，"生命"是被创造的，由上帝创造出来，而且上帝赋予了人"有灵"，因此生命的意义在于灵性的"复活"与"回归"。

结语："向死而生"——世俗生活中"不朽"意义之寻求

基于上述分析，我们看到儒耶共同认可"有死"的事实，但都自觉有所超克。儒家"向死而生"表现为"知生"之努力而"不朽"；基督教则在"有灵"设定下基于"爱的诫命"而"努力进入天国"，肉体"死"后而有灵性的"复活"与"永生"。儒家的不朽在于子孙的繁衍，更在于此生的"立德立功立言"的尽伦尽职；而基督教的"不朽"在于源自上帝的"灵性"的不朽，在最后的审判中，人们还要面临"复活"的情境，这在儒家"不朽"的意义里是缺失的。儒家的不朽不是最终意义上的，儒家的不朽就体现在时间之流的过程当中，体现在人伦日用的伦职关系中，德行的建构、功业的建立、言语智慧的福泽他人、后世，便是不朽了，儒家的不朽活在生者的心中；基督教的不朽在于灵魂的回归神性。从相同的层面去看，除此种起点和终点的巨大差别外，我们看到在对此生的勉励与劝导中，儒家和基督教在对人的人性建构与言行引导上，都主张对他人的关爱与善待，都强调个人对这个社会的责任，只是，在最终依据上，儒家建基于人性，而基督教建基于神性。死亡是生命之镜，亚里士多德①有"朋友如镜"的说法（《大伦理

---

① 需要说明的是亚里士多德对于"子孙繁衍意义"下的不朽在《论灵魂》《论生成和消灭》《政治学》等论著中有所讨论并认可其合理性，但对其评价并不高，因为他认为真正体现"不朽""神性"的在于"思辨"，那才是最高的善与第一位的幸福，德性幸福在其次。详细分析参见：余纪元．亚里士多德伦理学［M］．北京：中国人民大学出版社，2011：219－222（"思辨与幸福"）．

学》，1213a20－26），我们当暂时放下习俗忌讳，或可以称死亡为生命之友，它不仅为生命划定边界，同时亦让我们反省世俗中人生"活着"的意义及寻求"不朽"的可能。同时"复活"为"不朽"之镜，我们当暂时放下文明传统的自负，以他者文明为镜、为友，以此来反观面对共同的"有死"的事实，还有哪些可以共享的思想资源，"立德立功立言"之"不朽"在现代语境下蕴含了对他者文明的敬畏与虔诚学习。

第五章

孔子之道与现代生活：融入、引导与建构

第一节　孔子之道与现代生活张力之化解：回归生活世界

命运的隐忧透射出存在合法性的危机，百年来中外学界对儒家思想命运的关注恰恰透露出孔子之道与现代生活的某种张力和内在冲突。崔大华先生的大作《儒学的现代命运——儒家传统的现代阐释》（简称《儒学的现代命运》），是中外学界就儒学的现代命运问题继美国著名史学家约瑟夫·列文森《儒教中国及其现代命运》之后的又一力作，它是汉语思想界本土学人对自己母体文化的重新审视。在视角上，此书有别于五四时期有激进倾向的一代学人对传统决绝的批判和港台新儒家的沿着心性一路的形而上思辨，凸显了儒家思想的渊源与特质，尤其是回向了儒家生命的原点：对生活世界的回归；在构架上，此书形成了完整而周延的系统，以对儒家观念、理路的历史形成基点，以儒家思想所构建的公私生活世界为显现，深度考察了儒学对中国现代化进程的影响与建构。儒学理论在 20 世纪有了新的定位和进展，而且深刻参与中国的现代化进程中，并且对于现时代的意义失落问题、生态危机、全球伦

理、女性主义困境等都有着切实而珍贵的资源与启示。

要而言之，崔先生《儒学的现代命运》一书对于儒学的特质及其内在理路之形成有着更为系统和清晰的展现，不仅对儒学的现代命运有了新的揭示，而且以明确的本土事实回答了解体后的制度化儒家并没有被"博物馆化"和仅仅作为一种历史博物馆中的"陈列品"而存在，它深度参与了中国的现代化进程，而且其丰富的理论资源对人类社会的后现代种种问题有着积极的回应。另外，对于儒学思想自身的现代演进与定位有着明确的自觉和宏观性的把握，就此三个层面来讲，《儒学的现代命运》一书是对儒学传统现代转型种种路径的总结，是对儒学现代命运问题研究的前沿之作①。

《儒学的现代命运》一书较为引人关注、有别于港台新儒家，也是崔先生所看重的一点是儒家思想不仅仅是作为一种理论和学说而存在，无论是历史上还是现代化进程中，儒家思想的独特价值在于对生活世界的建构和深度影响。所以即便是制度化的儒家解体了，传统儒家所挂靠的政经制度消失了，儒家思想所建构的注重伦理和德性修养的生活方式依然深度影响着中国人和人类文明进程。那么，本文的问题是：儒家思想以何种方式和角色参与构建中国的现代化进程？为什么"孔子之道与现代生活"由"水火不相容、冰炭不同器"一反而成了中国现代化进程的动力和秩序的维护者？现代生活其实质与儒家思想所建构的生活方式内在冲突何在？儒家思想又当以何种自觉与定位参与现代社会生活中来？

---

① 崔先生作为汉语思想界以研究中国哲学为业的老前辈，在《儒学的现代命运——儒家传统的现代阐释》一书中对于国外汉学、现代化理论、生态学、全球伦理、女性主义等领域与问题有着广泛的涉猎和思考，这是极其难能可贵的，尤其是考虑到崔先生的研究旨趣，能够有如此开阔的视野和阅读领域实在令后学敬服。

一、生命原点：儒家思想向生活世界的回归

（一）儒学的歧路："博物馆化"与"学院化"

被同人誉为"莫扎特式的历史学家"的美国著名学者约瑟夫·列文森教授在其饱受争议并被广泛引用和讨论的杰作《儒教中国及其现代命运》一书中，直言不讳地说："虽然共产党的中国仍然保留了孔子和传统价值，但它们只是博物馆中的陈列品。"① 他认为，孔子也在中国露面，但那只是一颗存在于历史天空中的明星，而对于历史博物馆中的孔子及其传统"就博物馆学的意义而言，陈列品都只具有历史的意义，它们代表的是既不能要求什么，也不能对现实构成威胁的过去。或者说它们只具有'审美'的意义，只能用价值的而不能用历史的眼光来欣赏。它们被小心翼翼地从过去中提取了出来参加展览，换言之，它们从过去的整体文化中被割了下来，并成了新的文化的一部分"②。但是，我们知道这成了新的文化的一部分，只是作为一个道具，一个陈列品而存在的，或者说，它是死的，不具有建构生活世界的生命特征。通过博物馆中的它们，我们自己与过去连接起来，仅此而已。而这种具体历史后果便是"在一个真实的世界历史中，当所有过去的成就都成了没有围墙的博物馆的陈列品时，每一个国家的过去也就成了其他国家的历史，这意味着非儒教化和传统感到丧失"③。这是一个惊人、发人深省而又饱受争议的论断，国内学者认为其过激者有之，幸灾乐祸者有之，对传统有继续抨击者有之，维护传统并发扬者有之。那么问题又回

---

① 列文森. 儒教中国及其现代命运［M］. 郑大华，任菁，译. 桂林：广西师范大学出版社，2009：353.
② 列文森. 儒教中国及其现代命运［M］. 郑大华，任菁，译. 桂林：广西师范大学出版社，2009：352.
③ 列文森. 儒教中国及其现代命运［M］. 郑大华，任菁，译. 桂林：广西师范大学出版社，2009：361.

到了原点：到底儒家思想与现代社会是否相容，尤其是作为制度化的儒家解体后，儒家思想还有没有参与建构现代生活的能力。

陈寅恪先生在给冯友兰先生《中国哲学史》下册所写的审查报告中提道："故二千年来华夏民族所受儒家学说之影响最深最巨者，实在制度法律公私生活之方面；而关于学说思想之方面，或转有不如佛道二教者。"① 对于儒家的制度化和制度的儒家化，就历史上而言，无论就其礼教确立、皇权建制还是教育科举、家族制度，无一不显现着以儒家思想为根本主导的建构基质。但是自晚清以来，无论就社会习俗、新政内容还是知识群体、价值认同，随着儒家制度化的解体，制度化的儒家也逐渐成了备受批判甚或凌辱的对象②。那么，作为上千年历史的思想主干，作为中国传统的精神脊梁，它是否只是"博物馆里的陈列品"？还是说只是一个一直在寻找附体的"游魂"③？毋庸置疑，港台新儒家以其特有的历史境遇与对传统同情而又惺惺相惜的理解，半个多世纪以来，经过三代学人的传承对儒家心性之学的重建，基于儒学立场对科学、民主这一普世性价值的历史性回应，以及对于儒学现代转型种种路径的探索，都有着不可估量的贡献。但是，儒家思想由人伦日用的"公私生活建构"到"学院化"的形而上思辨，不得不引人深思：心性学问的形而上学重建难道就是儒学的现代命运？从某种层面上说，儒家思想的"学院化"与"博物馆化"都是儒家思想退出历史舞台的标志，只不过一个用来作为历史角落的思古凭吊，一个作为学院一隅的奢侈把玩。

（二）儒学生命原点的回归

相比较儒学的"博物馆化"和"学院化"，崔大华先生的视角是独

---

① 陈寅恪. 审查报告三 [M] //冯友兰. 中国哲学史：下册. 上海：华东师范大学出版社，2011：336.
② 参阅干春松. 制度化儒家及其解体 [M]. 北京：中国人民大学出版社，2003.
③ 参阅干春松. 制度化儒家及其解体 [M]. 北京：中国人民大学出版社，2003：32.

特的，或者说他回向了儒家生命的原点：儒家思想所建构的生活方式。人类文明的具体制度总是在演进中的，但是，作为人，都要生活，而且都期待过仁爱、有情有义、有道德操守的生活，这正是儒家生命的原点。抛开了具体历史制度的束缚，抛开了心性学问的形而上思辨，直接向人的生活方式回归。正是基于此，崔先生对港台新儒家的理论缺弱有着敏锐的洞察："儒学不仅是一种观念形态的存在，也是一种生活方式的存在；准确地说，更是儒家传统——儒家思想及其建构的生活方式的存在。但是，现代新儒家主要是将儒学作为一种观念形态来诠释的，而对于其所建构的生活方式却缺乏理论自觉，罕有考察论析。这样，现代新儒家的'儒学永远精神价值'，实际上只是未能显现儒家生活内容的某种抽象的观念；儒学能发力于中国现代化进程、能回应现时代的诸多问题，似乎是儒家思想观念的功能。但实际上，这应是儒家思想已移化为社会集体意识，内化为人们生活行为方式才具有的功能；而这个过程或表现却是现代新儒家没有诠释出来的。"① 正是此种向生活方式的回归，直接指明了儒家思想的现代存在状况不是作为被"博物馆化"的陈列品而是富有生命强力的现代生活建构者；不是被边缘化的"学院式思辨"而是渗透于人伦日用的公、私生活模塑者；不仅深度参与了中国现代化进程，而且为世界人类的现代性困境提供了独特资源。

崔先生回到儒家思想的生命原点是敏锐的，与港台新儒家相比，确实更接近儒家思想及其社会功能作用方式的特质。但是，现在的问题是，作为有着"存在合法性危机"② 的儒家，怎么突然由原来的批判者、割裂对象、现代生活的障碍物一变而为中国现代化进程的动力提供

---

① 崔大华. 儒学的现代命运——儒家传统的现代阐释［M］. 北京：人民出版社，2012：5.

② 这里具体指的是由近百年前以陈独秀为代表的五四学人所提出的孔子之道与现代生活不相容的问题，面对现代生活，孔子之道已经过时，是旧伦理、旧道德，更是"吃人的礼教"的代名。

者、秩序维护者以及人类文明困境的灵丹妙药？是五四以来对传统持决绝批判态度的学人误解了儒家，还是儒家的此种高明特质一直被遮蔽了？既然儒家思想及其构建的生活方式是影响千年历史最深最巨者，我们似乎就应直接回到儒家思想所构建的生活方式与现代生活方式的具体情境中来，考察二者是否相容。

二、内在冲突：儒家思想与现代生活之张力

（一）对孔子之道与现代生活冲突的重新审视

五四学人对儒家思想的批判确实有过激之处（比如说"礼教吃人""打倒孔家店"等），也不乏当时境遇下的针对性（比如针对康有为的孔教会与袁氏帝制），但是他们对儒家思想特质的理解以及对儒家思想对国民性的塑造的研判，毋宁说是深刻的，对儒家思想及其生活方式与以科学、民主、人权、法制、理性为特质的新型价值原则间的张力与冲突也有着切身的体会。所以抛开袁氏帝制的逆流、康有为孔教会的具体境遇、"礼教吃人"的种种激烈言辞，陈独秀、李大钊、梁漱溟、鲁迅、胡适等对中西文化及其生活方式、价值原则的论断依然成立。比如陈独秀在《孔子之道与现代生活》中说："盖孔教不适现代日用生活之缺点，因此完全暴露，较以孔教为宗教者尤为失败也。"[①] 他之所以认为孔子之道与现代生活不适应，是"水火不相容、冰炭不同器"[②] 的，正在于他敏锐地看出儒家思想所确立的种种伦理原则与西方启蒙运动以来对理性、人权、人格独立、平等、自由、法治的一整套生活方式和价值体系是相悖的。所以他要提出一套有别于传统，自然，明显是深受西

---

① 陈独秀. 孔子之道与现代生活［M］//任建树，张统模，吴信忠编. 陈独秀著作选：第一卷. 上海：上海人民出版社，1984：232.

② 陈独秀在《东西民族根本思想之差异》说："东西洋民族不同，而根本思想亦各成一系，若南北之不相并，水火之不相容也。"同上书，第165页。

方近代思潮影响的新人生观①。他称之为"伦理之觉悟"，而且为"吾人最后觉悟之最后觉悟"②，并且对传统上之礼法教化、贞节伦理、政治宗教等一整套生活方式是坚决反对的③。

　　崔先生在陈独秀的批评中明确看到了陈言辞的偏颇，比如说"儒家的独特主张除去'三纲'的礼教，没有任何主张"，崔先生据此认为："将儒学之实质或内容归纳为、等同于'三纲'，是有悖于儒家伦理道德思想固有特质的不正确的误判。"④ 但是，如同上面陈先生对传统的反对，倒不是仅仅指向与君主专制捆绑并被意识形态化的"三纲"，更多是儒家思想的种种伦理原则。而且就儒家思想的实质来看，固然崔先生将其分为"仁""礼""命"三个层面，但是，无可否认的是，就传统来讲，无论是"仁""礼""命"三层还是"仁""义""礼""智""信"的"五常"，离开"三纲"礼教恐怕都无法说明。"仁""礼""命"是内化并显现于"三纲"中的，"五常"也是"三纲"中的"五常"。出于某种理论回避，诸多学人只想留下"五常"而丢弃敏感的"三纲"，但是如此割裂的理论回避恐怕无法理解儒家的神髓。就现实来讲，固然1911年后帝制作为一种政体被颠覆了，但是儒家思想对君臣关系（或上下级关系）、父子关系、男女关系的界定或许是换了副面孔，不是依然保存下来了吗？此种伦理本位、人情社会的特质及其生活方式不是依然延续至今吗？当我们谈到儒家思想作为传统主干的时候，往往忽视了，正是儒家思想的制度化才能发生如此大的能

① 陈独秀.敬告青年［M］//任建树，张统模，吴信忠编.陈独秀著作选：第一卷.上海：上海人民出版社，1984：232.

② 陈独秀.吾人最后之觉悟［M］//任建树，张统模，吴信忠编.陈独秀著作选：第一卷.上海：上海人民出版社，1984：179.

③ 陈独秀.《新青年》罪案之答辩书［M］//任建树，张统模，吴信忠编.陈独秀著作选：第一卷.上海：上海人民出版社，1984：442.

④ 崔大华.儒学的现代命运——儒家传统的现代阐释［M］.北京：人民出版社，2012：3.

量，这是佛道所难以比肩的。但是当我们谈儒家思想的现代命运时，我们却有意或无意回避了它的这种制度化特征，认为是被扭曲了、被权力意识形态化了，这是有失公允的。

而且，如同上面所分析，陈独秀等诸位学人在 1912 年之后对儒家的批判，恰恰不是体制化或被扭曲的儒家，而正是儒家思想确定的种种原则，或者如蔡元培先生所说的那样此种深入到民众生活方式中的奴隶性格与社会基础①，这才是批判的要点。这自然引向了问题的另一层，崔先生认为儒家思想不仅在 20 世纪有着新的定位和新进展，而且深度参与了中国现代化进程，具体表现为"提供动力因素""提供秩序因素""提供适应能力"②。这里需要说明的是，儒家思想作为中国现代化进程动力提供者是间接的，实际上是通过"国家的伦理认同""社会责任意识"和"勤勉的特质"③ 所支撑和构建的"中华民族的复兴"这一直接动力。这是个富有争议的说法。尽管崔先生首先介绍了社会学中现代化理论的新成果，认为现代化理论早期的三种说法④是有问题的，尤其是启动现代化的动力是复杂的，可能是外援的，具体表现又是多样的，但是将"中华民族的复兴"作为中国现代化进程的动力依然值得商榷，而且通过儒家思想的"国家伦理认同""社会责任意识"来

---

① 蔡元培在袁世凯复辟帝制失败后，曾尖锐地指出，袁世凯复辟帝制的丑剧并不是他个人之罪恶，而是有着社会基础的。他分析道：支持袁世凯称帝的有三种社会势力，一是官僚，二是学究，三是方士。参见：蔡元培．对于送旧迎新二图之感想［M］．蔡元培全集：第二卷，杭州：浙江教育出版社，1997：464.

② 倘若崔先生观点成立的话，那么中国现代化进程中的动力不足、秩序紊乱、道德滑坡、种种不适，皆由或主要由儒家思想负责，这反而证明了"五四"学人论点的正确：儒家思想形成的孔子之道是现代化进程的阻力和障碍，孔子之道不适于现代生活。

③ 崔大华．儒学的现代命运：儒家传统的现代阐释［M］．北京：人民出版社，2012：386，391，400.

④ 三个观点为现代社会与传统的对立、现代化即西化、现代化动力为科技革命，见《儒学的现代命运》第 382 页。

作为支撑因素，似乎过于勉强了。崔先生清楚地看到，中国的现代化是被迫的，动力是外援的，科技是引进的，对于"国家""民族"的认同也有别于儒家的"宗法""天下"理论，更多是受到国外引进的"国家主义""民族主义"思想的影响。对于"社会责任"，传统那种"天下兴亡，匹夫有责"的说法明显不是现代社会公德、责任伦理的性质。而且，"中华民族的复兴"作为一个口号，是中国现代化的动力还是目标？对于整个民族的传统，百年来的思想主流是批判的。即便是认同"中华民族的复兴"作为中国现代化复兴的动力，那么其支撑思想完全可以是"三民主义"或者"马克思主义邓小平理论"，而不是"儒家思想"。另外，固然现代化理论是不断完善的，但是科技作为动力和引擎恐怕是无法否认的，即便是今天，科学、技术、知识作为现代化突飞猛进的动力因素依然无可置疑，而那种富有感情色彩的"中华民族复兴"作为中国现代化的动力显得如此疲弱而无力，或许正基于此，崔先生的论断倒是提醒了我们中国现代化进程何以如此缓慢而又困难重重、难以自立。

（二）难以弥合的内在价值冲突

要而言之，儒家思想之所以在百年来的中国遭到剧烈的批判，不在于它被权力扭曲和意识形态化了，而在于其自身所确立的价值原则、生活方式有悖于现代生活的伦理价值要求。儒家思想之所以容易被帝制捆绑和意识形态化，这或许是思想特质的结果，而非它遭受批判的原因。具体来说，儒家思想所构建的生活方式与现代生活方式存在着内在冲突。现代生活的典型特质是科学、法治、人权。科学意味着理性主导下注重讨论、论证、对话解决问题的思维方式；法治意味着身份到契约的转变，无论何种身份（血缘、地缘、政治）都让位于或服从于作为公意提升的法律和契约，在价值原则次序上是法律在先而非其他；人权意味着公德、私德的明确区分，作为个人的信仰、伦理原则不去干涉法律原则和违背公德要求。而这些，作为儒家思想的价值原则与次序要求，往往将仁爱、人情、家国置于理性、律法、人权之上，这才是问题的关键。我们并不否认，如同崔先生所揭示的，儒家思想对科学、民主、法制的认同，但是，如同康德所提醒的那样，决定性的因素在于这些价值原则的次序与主从关系①而不仅仅是照单全收式的包容。

但是，我们面临的问题依然严峻，儒家思想作为影响构建中国人生活方式的事实是毋庸置疑的，而且《儒家的现代命运》一书敏锐而又证据确凿地指出了儒家思想在构建生活方式中的具体作用以及在中国现代化进程中的突出角色，即便否定它的主导地位，但是那种事实是无法抹杀的②。对于一个没有统一人格神信仰的民族来说，儒家思想确实在人伦日用中提供着种种复合型的功能，这是千余年来中国人安身立命之所在。制度化儒家固然解体了，但是人还要活，那么儒家此种默默无闻地沉浸于人伦日用中的道德感化、信心支撑、坚韧维持，对于中国人具有莫大的人生意义，这一点是无法否认的。但是，儒家思想仅仅只能作为一个"游魂"没名分地存在吗？

三、角色定位：儒家思想对现代生活建构方式之自觉

近代以来的遭遇西方是中国三千年来未有之大变局，中西文化之碰撞、磨难也是人类文明史上独特而又重要的一个事件。困境在于，两个都有着悠久历史传承的文化体系，都有着广土众民的生活世界，如此遭遇，历史上那种吞并、同化的模式已失去效用，那么中西文化当何以自

---

① 康德在谈到善恶时说："人是善的还是恶的，其区别必然不在于他纳入自己准则的动机的区别，而是在于主从关系，即他把二者中的哪一个作为另一个的条件。"康德. 纯然理性限度内的宗教［M］. 李秋零，译. 北京：中国人民大学出版社，2012：22.

② 崔先生在书中举出种种历史上的例子、现代的道德楷模、汶川国难之救助等，这些确实很难否认儒家思想的深度影响与参与。

处？尤其是对于中国来说，在国力强度对比如此悬殊的情形下，是否可能彻底地与传统决裂而甘愿拥抱另一种自成体系但也问题显然的文化？如同崔先生所揭示的现代化理论所认可的不再是传统与现代对立的态度，毋宁说任何民族的现代化都是在传统的影响下生发出来的，传统可以作为动力因素之一而非对立面。那么，作为饱受批判的儒家思想是否有着明确的角色定位？

如同崔先生所说，无论是现代人类生活还是其他物种的"后人类"生存，伦理的生活是必要的，也是需要坚守的底线。但是，第一，我们要明确将公德、私德区分开来。作为个人信仰、操守、底线的私德可以有无限要求和自律，但不可以"统一思想"和干涉他人。另外，私德的伦理原则不可以混合于政治、法律领域。政教要分开，各自有独立的领域和价值规范。第二，发挥儒学的"成人""成仁""立己"之德性塑造功能。人无廉耻，王法难治。人不是机器，缺乏情感、唯有法律维持的冷漠世界似乎可以井井有条，但是是无趣味和不人道的。第三，私德作为底线之坚守只是一种提倡，而不具备强制性，任何制裁当来自合程序的法律认定而非道德的人为判定、法制建设之支持。由儒家思想所构建的人情社会当逐渐向确定法律权威和契约意识过渡①。人情社会也确实有它温情脉脉的成分，但是和稀泥式的情感往往干涉法制的执行，在这里依然是要有明确的角色定位：人情者当归人情，法律者当归法律。人情社会当克制遵从法律的种种不便与信守契约的种种隔膜呆板，慢慢认同、树立法制的权威，这样才有民主可言，才有安全可言。

自然无论是公德、私德的区分，伦理底线的坚守，还是法律权威、契约信用的建立，都涉及最为核心的因素"理性思维方式"的引进。

---

① 崔先生说："中国现代化进程带来深刻的社会变迁，是社会成员由具有依附性、隶属性内涵的伦理角色转变为法律上独立、平等的个人；社会形态完成'从身份到契约'、从礼治到法治的转型。"《儒学的现代命运》，第461页，这种说法笔者难以接受，似乎也难与中国的现实相符合。

崔先生在书中多次谈到"道德理性""合乎理性的生活"等，梁漱溟先生也称中国是"理性的民族"①，但是作为同名的"理性"似乎在不同论说者语境里有不同的所指。本书所说的理性思维方式指的是注重语言论证、合乎逻辑、以对话讨论方式探求真知的学问态度，一言以蔽之便是"为学问而学问"的求真模式。这是传统儒家思想所不具备的。那么作为有着宽容心态的儒家思想及其构建的生活世界，能否宽容并积极引进此种新的思维方式，便是对儒家命运的真实考验。科学的实质在于理性的思维方式，民主、法制、契约亦是理性生活方式的外在显现。没有此种根本处的宽容与改变，恐怕儒学作为"游魂"可能会找到新的附体，而儒家思想被再次扭曲的命运将难以避免。无论是哪种情况，对于百年重创劫难坎坷的中华民族来说都是灾难性的。鲁迅的警醒是直白的："'要我们保存国粹，也须国粹能保存我们。'保存我们，的确是第一义。只要问他有无保存我们的力量，不管他是否国粹。"②

　　在这里，儒家思想对现代化进程及其现代生活世界的构建不再具有主导地位，但是作用不可估量，它依然是国人安身立命的所在。作为现代化进程主导因素的科学、法制、民主、自由等种种价值原则及其背后的理性思维方式，将是儒学思想的浸润者所应大力提倡和积极面对的。儒家思想不再是万能药，但是其存在的合法性因其明确的角色定位而得到确立和论证。

---

① 梁先生区分理性和理智，他说的"理性"是指"情理"，而非一般意义上的"理性"（reason 或 rational）。
② 鲁迅. 随感录三十五：热风 [M] //鲁迅全集：第一卷. 乌鲁木齐：新疆人民出版社，1995：276.

第二节 现代社会特质之再审视：传统与现代之张力

一、从冯友兰的"终生困惑"谈起

1982 年，冯友兰在哥伦比亚大学授予他名誉博士学位仪式上致答词，其中说："我生活在不同的文化矛盾冲突的时代。我所要回答的问题是如何理解这种矛盾冲突的性质；如何适当地处理这种冲突，解决这种矛盾；又如何在这种矛盾冲突中使自己与之适应。"① 1983 年冯先生在《三松堂学术文集》"自序"中再次提道："我从一九一五年到北京大学中国哲学门当学生以后，一直到现在，六十多年间，写了几部书和不少的文章，所讨论的问题，笼统一点说，就是以哲学史为中心的东西文化问题。我生在一个不同文化的矛盾和斗争的时期……"② 这里我们可以看出，冯友兰所讲的两种文化就是"东西文化"或者说"中西文化"，在当时也被称为"旧文化"与"新文化"。这两种文化之冲突构成了冯友兰毕生学术努力的问题意识。他在《三松堂自序》谈及此问题时说："这两个天地是有矛盾的，这是两种文化的矛盾。这个矛盾，贯穿于中国历史的近代和现代。……从 1919 年，我考上了公费留学，于同年冬到美国，次年初入哥伦比亚大学研究院哲学系当研究生。我是带着这个问题去的，也可以说是带着中国的实际去的。"③ 由此我们可以看出，冯友兰先生那代学人虽然在形而上学、知识论等领域有所建

---

① 《冯友兰学术精华录》，第 2 页；转引自陈来. 现代中国哲学的追寻：新理学与新心学：增订版 [M]. 北京：生活·读书·新知三联书店，2010：300.
② 《三松堂学术文集·自序》，第 2 页；转引自陈来. 现代中国哲学的追寻：新理学与新心学：增订版 [M]. 北京：生活·读书·新知三联书店，2010：301.
③ 冯友兰. 三松堂自序 [M]. 上海：东方出版中心，2016：207－208.

树，但是他们真正关切的还是中国的出路问题，如上面所说"遭遇西方之后，中国何去何从？""传统①与现代之深层张力"蕴含的问题是遭遇现代化之强势压力有着古老传统的中国将如何走向自由之路。这种危机意识在魏源、郭嵩焘、郑观应的"盛世危言"中已经有所体现了，李鸿章说"三千余年一大变局也"，他在军事上感到了某种巨大的压力，但是，我们知道此压力源自军事背后的文化。

由此来看"传统与现代之张力"问题可以说是近两个世纪以来悬在中国思想界的"达摩克利斯之剑"，上述冯友兰从青年时代以至于晚年似乎都纠结于此种矛盾中，然而这并非冯友兰一人之困惑，实乃当时之共性问题。民国学者令人敬重的一点，至少他们对这个问题的思考是自觉的，比如陈独秀在《吾人最后之觉悟》（1916 年 2 月 15 日）中将中西文化之冲突视为中西之争的根本②；梁漱溟在其代表作《中西文化及其哲学》一书中在谈及中西文化之争时，基本沿用了陈独秀对此问题的看法③；梁启超在《申报》五十周年纪念时应约撰文《五十年中国进化概论》，明确提出了中西文化遭遇后经由"器物—制度—文化"之"三期说"④。但是，他们是如何化解的呢？我们知道鲁迅有"弃医从文"回到"国民精神"上来的转变，而蔡元培所带领的同人则投身到了教育救国中来，这或许是他们比他们的前辈李鸿章、张之洞"中体西用"思路的深化与推进。

接续这样的问题背景，胡军教授的研究有所推进，比如他对冯友兰

---

① 这里"传统"的含义主要集中讨论"儒家思想及其形成的思维方式"，依据参考了陈寅恪的说法："故二千年来华夏民族所受儒家学说之影响最深最巨者，实在制度法律公私生活之方面。"参见陈寅恪. 审查报告三［M］//冯友兰. 中国哲学史：下册. 上海：华东师范大学出版社，2011：336.

② 陈独秀. 吾人最后之觉悟［M］//陈独秀著作选：第一卷. 上海：上海人民出版社，1984：179.

③ 梁漱溟. 东西文化及其哲学：修订版［M］. 北京：商务印书馆，1999：13.

④ 梁启超. 梁启超史学论著四种［M］. 长沙：岳麓书社，1985：8.

关于"中国为何没有科学"的看法不以为然，更赞同《科学》杂志同人从归纳法与科学的关系来解释中国缺乏科学之原因①；对于冯友兰《新事论》中"中国到自由之路"的看法也提出了质疑，比如此种注重实业救国的思路其实是对晚清民初文化层面思想启蒙的偏离，仅发展实业很有可能流于官僚资本主义，而且冯友兰没有看到现代产业革命以来实业的学理基础②。这些看法是深刻的，如果与同类文章比较一下的话③。胡老师的批评与反省，于根本上还是涉及他对现代社会的界定与理解有关，由此所看到的"传统与现代之张力"反而更深刻，换句话说，我们是被迫拉入现代社会进程的，若对此不了解，如何明白与传统的张力呢？对于现代实业发展、技术革新、政治外交、大学教育乃至学术规范，我们如何能摸着门径呢？那么到底应如何理解现代社会呢？

二、现代社会之特质及其与传统张力何在

关于现代社会的理解胡军教授接续了陈独秀的解读。陈独秀将现代社会界定为"法制的""进步的""科学的""个人独立的""民主的""人权平等的"，胡老师大致认同这种描述式的看法④，而且他也提到陈独秀明确留意到了《孔子之道与现代生活》之间的张力，并认为陈进

---

① 胡军. 中国现代科学史上的〈科学〉杂志［M］//诠释与建构——汤一介先生75周岁纪念文集. 北京：北京大学出版社，2001.；另外《分析哲学在中国》第一章二节"无归纳法则无科学"有更详细论述。

② 胡军. 中国走向自由之路的哲学思考——冯友兰文化观解读［J］. 西南民族大学学报，2008（2）.；此文收入《燕园哲思录》一书中。

③ 陈来老师敏锐地看到了冯友兰的问题意识并且给予了详细梳理，详见《冯友兰的〈新事论〉及其文化观中的现代性与民族性》，载于陈来. 现代中国哲学的追寻：新理学与新心学：增订版［M］. 北京：生活·读书·新知三联书店，2010：299 - 339.；另外，笔者收到西南大学高秀昌教授的论文恰好也是关于冯友兰新事论的：《"现代化可，欧化不可"：从〈新事论〉看冯友兰对中国现代化道路的探索》，因字数限制展开有限；陈老师的论文翔实、材料丰富，但是缺乏推进和批判维度。

④ 胡军. 传统与现代之间的张力——论陈独秀对儒家思想的批判［J］. 北京大学学报，2009（4）.

一步提出一种新人生论："陈独秀所倡导的此种人生论实质上便是现代社会所需要的基本的人的品性，是现代社会所需要的真正的基础。"①但是，我们也知道陈独秀对于知识论、科学方法并无专业研究，他的许多提法只是一种口号式的倡导，包括民主问题（直到晚年经历种种坎坷之后其反省才是深刻的）。所以，胡军教授说："但在此我们又不得不承认，陈独秀本人对于科学及其方法毕竟没有深入和系统的研究，在述说其新人生论的时候，对于科学思维模式也只是一笔带过。且他的相关思想也主要是间接地从日本引进的。"② 这里我们可以看出，胡老师此种思路是试图在"法制的""进步的""科学的"等现代社会的描述中寻找其"一本源泉"，这种思路与梁漱溟当年的考虑如出一辙（不知道是否受梁的启发），但是"貌合神离"。梁漱溟基于"意欲"（will）而提出文化三路向说，但是胡老师的思路则从"现代化""现代性"之探讨入手归于"理性化进程"，他审视了产业革命、康德关于"什么是启蒙"、韦伯关于"理性精神与资本主义"的看法，尤其是探讨了产业革命与理性化的关系。而且，他追根溯源，回到了古希腊关于知识的讨论及其理性方法上③。因此在这一问题上，我们可以自信地说，胡老师的看法比陈独秀、梁漱溟等人更进一步，是一种质的提升。与陈独秀相比，胡军教授对现代社会的解读不再是描述式的，而是借助学界关于"现代化""现代性"的研究，一针见血地指出："与传统社会的本质区别在于，几百年来现代社会的发展与变迁奠基于系统的知识理论

---

① 胡军. 试论中西思维方式之差异［J］. 广东社会科学，2017（5）：44.
② 胡军. 试论中西思维方式之差异［J］. 广东社会科学，2017（5）：45.
③ 胡军. 儒学传统与现代社会的张力［J］. 孔子研究，2013（2）.；需要留意的是此种"现代化—理性—产业革命—古希腊知识溯源"思路在胡老师最近几年的论文中多次出现，并不限于此篇，但这篇是典型，讲得不落俗套、淋漓尽致。（笔者印象中本论文原初是提交给深圳大学国学会议但胡老师没参加，《孔子研究》编辑独具慧眼，约稿刊发）

体系。"①

三、现代社会与传统之张力如何化解

胡军教授基于知识体系基础来解读现代社会，保守一点讲，至少让我们看到现代社会与传统的张力，不在于时间（古今）、地域（中西），也不在于意欲（三路向），关键还在于"几百年来现代社会的发展与变迁奠基于系统的知识理论体系"。由此再来看产业革命、技术更新，包括政治外交、大学教育、分科治学都与此种"知识论体系"之基础有关，若溯源的话，其根底在古希腊。这里笔者想澄清一个误解，有人看到"古希腊"可能会提出"你们还是又回到了唯古希腊之马首是瞻的老路"，这不是全盘西化吗？"现代社会—现代化—理性化—产业革命—古希腊知识溯源"这一模式，虽然涉及时代与地域因素，但是这一模式并不依赖于地域和时代。举个例子，关于"知识是什么"会追溯到"泰阿泰德篇"，但是对于"知识是真信念之证实"之说法并不依赖于苏格拉底或者柏拉图，那是从知识定义的普遍性着手的；再比如我们的"分科治学"模式固然会追溯到亚里士多德"理论—实践—创制"科学三分②，但是他的此种分科是基于人的"心智"功能或者知识体系自身的性质，并非限于古希腊的。所以，中国的现代化进程固然还有漫长的路要走，并且还要深度向古希腊以来的西方文化学习，但这并不是西化，只是我们基于人性自身的完善充分利用不同时期地域的思想资源自觉发展自己的现代化进程而已，亚里士多德的形而上学、伦理学恰恰是不分中西的，讨论的是最一般的、普遍性的问题。

现代社会是一个理性化进程，进而言之便涉及胡军教授所提及的知

---

① 胡军．知识创新引领未来社会的发展［J］．科技导报，2016（4）．
② 余纪元．德性之镜：孔子与亚里士多德的伦理学［M］．林航，译．北京：中国人民大出版社，2009：16.

识论体系及理性化思维方式，他说："要形成特定的知识理论或科学知识理论体系，我们就必须将思考对象聚焦在具有极其明确特性的东西或对象身上。如果仅仅满足于笼统模糊的思维方式是不可能得到相关的知识理论或科学知识理论体系的。当前我们的中等及高等教育机构面临的紧迫任务就是必须首先改变我们传统的思维方式。"① 由此我们看到他对"传统与现代之张力"的化解方式是落实在了理性化思维方式的培养上。因此，我们能做的是"要促进中国知识理论体系的思辨能力及知识理论体系的创立与发展，必须诱导学者与学生将自己有限的人生用来思考和讨论那些相对明确的问题或研究对象，而不能够将自己有限而宝贵的人生完全埋没在模糊笼统的思维模式之中"②。关于儒学之发展、大学教育模式，他均沿着此种思路展开："我们正处在一个以知识为基础不断前进的时代，因此如何将传统儒学思想与现代知识社会结合起来是儒学未来走向必须要解决的问题！这一问题解决得好，儒学就有未来，否则就步履艰难！"有了属于自己的核心理论体系，我们才有可能拥有专属于自己的核心技术、"核心设备"、核心人才，否则，我们也就只能人云亦云，"拾人牙慧"！"必须加强以分科治学为基础的现代性大学的建设，传统的书院制实质上不符合现代知识理论发展和创新的基本要求！"③ 而且，他还敏锐地提出："世界学术发展的历史表明，知识理论体系的进步和发展有其自身的规律，要能够真正地促进知识理论的持续进步，不断创新，我们就必须自觉而坚决地遵循学术发展的基本模式，不能随意加以干预。干预的唯一结果只能是扼杀思想创新，断送学

---

① 胡军．试论中西思维方式之差异［J］．广东社会科学，2017（5）：45－46.

② 胡军．知识创新引领未来社会的发展［J］．科技导报，2016（4）：24；另可参见胡军．论知识及其在未来社会中的作用［J］．徐州师范大学学报，2012（5）.

③ 胡军．儒学传统与现代社会的张力［J］．孔子研究，2013（2）：25.

术生命。"① 这里我们可以看出他对蔡元培先生大学理念包括陈寅恪先生"独立之精神自由之思想"之自觉传承，他们的不同在于胡军教授是基于自己的知识论研究以及对现代化的深切解读得出的。

第三节　儒家思想转型的深层路径：思维方式之变革

引言：新观念引进与思维方式变革

我们知道，若以 1915 年陈独秀创办《青年杂志》作为新文化运动发起标志的话，毋庸置疑的是，新文化运动前后诸君提出了种种新观念、新名词。那是传统中国文人很少使用并很少讨论的观念，比如说科学、民主、人权、自由等。但是，据说晚清文人孙宝瑄说过一句话，颇值得玩味："以旧眼读新书，新书皆旧；以新眼读旧书，旧书皆新。"②对于观念也是一样，名词可以是新的，观念依然可以是旧的；甚至可以说"观念"的提法是新的，内在的理解与接受依然可以是旧的。问题在于观念革新背后有没有支撑新观念的一种对应思维方式，不仅仅使用新的名词与观念表达，而是深入理性内在，运用新观念对应的思维方式来接受和继续思考。这样，新观念才不会变成新的意识形态，才不会僵化；与此同时，旧观念才会逐渐淡出，并且变成新观念某部分合理论证的支撑力量。

新文化运动以其在 20 世纪初特有的形态为中国思想界提供了许多新的光彩，与此同时，我们也可以看出它的限度，只是提出了新观念，

---

① 胡军. 儒学传统与现代社会的张力 [J]. 孔子研究，2013（2）：25.；另可参见胡军. 知识创新的文化基础 [J]. 宜宾学院学报，2012（7）.

② 陈平原."新文化"的崛起于流播 [M]. 北京：北京大学出版社，2015：38.

但是，没有进一步走向思维方式的变革。这样，慢慢新观念都变成了旧观念的附庸，新名词都成了新主义，内容与思维方式都是旧的。百年后的今天，这大概是我们对新文化运动反思时值得留意的地方。延续这样的思路，本节从三个部分展开：第一，新文化运动"新观念"提出的演进历程及其合理性；第二，"新观念"的思想限度；第三，作为最后觉悟的应当是"思维方式重建"。

一、对新文化运动所提"新观念"之反省：观念革新与"最后觉悟"

我们看到新文化运动的可贵在于，基于前期对西方学习限于"器物技术""制度引进"层面的学习之外，慢慢意识到了，真正的问题在于文化自身，在于人自身，所以，要回到观念的革新上来。鲁迅先生弃医从文，也有着由物质性身体到人的精神观念侧重的转向，这构成了当时思想家的主潮，因此会表现在对传统伦理观念的反省，会表现在对办教育的重视，会表现在对西方新学说的热情引进。

然而，问题在于，是否可以说引进了新观念就一切都是新的。周作人先生在《人的文学》里就敏锐地意识到"新旧这名称，本来很不妥当，其实'太阳底下，何尝有新的东西？'思想道理，只有是非，并无新旧"①。记得鲁迅先生也慢慢发现了类似现象，一些保守人士同样热情学习西学，然后再用学到的西学继续守旧。这让我们看到，观念不是最后的东西，还要支撑"观念"、表述观念的更内在的东西。与"新文化运动"对西学的新观念的热情引进类似，在明末清初时期，我们同样看到西学的新观念的大规模引进，只不过引进的主体是耶稣会士。但是，结果却是类似的，逐渐归于沉寂。新观念逐渐会变成旧观念，陪伴人们的不是它所辗拾的花样翻新的名词而是它无法抛开的潜藏的思维

————————

① 周作人. 人的文学 ［J］. 新青年，第 5 卷 6 号.

方式。

　　本节的质疑在于：第一，对西方文化的接触与学习，即便以 1840 年为界，也很难分清"器物""制度""文化"的明显阶段，比如说洋务运动前后就有对西洋文化、宗教的表述（王韬、郑观应就有类似的说法），再比如《资政新篇》里就不仅有器物还有"制度"和"文化"的学习，而"新文化运动"时期也不仅仅是对"西方文化"的学习，其根本还在"器物的富强""制度上的革新"；第二，中西文化的交流并不自 1840 年始，在此之前，有文献可考的，比如明末清初自利玛窦来华始，中西文化就有着较广泛而又深入的接触，而且这一时期的接触就已经涉及了"器物"，比如当时的火炮、钟表、望远镜，"文化"比如宗教、哲学、逻辑、几何学，在"制度"层面没有明显的革新，但是我们知道"历法"的采用西洋教士及其历制也算是很大的改进。问题的严重性在于，这一时期更多的交流是"文化"层面，为何如此早的机遇，如此优秀的人才，如此平和的环境，中西文化的交流最后却走入了死胡同（"礼仪之争"只是导火索）？问题在哪里？若"民国"时期"新文化运动"的反省没错，对西方的学习关键还在于"科学、民主、平等、自由"等价值观层面，那么明清时期的"科学、民主、平等、自由"等观念为何没有落地生根反而备受冷落？同样类似的情形，为何百年来的科学有流于"科学主义"的情形？为何"民主"有流于"民主专政"的危险？

二、重蹈覆辙：明清时期西学新观念引进的类似遭遇

　　在《方豪六十自定稿》中，我们看到在明清时期，中西文化之交流已经经历了较为丰富的历程，而且这一时期基本是在和平的国际环境下进行的，没有太多暴力、强权和不平等条约的因素，并且，更多的交流层面正是涉及上述三阶段的"文化"层面。基于方豪先生的考证，涉及的篇章主要有《拉丁文传入中国考》、《明季西书七千部流入中国

考》、《明清间译著底本的发现和研究》、《伽利略与科学输入我国之关系》、《清代禁抑天主教所受日本之影响》、《十七八世纪来华西人对我国经籍之研究》、《明末清初天主教适应儒家学说之研究》、《明末清初旅华西人与士大夫之晋接》、《徐霞客与西洋教士关系之探索》、《明清间西洋机械工程学物理学与火器入华考略》、《王征之事迹及其输入西洋学术之贡献》、《同治前欧洲留学史略》、《从红楼梦所记西洋物品考故事的背景》、《清初宦游滇闽鄂之犹太人》、《浙江之回教》（上册）、《中国文化对外的传布》、《中国文化对西方的影响》、《从中国典籍见明清间中国与西班牙的文化关系》、《明万历间马尼拉刊行之汉文书籍》、《中法文化关系史略》、《英国汉学的回顾与前瞻》、《西藏学的开拓者》、《天主实义之改窜》、《明清间耶稣会士译著提要正误》、《故意大利汉学家德礼贤著作正误》、《流落于西葡的中国文献》、《北堂图书馆藏书志》、《利玛窦交友论新研》、《名理探译刻卷数考》、《十七八世纪中国学术西被之第二时期》（下册）。

由此目录我们可以看出明清时期中西文化交流的繁盛局面，既有广泛的译述又有大规模的西书来华，而且涉及的种类基本具备一个小型图书馆规模，侧重上不仅仅是教会书籍，更多涉及科学、哲学、逻辑学、几何学、地理学、天文学、物理学等方方面面，而且在明末清初既有中国子弟赴罗马求学。在器物层面更有对西洋火炮之购买、仿造与大规模使用。具体分述如下。

（一）译为汉文之拉丁名著

据方豪先生考证，较早翻译拉丁文入汉文的为元大德九年（1305）教廷驻中国使节，大都总主教若望孟高未诺致书欧洲曰："圣咏 Psalmi 一百五十首，圣诗 Hymni 三十篇，及大日课经二部，余皆已译为方言。"惜译本不传，不知其为蒙文抑汉文也。另崇祯二年（1629）汤若望（P. J. AdamSchall von Bell）译《主制群征》印行。崇祯九年

（1636）阳玛诺（P. Emmunuel Diaz, Junior）翻译《圣经直解》印行。利类思（P. LudovicusBuglio）于康熙九年（1670）译《弥撒经典》（*MissaleRomanum*），康熙十四年（1675）译《七圣事礼典》（*RitualeRomanum*）及《司铎典要》（*TheologiaMoralis*）。顺治十一年（1654）始利类思等译《超性学要》（《神学大全》节译）。顺治十七年（1660），卫匡国（P. Martinus Martini）译《灵性理证》。乾隆间内廷画家贺清泰（P. L. de Poirot）译有《古新圣经》（全部《圣经》所缺无几），另有魏继晋《圣咏续解》、殷弘绪《训慰神编》等。

天主教之外的经典也多有翻译。比如说万历三十五年（1607），利玛窦与徐光启合译《几何原本》前六卷。崇祯元年（1628），李之藻与傅泛际合译亚里士多德《寰有诠》《名理探》。天启四年（1624），毕方济与徐光启合译经院哲学之心理学名著《灵言蠡勺》。崇祯三年（1630），高一志翻译伦理学著作《西学修身》。天启五年（1625），金尼阁翻译《况义》（今译《伊索寓言》）。顺治十七年（1661），卫匡国译《述友论》（翻译西塞罗、塞内卡等著作)① 另有罗雅谷翻译伽利略著作《比例规解》、邓玉函与王征合译《奇器图说》等②。

另有金尼阁在海外筹集涵盖神学、哲学、数学、物理学等为在北京建立译图书馆之总计约七千部图书更是蔚为壮观③。只可惜这些书反而没有受到应有的重视，方豪先生对此评论道："近人论中国之宗教，每盛称浮屠经藏，而于基督典籍之不可多得，则深致其叹惜之意。孰知三百年前，以四五十载之短时期，入华天学图书，竟有万部之富耶？（以

---

① 方豪. 拉丁文传入中国考［M］//方豪六十自定稿：上册. 台北：台湾学生书局，1969：27 – 28.

② 方豪. 明清间译着底本的发现和研究［M］//方豪六十自定稿：上册. 台北：台湾学生书局，1969：59 – 61.

③ 方豪. 明季西书七千部流入中国考［M］//方豪六十自定稿：上册. 台北：台湾学生书局，1969：49.

金尼阁与他人携入着合计之）使其时果能一一迻译，则影响于我国文化，岂易言哉？我国天佛盛衰之故，虽非一端，历史之短长，困厄之多寡，皆其大者，然译事之成败，实一重要关键。七千部之湮没不彰，又不仅教会蒙受损失而已，我国科学之进步，亦为之延迟二三百年，此语或非过当。鉴往查来，国人当知所勉矣！"① 这里我们可以看到机遇与冷漠并存，热情与误解相伴。

（二）同治前欧洲留学情况与明清时期火器引入

据方豪先生考证，同治前欧洲留学总计 114 人，最早为郑玛诺，生于 1633 年之澳门，1650 年出国赴罗马求学，1671 年回国，1673 年于北平去世②。这些数据本很难收集，方豪秉其史学特长以及孜孜不倦的功夫，竟然有百数十人之收集。但是，同样我们也可以问，既然有这样的史实，为何这些人变得湮没无闻？罗光先生对此评论道："写中国思想史的人，常注意佛教人士留学印度的事迹，对于天主教人士留学欧洲的事，则略而不说。这或者因为佛教留学印度的玄奘等人，对于译经有极大的贡献；天主教的留学生则默默无闻。"③ 关于留学我们知道在清末时期又有数百名留美幼童的派遣，而到民国初前后则有庚款留学生赴美。但是，令人深思的是，有如此长的留学渊源，为何中西文化之真正理解与交流则仍然隔膜依旧、误解重重。

对西洋火器之引入、仿制更是不遗余力。在明末清兵入关的战争中，徐光启等更是极力主张用西洋火炮应战，更有赴澳门招募葡兵、购买葡炮之经历。汤若望神父更是在崇祯九年设立铸炮厂，又和焦勖合译

---

① 方豪．明季西书七千部流入中国考［M］//方豪六十自定稿：上册．台北：台湾学生书局，1969：52.
② 方豪．同治前欧洲留学史略［M］//方豪六十自定稿：上册．台北：台湾学生书局，1969：380.
③ 方豪．同治前欧洲留学史略［M］//方豪六十自定稿：上册．台北：台湾学生书局，1969：2867.

《则克录》（《火攻挈要》）①。罗光先生对此评论道："如果当时崇祯皇帝完全采用这种计划，流寇不能入京，清兵也不能入关。"② 殆至清初，南怀仁神父更是广造神威大炮二百四十余位，配布陕西、湖南、江西等省，然而到了清末反而变得一败涂地。罗光先生评论道："在康熙时，皇帝知道西洋火炮的利害，到了两百年后的光绪朝竟有慈禧太后和大臣深信义和团的符咒可以避炮。西洋科学继续进步，明末清初的一点科学知识反而被扼杀了，中国的国运怎能不堕落！"③ 这些更是令人不可思议之事，明末即知道火炮的厉害，而且也多有运用，最后则被清兵摧毁；而清朝康熙时就广造火炮，殆至清季，则反而变得懵懂愚昧。

总结上述，应当说方豪先生以其史家之特长为我们做了丰富的文化史考证，许多湮没无闻的史实逐渐为我们所看到。无论是近万部西书来华还是明清时期的广造神威大炮，无论是西学经典的较早翻译还是华人子弟的赴外留学，明末清初的西学观念可谓大规模引进，遍及哲学、宗教、神学、几何、物理、逻辑学等。据沈清松教授考证，第一个系统被介绍到中国的哲学家是亚里士多德④，然而我们却发现，尽管有着如此系统的引进与介绍，有着广泛的西学观念传入，但是，对于明清学问并没有思想上的革新。结合 20 世纪初新文化运动时期的现象，我们发现，中西文化接触良久，隔膜依旧，其融合困境具体表现为三：其一，对西方的学习限于技术实用而偏离其学理研究；其二，注重物质生活而忽视其信仰追求；其三，注重经验解说而缺乏先验规范之形成。原因何在？

---

① 方豪．明清间西洋机械工程学物理学与火器入华考略［M］//方豪六十自定稿：上册．台北：台湾学生书局，1969：304 – 317.
② 罗光．方豪六十自定稿的中西交通史论著［M］//方豪六十自定稿：补编．台北：台湾学生书局，1969：2867.
③ 罗光．方豪六十自定稿的中西交通史论著［M］//方豪六十自定稿：补编．台北：台湾学生书局，1969：2866.
④ 沈清松．从利玛窦到海德格：跨文化脉络下的中西哲学互动［M］．台北：商务印书馆，2014：48.

三、"思维方式重建"作为吾人最后之觉悟

值得留意的是吕实强先生在《晚清中国知识分子对基督教义理的辟斥（1860—1898）》一文中提到晚清知识分子对天主、耶稣、圣母玛利亚等说法根本不能接受，认为"荒谬之极，数语中便自相矛盾"①。这是很值得注意的现象。孙尚扬先生在分析明末士大夫对天主教的排斥态度时说："明末一部分士大夫对天主教的排斥不能简单地以仇外心理予以解释。对人生的不同体验和哲学思辨，对宇宙、世界和人事进行哲学思考时采用不同的思维路向，都是士大夫们反对天主教的重要原因。"②

谢和耐教授也说："基督教的所有组成部分，即在永恒的灵魂和注定要消失的躯体、上帝的天国与下界、永久和不变的真谛、上帝的观念与化身的教理之间的对立，所有这一切都更容易被希腊思想的继承人而不是被遵守完全不同的传统的中国人所接受。很自然，中国人觉得这些观念都非常陌生或不可思议。"③ 龙华民说："中国人从不知道与物体有别的精神物，而仅仅在不同程度上知道物质实体。"1607 年熊三拔神父说："中国人根据他们的哲学原则而从来不知道与物质不同的精神物……因而，他们既不知道上帝、也不懂天使和灵魂。"④ 后来来自英国伦敦会的传教士也说："中国人似乎是我所见到和了解到的最漠不关心、最冷淡、最无情和最不要宗教的民族。他们全身贯注于这样的问题：我们将吃什么？我们将喝什么？或是我们拿什么来蔽体？他们留心

---

① 吕实强. 近代中国知识分子反基督教问题论文集 ［M］. 桂林：广西师范大学出版社，2011：47.
② 孙尚扬. 基督教与明末儒学 ［M］. 北京：东方出版社，1994：252.
③ 谢和耐. 中国和基督教：中国和欧洲文化之比较 ［M］. 耿升，译. 上海：上海古籍出版社，1991：4.
④ 谢和耐. 中国和基督教：中国和欧洲文化之比较 ［M］. 耿升，译. 上海：上海古籍出版社，1991：296－297.

听道，听了以后说，很好。但只到此为止。"①

　　谢和耐教授说："归根结蒂，中国人对基督教观念的批评所涉及的是自希腊人以来就在西方人思想中起过根本性作用的思想范畴和对立类别：存在和变化、理性和感性、精神和实体……如果这不是面对另外一类思想，那又是什么呢？而这种思想又有它独特的表达方式和彻底的新颖特点。对语言和思想之间关系的研究可能提供了回答的开端。"② 他在说：利玛窦的传教策略时提到"他理解到了首先应该让中国人学习他们应如何推理思辨的方法，这就是说要学习他们区别本性和偶然、精神的灵魂和物质的身体、创造者和创造物、精神财富和物质财富……除此之外，又怎能使人理解基督教的真诠呢？逻辑与教理是不可分割的，而中国人则'似乎是缺乏逻辑'。传教士们可能没有想到，他们所认为的'中国人的无能'不仅仅是另外一种文化传统的标志，而且也是不同的思想类型和思维方法的标志。他们从来没有想到语言的差异可能会于其中起某种作用。"③

　　记得金岳霖先生在《中国哲学》一文中说："中国哲学的特点之一，是那种可以称为逻辑和认识论的意识不发达。"④ 他接着说："中国哲学家没有一种发达的认识论意识和逻辑意识，所以在表达思想时显得芜杂不连贯，这种情况会使习惯于系统思维的人得到一种哲学上料想不到的不确定感。"⑤ 另外，张东荪先生留意到斯宾格勒在《西方的没落》中提到自然科学的前身是宗教，怀特海亦说近世科学的发生与中

---

① 杨格非语，参见顾长声. 从马礼逊到司徒雷登：来华新教传教士评传 [M]. 上海：上海人民出版社，1985：189.
② 谢和耐. 中国和基督教：中国和欧洲文化之比较 [M]. 耿升，译. 上海：上海古籍出版社，1991：303.
③ 谢和耐. 中国和基督教：中国和欧洲文化之比较 [M]. 耿升，译. 上海：上海古籍出版社，1991：5.
④ 刘培育选编. 金岳霖学术论文选 [M]. 北京：中国社会科学出版社，1990：352.
⑤ 刘培育选编. 金岳霖学术论文选 [M]. 北京：中国社会科学出版社，1990：352.

世纪宗教信仰有关。至于宗教与科学的关系，张东荪先生在《思想言语与文化》一文中明确提出宗教、科学、哲学间的一致关系，他说："须知宗教若一变为'神学'（theology），则必须依靠有'本体'（substance）的观念。所谓'主宰'（Supreme Being）与'创世主'（Creator）都是与这个本体观念相联的。不仅此也，并且与'同一'（identity）的观念有密切关系。所以就本体的观念而言，本来是宗教的。所谓 ultimate reality 其实只是 God。我因此主张本体论的哲学就是宗教式的思想。同一律的名学在暗中就为这种宗教式的思想所左右。亦可以说，哲学上的本体论，宗教上的上帝观，以及名学上的同一律在根本上是一起的。"①

同样我们留意到，牟宗三先生说："因此你要学习西方文化，要学科学、学民主政治，这就不只是聪明的问题，也不只是学的问题，而是你在这个 mentality 上要根本改变一下。因为中国以前几千年那个 mentality，它重点都放在内容真理这个地方。而成功科学、成功民主政治的那个基本头脑、那个基本 mentality 是个 extensional mentality。这不只是个聪明够不够的问题，也不只是你学不学的问题，这是 mentality 不同的问题。这个不同是文化的影响。所以一旦我们知道光是内容真理是不够的，而要开这个外延真理，那我们必须彻底反省外延真理背后那个基本精神，这个就要慢慢来。"②

基于上述分析，我们看到新名词、新观念只是表层的东西，真正值得关注的是产生这些新名词或新观念的思维系统，这是一种深层的理性结构。同样，也只有在深层思维方式上的变革和重建才是"吾人最后的觉悟"，否则，观念上的名词花样翻新之后依然是"新瓶装旧酒"，学习了西方观念再来守旧。观念的提出有其内在的过程和理路，我们无

---

① 张东荪. 知识与文化 [M]. 长沙：岳麓书社，2011：217.
② 牟宗三. 中国哲学十九讲 [M]. 长春：吉林出版社集团，2010：37.

法摘取花果而不去培植根基；观念是在不断变化的，只有培植了根基才可以明白引进先有观念的真实含义，同时，才可以基于生活实际不断予以发展和完善。这大概是"新文化"运动在百年后反思时，我们极为值得留意的教训和反思之处。若继续沿着名词新旧的争论，最后，大家收获的都是名词，貌合神离，我们无法在根本上理解，也无法在学理层面创造和推进。

所以，思维方式重建才是吾人最后之觉悟，理性思维方式的不断培植才可以慢慢形成理性的生活方式，在这个意义上讲，人的思维世界与现实的秩序安排是同构的。没有主动自觉的理性思维方式重建，任何世俗层面的修修补补都只是不着痛痒和不扫边际的花拳绣腿而已。一个社会的内在腐败正是从世俗社会外在的粉饰太平开始的。儒家的现代转型固然需要回归"生活世界"，但是，只有在明了"现代生活"特质的基础上，"回归"才是可能的。没有理性思维方式之重建，既无法回归"现代生活"也无法返回"传统世界"。

笔者曾对比考察台湾新士林哲学与港台新儒家。台湾新士林哲学是以天主教信仰为精神取向，以士林哲学为底蕴与构架，力图融合天主教信仰、士林哲学与中国文化于一体，以达到为信仰开新，为中国文化开出路的双重目的①。而有学者则提出："士林哲学不是天主教或基督宗教的专属，它是古典理性精神的一种重要延续形式，是属于人类的精神财富。""理性精神，以亚里士多德主义精神为主，为士林哲学的主导特征。"② 而我们所看重的正是此种基于理性精神主导的哲学层面在儒学现代转型中的意义。其一，融会中西的另一种尝试。如同上面所分析的，自近现代以来，中西文化的全面遭遇可能将成为人类文化史上的"大事件"，无论是新儒家还是胡适等自由主义学者，他们正是在中西

---

① 胡慧莲. 罗光哲学思想研究 [M]. 哈尔滨：黑龙江人民出版社，2014：6.
② 耿开君. 中国士林哲学导论 [M]. 哈尔滨：黑龙江人民出版社，2014：1.

遭遇的大变局下经历着也思考着这些问题，他们对中西的融会是自觉的；而台湾新士林哲学学派则不自觉地延续了近现代学人对此一主题的探究传统。面对儒学的现代转型问题，可能不仅仅要把握此种中西融合的学术理路，而且要参照此种学术理路下的不同路径。为我们所熟知的是港台新儒家学派，师承熊十力而以牟宗三、唐君毅、徐复观等为展开，尤其以牟宗三为代表，试图走"返本开新"的路子，他们融会中西也是自觉的。另外一派为学界所不太熟悉，但是却值得关注的是"台湾新士林学派"。与冯友兰注重程朱理学与新实在论的融会不同，也与牟宗三的注重陆王心学与康德先验论不同，台湾新士林哲学则是接续亚里士多德—托马斯传统融会儒释道（以儒为主）而试图重建中国的形而上学、认识论和生命哲学。其二，古典理性的现代回归。樊志辉教授提到，对于中国现代哲学来说，消化士林哲学（或台湾新士林哲学）的精神传统，并不是仅仅面对基督宗教的超越精神，还需要严肃地面对从亚里士多德到托玛斯的西方古典理性精神①。在这里，我们至少可以看出士林哲学的"主导特征理性精神"，这是我们极为值得留意的。如何解读西方？是接续亚里士多德传统，还是接续启蒙运动以来的"启蒙理性"？抛开西方的信仰传统，我们能否解读西方？对于这些问题我们会看到台湾新士林哲学学派正是融会了基督宗教信仰、亚里士多德—托马斯理性传统并结合中国传统哲学而予以学理重建。我们不能说新儒家或冯友兰等一代学者忽视了"理性精神"，但是就他们的学术背景而言，对于亚里士多德而来的理性传统以及延续千年的基督信仰传统，他们确实未予以足够重视，抛开这两点来理解西方，我们可能南辕北辙。其三，外在超越的可能寻求。对于信仰问题，传统儒家习惯以"安身立命"视之，但是，现代以来遭遇西方的同时我们看到的是对传统价值观的大加挞伐，"吃人礼教""打倒孔家店"等口号满天飞，孔

---

① 樊志辉. 台湾新士林哲学研究［M］. 哈尔滨：黑龙江人民出版社，2014：6.

子的地位如故，我们的精神家园却面目全非了。与传统决裂的首要问题是我们的心灵无处安放，变得流离失所；安身立命之所在变得满目疮痍，终于，我们都"花果飘零"了，因此"灵根自植"变得更为迫切。问题在于，花果飘零易，灵根自植难。深层问题还在于，我们通过己力、修养能否自我提升自己，动力何在，更具体的问题还在于，当精神圣地变得满园狼藉，我们还有没有值得敬畏的东西（天、天道、帝、天命）。可贵的是与港台新儒家不同，台湾新士林哲学学派基于他们的信仰背景以及丰厚的中国传统思想造诣，在积极地发掘中国传统中的"帝""天道"等思想。这些看似被遗忘的主题被他们重新唤醒，人自身之外还有值得敬畏的"天帝"。用耿开君先生的话说这是"中国文化的'外在超越'之路"①。这些路径、视角在儒家思想的现代转型中都是可贵的思想资源。

在此意义上讲，理性思维方式之重建，不仅仅是儒家转型的必由之路，也是融入、建构现代社会的必要环节。我们不仅是为儒家思想寻找现代出路，同时也是为现代中国人寻找、建构安身立命之路。这便是本研究课题的意义之所在。

---

① 耿开君. 中国士林哲学导论［M］. 哈尔滨：黑龙江人民出版社，2014；本书初版题目为中国文化的"外在超越"之路——论台湾新士林哲学［M］. 北京：当代中国出版社，1999.

参考文献

一、关于"儒家困境产生及其转型路径"主要参考文献

冯友兰. 中国现代哲学史 [M]. 广州：广东人民出版社, 1999.

冯友兰. 中国哲学史 [M]. 上海：华东师范大学出版社, 2000.

陈独秀. 陈独秀著作选 [M]. 上海：上海人民出版社, 1984.

梁漱溟. 东西文化及其哲学：修订版 [M]. 北京：商务印书馆, 1999.

牟宗三. 中国哲学的特质 [M]. 长春：吉林出版集团有限公司, 2010.

牟宗三. 中国哲学十九讲 [M]. 长春：吉林出版集团有限公司, 2010.

贺麟. 文化与人生 [M]. 北京：商务印书馆, 1988.

贺麟. 五十年来的中国哲学 [M]. 北京：商务印书馆, 2002.

沈清松. 从利玛窦到海德格：跨文化脉络下的中西哲学互动 [M]. 台北：台湾商务印书馆, 2014.

刘培育选编. 金岳霖学术论文选 [M]. 北京：中国社会科学出版社, 1990.

梁漱溟. 东西文化及其哲学：修订版 [M]. 北京：商务印书

馆，1999.

梁启超．梁启超史学论著四种［M］．长沙：岳麓书社，1985.

李泽厚．中国古代思想史论［M］．北京：生活·读书·新知三联书店，2017.

李泽厚．中国近代思想史论［M］．北京：生活·读书·新知三联书店，2017.

李泽厚．中国现代思想史论［M］．北京：生活·读书·新知三联书店，2017.

李泽厚，刘绪源．该中国哲学登场了？——李泽厚2010谈话录［M］．上海：上海译文出版社，2011.

陈来．现代中国哲学的追寻：新理学与新心学［M］．北京：生活·读书·新知三联书店，2010.

〔美〕林毓生．中国意识的危机［M］．穆善培，译．贵阳：贵州人民出版社，1986.

张岱年．中国哲学大纲［M］．北京：中国社会科学出版社，1982.

熊十力．十力语要［M］．上海：上海书店出版社，2007.

陈平原．"新文化"的崛起于流播［M］．北京：北京大学出版社，2015.

蔡元培．对于送旧迎新二图之感想［M］//蔡元培全集：第二卷．杭州：浙江教育出版社，1997.

陈序经．中国文化的出路［M］．北京：中国人民大学出版社，2004.

王锦民．中国哲学史研究［M］．福州：福建人民出版社，2006.

刘笑敢．诠释与定向：中国哲学研究方法之探究［M］．北京：商务印书馆，2009.

二、关于"人性问题"主要参参文献

朱熹. 四书章句集注 [M]. 北京：中华书局，2011.

邓汉卿. 荀子绎评 [M]. 长沙：岳麓书社，1994.（荀子文本主要参考本书）

余纪元. 德性之镜：孔子与亚里士多德的伦理学 [M]. 林航，译. 北京：中国人民大学出版社，2009.

李玉刚. 中国上古时期的"生子不举"[J]. 古代文明，2011（3）.

王子今. 秦汉"生子不举"现象和弃婴故事 [J]. 史学月刊，2007（8）.

傅佩荣. 人性向善论的理据与效应 [M] //沈清松. 中国人的价值观：人文系观点. 北京：中国人民大学出版社，2012.

王世魏. 学界对《论语》"如其仁"的误读 [J]. 湖北工程学院学报，2015（1）.

利玛窦. 天主实义今注 [M]. 梅谦立，注；谭杰，校勘. 北京：商务印书馆，2014.

圣经 [M]. 中国基督教三自爱国运动委员会、中国基督教协会版，2009.

圣经 [M]. 香港圣经公会和合版，1999.

圣经 [M]. 思高圣经学会译本，1991年香港20版，1991.

张永超. 创生与化生：从起源角度探究中西文明融合的困境及其可能 [J]. 哲学与文化月刊，2016（3）.

秦典华译. 论灵魂 [M] //苗力田主编. 亚里士多德全集：第三卷. 北京：中国人民大学出版社，1992.

余纪元. 亚里士多德伦理学 [M]. 北京：中国人民大学出版社，2011.

三、关于"孝悌问题"主要参考文献

罗思文，安乐哲．生民之本：《孝经》的哲学诠释及英译［M］．何金俐，译．北京：北京大学出版社，2010．

梁漱溟．东西文化及其哲学：修订版［M］．北京：商务印书馆，1999．

梁漱溟．中国文化要义［M］．上海：世界出版集团，2005．

陈独秀．陈独秀著作选：第一卷［M］．上海：上海人民出版社，1984．

林毓生．中国意识的危机［M］．穆善培，译．贵阳：贵州人民出版社，1986．

贺麟．儒家思想的新开展［M］．北京：商务印书馆，1988．

贺麟．哲学与哲学史论文集［M］．北京：商务印书馆，1990．

张岱年．中国古典哲学范畴要论［M］．北京：中国社会科学出版社，1989．

李晨阳．道与西方的相遇：中西比较哲学重要问题研究［M］．北京：中国人民大学出版社，2005．

邓晓芒．儒家伦理新批判［M］．成都：重庆大学出版社，2010．

李承贵．德性源流——中国传统道德转型研究［M］．南昌：江西教育出版社，2004．

张继军．先秦道德生活研究［M］．北京：人民出版社，2011．

吴雷川．基督教与中国文化［M］．上海：上海古籍出版社，2008．

谢和耐（Gernet，Jacques）．中国和基督教：中国和欧洲文化之比较［M］．耿升，译．上海：上海古籍出版社，1991．

虞格仁．历代基督教爱观的研究——爱佳泊与爱乐实（Agape och Eros）：第一册［M］．韩迪厚，万华清，薛耕南，译．香港：中华信义

会书报部，1950．

秦家懿，孔汉思（Hans Kung）．中国宗教与基督教［M］．吴华，译．北京：生活·读书·新知三联书店，1990．

荆门博物馆．郭店楚墓竹简［M］．北京：文物出版社，1998．

丁四新．楚地简帛思想研究：二［M］．武汉：湖北教育出版社，2005．

李零．郭店楚简校读记［M］．北京：北京大学出版社，2002．

陈鼓应主编．道家文化研究：第17辑［M］．北京：生活·读书·新知三联书店，1999．

韩东育．性自命出与法家的"人情论"［J］．史学集刊，2002（2）．

郭齐勇．郭店儒家简与孟子心性论［J］．武汉大学学报（哲社版），1999（5）．

国际儒联学术委员会．郭店楚简研究．中国哲学：第20辑，沈阳：辽宁教育出版社，1999．

李天虹．性自命出与传世先秦文献"情"字解诂［J］．中国哲学史，2001（3）．

刘钊．郭店楚简校释［M］．福州：福建人民出版社，2005．

四、关于"认知问题"主要参考文献

金岳霖．知识论［M］．北京：中国人民大学出版社，2010．

胡军．知识论［M］．北京：北京大学出版社，2006．

刘培育选编．金岳霖学术论文选［M］．北京：中国社会科学出版社，1990．

张耀南．张东荪知识论研究［M］．台北：洪业文化事业有限公司，1995．

陆建猷.中国知识论传统是"历史缺乏"还是"现实忽略"？——

兼与张永超博士商榷［J］．学术月刊，2013（5）．

尼古拉斯·布宁．西方哲学英汉对照辞典［M］．余纪元，译．北京：人民出版社，2001．

Louis P. Pojman. *What Can We Know*？［M］．Wadsworth Publishing Company，1995．

Dan O'brien. *An Introduction to the Theory of Knowledge*［M］．Polity Press，2006．

宗超．先秦儒家知识论研究——以性道之学位中心［D］．济南：山东大学哲学与社会发展学院，2017．

刘克兵．朱熹知识论研究［D］．长沙：湖南大学岳麓书院，2010．

成中英．中国哲学中的知识论：上、下［J］．安徽师范大学学报，2000（4），2001（2）．

张永超．中国知识论传统缺乏之原因［J］．哲学研究，2012（2）．

张永超．中国知识论传统是"历史缺乏"而非"现实忽略"［J］．学术月刊，2013（5）．

方朝晖．从 Ontology 看中学与西学的不可比性［J］．复旦学报：哲学社会科学版，2001（2）．

宋继杰．BEING 与西方哲学传统［M］．保定：河北大学出版社，2002．

刘立群．"本体论"译名辩正［J］．哲学研究，1992（12）．

陈康．巴曼尼得斯篇序［M］//宋继杰主编．BEING 与西方哲学传统．保定：河北大学出版社，2002．

杨学功．从 ontology 译名之争看哲学术语的翻译原则［M］//宋继杰主编．BEING 与西方哲学传统．保定：河北大学出版社，2002．

俞宣孟．本体论研究［M］．上海：上海人民出版社，1999．

俞宣孟．中国传统哲学中没有本体论［J］．探索与争鸣，1986

（6）．

张汝伦．近代中国形而上学的困境［J］．复旦学报：社会科学版，1995（3）．

金岳霖．论道［M］．北京：商务印书馆，1987.

邓晓芒．论中西本体论的差异［J］．世界哲学，2004（1）．

汪子嵩，王太庆．关于"存在"和"是"［J］．复旦学报：社会科学版，2000（1）．

邓晓芒．哲学史方法论十四讲［M］．重庆：重庆大学出版社，2008.

蒋梦麟．西潮·新潮［M］．长沙：岳麓书社，2000.

罗志希．科学与玄学［M］．北京：商务印书馆，1999.

彭孟尧．知识论［M］．台北：三民书局，2009.

姜国柱．中国认识论史［M］．武汉：武汉大学出版社，2008.

夏甄陶．夏甄陶文集：第三、第四卷［M］//中国认识论思想史稿，北京：中国人民大学出版社，2011.

方克立．中国哲学史上的知行观［M］．北京：人民出版社，1982.

傅云龙．中国知行学说述评［M］．北京：求实出版社，1988.

邓晓芒．哲学史方法论十四讲［M］．重庆：重庆大学出版社，2008.

蒙培元．中国哲学主体思维［M］．北京：人民出版社，1993.

高晨阳．中国传统思维方式研究［M］．北京：科学出版社，2012.

刘长林．中国系统思维［M］．北京：中国社会科学出版社，1990.

五、关于"生死问题"主要参考文献

傅伟勋．死亡的尊严与生命的尊严：从临终精神医学到现代生死学［M］．台北：正中书局，1993.

傅伟勋．论人文社会科学的科际整合探索理念及理路［J］．佛光学刊，1996（1）.

Charles A. Corr, Clyde M. Nabe, Donna M. Corr. 当代生死学［M］．杨淑智，译丁宥允，校；吴庶深，审定．台北：洪叶文化有限公司，2004.

Herman Feifel, ed. The Meaning of Death［M］. New York：McGraw-Hill. 1959

Lynne Ann Despelder, Albert Lee Strick land. 死亡教育［M］．黄雅文，等，译．台北：五南图书出版公司，2006.

段德智．死亡哲学［M］．武汉：湖北人民出版社，1991.

段德智．西方死亡哲学［M］．北京：北京大学出版社，2006.

段德智．主体生成论——对"主体死亡论"之超越［M］．北京：人民出版社，2009.

邱仁宗．生命伦理学［M］．北京：中国人民大学出版社，2009.

郑晓江．生命与死亡：中国生死智慧［M］．北京：北京大学出版社，2011.

郑晓江．中国生死智慧［M］．南昌：江西人民出版社，2013.

郑晓江．生命教育演讲录［M］．南昌：江西人民出版社，2008.

郑晓江．穿透死亡［M］．南昌：江西教育出版社，2000.

郑晓江．学会生死［M］．郑州：中州古籍出版社，2007.

钮则诚，等．生死学：第二版［M］．台北："国立"空中大学出版社，2005.

钮则诚．殡葬与生死［M］．台北："国立"空中大学出版

社，2007.

　　尉迟淦．生死学概论［M］．台北：五南图书出版公司，2000.

　　沈清松．探索与展望：从西方现代性到中华现代性［J］．南国学术，2014（1）.

　　沈清松．从利玛窦到海德格：跨文化脉络下的中西哲学互动［M］．台北：台湾商务印书馆，2014.

　　波伊曼．生与死：现代道德困境的挑战［M］．江丽美，译．台北：桂冠图书股份有限公司，1997.

　　程新宇．生命伦理学前沿问题研究［M］．武汉：华中科技大学出版社，2012.

　　康韵梅．中国古代死亡观之探究［D］．台北：台湾大学中国文学研究所，1992.

　　胡适．不朽：我的宗教［M］//欧阳哲生．容忍比自由更重要：胡适与他的论敌．北京：时事出版社，1999.

六、关于"孔子之道与现代生活"问题主要参考文献

　　崔大华．儒学的现代命运：儒家传统的现代阐释［M］．北京：人民出版社，2012.

　　列文森．儒教中国及其现代命运［M］．郑大华，任菁，译．桂林：广西师范大学出版社，2009.

　　干春松．制度化儒家及其解体［M］．北京：中国人民大学出版社，2003.

　　陈寅恪．审查报告三［M］//冯友兰．中国哲学史：下册．上海：华东师范大学出版社，2011.

　　陈独秀．孔子之道与现代生活，敬告青年，吾人最后之觉悟，《新青年》罪案之答辩书［M］//任建树，张统模，吴信忠．陈独秀著作选：第一卷［M］．上海：上海人民出版社，1984.

康德．纯然理性限度内的宗教［M］．李秋零，译．北京：中国人民大学出版社，2012.

鲁迅．随感录三十五，热风［M］//鲁迅全集：第一卷［M］．乌鲁木齐：新疆人民出版社，1995.

鲁迅．随感录四十八，热风［M］//鲁迅全集：第一卷［M］．乌鲁木齐：新疆人民出版社，1995.

方豪．方豪六十自定稿［M］．台北：台湾学生书局，1969.

谢和耐．中国和基督教：中国和欧洲文化之比较［M］．耿升，译．上海：上海古籍出版社，1991.

孙尚扬．基督教与明末儒学［M］．北京：东方出版社，1994.

吕实强．近代中国知识分子反基督教问题论文集［M］．桂林：广西师范大学出版社，2011.

冯友兰．三松堂自序［M］．上海：东方出版中心，2016.

胡军．中国现代科学史上的《科学》杂志［M］//诠释与建构：汤一介先生75周岁纪念文集．北京：北京大学出版社，2001.

胡军．中国走向自由之路的哲学思考：冯友兰文化观解读［J］．西南民族大学学报，2008（2）.

胡军．传统与现代之间的张力：论陈独秀对儒家思想的批判［J］．北京大学学报，2009（4）.

胡军．试论中西思维方式之差异［J］．广东社会科学，2017（5）.

胡军．儒学传统与现代社会的张力［J］．孔子研究，2013（2）.

沈清松．从利玛窦到海德格：跨文化脉络下的中西哲学互动［M］．台北：台湾商务印书馆，2014.

顾长声．从马礼逊到司徒雷登：来华新教传教士评传［M］．上海：上海人民出版社，1985.